바이든 승리인가, 트럼프 패배인가?

미국 중간선거 분석

미국정치연구회 편

박영사

머리말

2022년 11월에 치러진 미국 중간선거는 이번에도 예외 없이 보편적인 미국 정치의 특징과 더불어 새로운 미국 정치 요소들을 결과로 보여 주었다. 미국 중간선거가 가지는 중요한 의미 중 하나는 현직 대통령의 임기 중간에 실시됨으로써 정권에 대한 중간 평가 성격을 지닌다는 점이다. 2022년 미국 중간선거는 팬데믹 위기가 가장 극심하던 해인 2020년 대선을 통해 현직 대통령 트럼프를 몰아냈던 바이든이 취임 후 2년 동안 보여 주었던 국가 운영에 대한 또 다른 평가의 선거였다. 2021년 8월까지 21세기의 프랭클린 루스벨트라는 칭송까지 받으며 안정적인 지지율을 과시했던 바이든 대통령은 그해 8월 중순 아프가니스탄에서의 철군 과정에서 드러난 무능과 실패로 인해 큰 정치적 타격을 입게 된다. 이후 극도로 정체된 바이든 지지율은 30% 후반에서 40% 초반 범위를 벗어나지 못하고 있다.

즉 바이든 대통령의 임기 두 번째 해인 2022년 8월은 반전 모색의 시간이었다. 2022년 7월 말에 통과된 반도체 과학법은 중국 견제를 명목으로 미국 내 반도체 산업 부흥을 위한 미국 산업 정책의 부활을 알렸다. 8월 한 달 사이에 전광석화처럼 통과된 인플레이션 감축법은 기후 위기, 에너지, 처방전 약값, 국세청 개혁, 전기차 세제 혜택 등 다양한 민주당 정책들을 포함함으로써 지지층 결집을 도모한 입법 정치 하이라이트였다. 특히 전기차와 배터리 관련 내용들은 한국을 비롯한 동맹국들에게 트럼프와 별 차이 없는 바이든 미국의 자국 우선주의 기조를 재확인하게 만든 충격이었다. 이처럼 의회주의자 바이든 대통령이 거둔 법안 관련 성과에도 불구하고 경제는 여전히 높은 인플레이션과 비싼 자동차 기름값으로 인해 어려움에 부닥쳐 있었던 것이 2022년 중간선거 전의 상황이었다.

그런데 2022년 미국 중간선거 결과 대통령 소속 정당인 민주당은 예상 밖의 선전을 거두게 되었다. 이는 미국을 지역 정치, 비교 정치, 국제 정치 등의 다양한 시각에서 다루어 온 대다수 전문가에게 특이한 사례로 남게 될 전망이다. 1934년, 1998년, 2002년 단 세 차례의 중간선거에서만 대통령 소속당이 의석을 늘리거나 잃지 않았던 미국의 역사적 전례에 비추어 볼 때 이번 선거 결과는 예상과 달랐다. 바이든 대통령 정당인 민주당은 상원 선거에서 오히려 1석을 더 늘렸다. 2020년 선거 결과에 따라 민주당 50명(2명의 무소속 포함), 공화당 50명으로 상원의원수가 같았지만, 대통령 선거에서 승리한 민주당의 부통령이 가부 동수(同數) 상황의 결정권을 쥐게 됨에 따라 민주당이 가까스로 다수당이 된 바 있다. 이번 중간선거에서는 현역 민주당 상원의원들이 모두 수성에 성공했을 뿐만 아니라 펜실베이니아 연방 상원 의석을 공화당으로부터 빼앗아 왔다. 참패(red wave)가 점쳐지던 하원에서도 민주당은 예상보다 훨씬 적은 수의 의석을 잃는 것으로 선방했다. 2020년 선거 결과 구성된 117대 하원이 민주당 222석, 공화당 213석이었는데 이번 중간선거 결과 의석수는 그대로이고 다수당만 뒤바뀐 상황이 되었다. 2023년 1월 3일에 출범한 118대 미국 하원은 공화당 222석, 민주당 213석으로 출발하였다.

　이처럼 외관상 파악되는 이번 미국 중간선거의 결과에 못지않게 중요한 시사점은 미국 정치와 선거 변화의 특징 및 흐름이다. 미국은 전통적으로 사전 선거와 조기 투표를 활발하게 시행하는 나라가 아니었다. 1845년에 제정된 법률에 따라 선거 날짜를 11월 첫 번째 화요일로 정한 이래 미국은 주로 선거 당일에 투표하는 대표적인 국가였다. 물론 그동안 부재자 투표 제도가 각 주마다 있었지만 조건이 까다로웠을 뿐만 아니라 참여율도 비교적 높지 않았다. 그런데 팬데믹 위기 와중에 시행되었던 2020년 대통령 선거는 선거 날 투표라는 기존의 미국 투표 방식과 문화를 크게 바꾸어 놓았다. COVID-19 상황에서 우편 투표를 포함한 조기 투표 비율이 거의 70% 가까이 폭증하였다. 2년 후 치러진 2022년 중간선거에서도 팬데믹 이전보다는 훨씬 높은 비율의 조기 투표가 이루어졌다. 이는 선거일이 공휴일이 아닌 미국에서 투표하러 나오기가 쉽지 않았던 저소득층 유권자들이나 하루뿐인 선거 기회를 자주 포기했던 젊은 층 유권자들의 투표율 제고를 초래하였다. 그 결과 구조적으로 유리한 선거 상황이 민주당에게 마련되었던 셈이다.

경제는 여전히 좋지 않았고 대통령의 지지율은 회복될 줄 모르던 이번 2022년 미국 중간선거 맥락에서 대통령 소속 정당이 예상보다 훨씬 나은 성적표를 받게 된 이유는 앞으로도 중요한 연구 과제가 아닐 수 없다. 낙태 권한을 둘러싼 유권자들의 공화당 반대 여론 및 투표 역시 중요한 변수였다는 지적도 많다. 동시에 팬데믹 이후 달라진 미국의 선거 시스템과 그 영향에 대해서도 보다 체계적이고 실증적인 연구가 필요해 보인다. 현재 주 단위에서 일부 공화당 의회가 투표 제도를 엄격한 방향으로 바꾸고 있는 현상 역시 미국 민주주의와 관련된 중요한 화두다. 당장 2024년에 치러질 미국 대통령 선거를 둘러싸고 진행 중인 바이든 대통령과 공화당 후보 간의 이념, 정당, 인물, 정책 중심의 논의 이외에도 민주당에 유리하다고 알려진 조기 투표 변수를 함께 검토해야 하는 이유이기도 하다.

미국정치연구회에서는 오랜 기간 미국의 선거에 관한 연구를 진행해 왔고 그 결과물을 출판해 왔다. 미국 정치 자체의 변화와 더불어 우리에게 미치는 영향이 적지 않기 때문이기도 하다. 2년마다 전국 단위의 선거를 치르는 미국의 경우 선거는 단순히 대통령 혹은 다수당을 정하는 과정으로만 끝나지 않는다. 미국의 연속성과 가변성을 동시에 보여 주는 미국의 변화 그 자체를 가리킨다고 할 수 있다. 이번에도 어김없이 미국정치연구회의 연구자들은 미국의 중간선거에 대해 다양한 시각과 논점을 가지고 연구 성과를 내었고 이를 한 권의 책에 담게 되었다. 흔쾌히 출판을 맡아 준 박영사와 장규식 팀장님께 특별히 감사의 말씀을 전한다. 늘 많은 생각거리를 안겨 주는 미국 정치를 우리 사회가 함께 논의하는 데 이 책이 잘 사용되기를 소망한다.

저자들을 대신하여
서정건

제1장

2022년 미국
중간선거와
주요 선거요인

(정진민)

I. 서론 2

II. 정당분극화와 선거효과 5

III. 트럼프 효과 및 공화당 후보 요인 9

IV. 이슈 요인 12

  1. 낙태 이슈 12

  2. 인플레/경제 이슈 16

V. 교외 거주 유권자 19

VI. 라티노 유권자 22

VII. 무당파 유권자 27

VIII. 결론 30

참고문헌 34

제2장

바이든과
민주당은 어떻게
선전했을까?

(서정건)

I. 서론: 바이든 전반 2년과 중간선거 38

II. 2022년 미국 중간선거 분석: 유권자 차원 42

  1. 미국 유권자들의 정치적 경각심 변화 가능성 42

  2. 유권자들이 체감하는 경제 지표의 타이밍
     문제 가능성 46

III. 2022년 미국 중간선거 분석: 선거 차원 48

  1. 사전 투표 제도 확대와 정당별 유불리 가능성 48

  2. 양극화 시대와 압승(참패) 부재의 선거 경쟁
     가능성 50

IV. 2022년 미국 중간선거 분석: 의회와
     정당 차원 54

  1. 인플레이션 감축법 54

  2. 반도체 과학법 58

V. 소결: 미국 민주주의와 경제안보 전망 62

참고문헌 66

제3장

순위선택투표
(ranked choice
voting)의 양극화
완충 효과?

(임성호)

I. 서론: 순위선택투표제는 위기 극복의
　실마리일까? 70

II. 이론: 순위선택투표제는 무엇이고, 도입의
　취지는 무엇인가? 72

III. 분석: 2022년 알래스카 선거에서 순위선택
　투표제는 어떻게 진행되었나? 80

IV. 평가: 순위선택투표제는 정치 양극화의
　완충제일까? 87

V. 전망: 순위선택투표제는 전국적 적실성을
　띠고 확산될 수 있을까? 94

VI. 결론: 선거제도의 변화와 지속성 97

참고문헌 100

제4장

중간선거 경합
지역 사례분석과
정치적 함의

(이종곤)

I. 서론 106

II. 사례 분석: 경합 주 상원의원, 주지사 선거
　결과 비교 109

　1. 애리조나 사례 분석 113

　2. 조지아 사례 분석 118

　3. 캔자스 사례 분석 121

　4. 네바다 사례 분석 125

　5. 위스콘신 사례 분석 128

III. 결론 131

참고문헌 134

제5장

선거구 재획정, 게리맨더링, 인종 대표성

(이병재)

I. 서론 140

II. 미국의 선거구 재획정 142

  1. 선거구 재획정의 목적 142

  2. 선거구 재획정의 절차 146

  3. 선거구 재획정 기준 148

  4. 선거구 재획정의 역사적 추이 151

III. 2020년 인구 센서스와 선거구 재획정

  과정 154

  1. 인구 센서스에서 선거구 재획정으로 154

  2. 선거구 재획정의 주도권 양상 155

IV. 선거구 재획정이 2022년 중간선거 결과에

  미친 영향 159

  1. 선거구 재획정 주도권 유형별 선거 결과 159

  2. 경합 선거구의 선거 결과에 미친 영향 163

  3. 주별 선거 결과 분석 166

  4. 소수인종 대표성에 미친 영향 168

V. 결론 171

참고문헌 174

제6장

낙태 이슈와 2022년 미국 중간선거

(이소영)

I. 서론 184

II. 미국의 주요 낙태 관련 판결과 로 대 웨이드

  판결무력화 186

  1. 미국의 주요 낙태 판결 186

  2. 로 대 웨이드 판결 무력화 188

III. 낙태 이슈와 미국 정치 191

  1. 낙태 이슈와 미국의 정치적 양극화 191

  2. 낙태 이슈의 복합적 정체성 192

IV. 2022 중간선거와 낙태 이슈 195

1. 낙태 이슈를 둘러싼 양당의 전략 195

2. 낙태 이슈가 투표 참여와 투표 선택에 미친 영향 196

3. 낙태 이슈가 경합 주 선거에 미친 영향 202

V. 결론 212

참고문헌 216

제7장

**2022년 미국
중간선거 이후
바이든 행정부의
대외정책**

(이수훈)

I. 서론 224

II. 2022년 중간선거 결과 225

III. 중간선거 결과 이후 바이든 행정부의
    대외정책 변화 230

IV. 한미동맹에 대한 영향 및 발전 방향 232

V. 결론 234

참고문헌 236

제8장

**2022년 중간
선거에서 나타난
Z세대의 특성**

(이현우)

I. 왜 세대인가 240

II. 유권자 구성의 변화 241

III. 2020년 선거에서 젊은 유권자 태도 245

IV. 2022년 출구조사 결과 249

V. Z세대의 연속성과 차별성 252

1. 이념분포와 정당소속감 252

2. 관심 이슈와 정당평가 256

3. 민주주의와 세대 259

VI. 요약 261

참고문헌 264

찾아보기 265

2022년 미국 중간선거와
주요 선거요인

Ⅰ. 서론

Ⅱ. 정당분극화와 선거효과

Ⅲ. 트럼프 효과 및 공화당 후보 요인

Ⅳ. 이슈 요인

Ⅴ. 교외 거주 유권자

Ⅵ. 라티노 유권자

Ⅶ. 무당파 유권자

Ⅷ. 결론

01 2022년 미국 중간선거와 주요 선거요인

정진민 (명지대학교)

I. 서론

바이든 행정부 집권 2년 차에 치러진 2022년 미국 중간선거는 집권 민주당에 불리한 구도에서 시작되었다. 예외적인 경우가 없었던 것은 아니지만 역대 중간선거에서 집권당은 대체로 선거 전과 비교하여 적지 않은 연방의회 의석을 잃어 왔다. 실제로 1934년 집권당은 중간선거 이후 평균적으로 하원 의석 28석, 상원 의석 4석이 줄어들었다. 또한 중간선거는 대개 현 집권당의 실적에 대한 중간 평가의 성격을 갖기 때문에 현직 대통령의 업무 평가와 관련된 대통령 지지율이 중요한데, 바이든 대통령은 2022년 내내 40%대 초반에서 맴도는 저조한 지지율을 벗어나지 못하였다(그림 1).

[그림 1] 바이든 대통령의 지지율 변화 추이

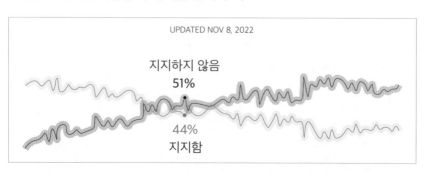

출처: Ipsos, 2022/11/8

더욱이 2020년 초부터 이어진 COVID-19의 여파와 러시아의 우크라이나 침공으로 경기는 침체되었고 주요 자원의 공급망이 무너지면서 세계 경제는 극심한 어려움에 처하게 되었다. 미국 경제 역시 심각한 위기 상황에 직면하게 되면서 많은 미국인들이 경제적 어려움에 처하는 상황이 지속되었다. 이러한 경제적 상황은 집권당에 대한 미국 유권자들의 불만으로 표출되었다.

이처럼 2022년 미국 중간선거를 앞두고 집권 민주당에 불리한 상황이 지속되면서 대부분의 선거전문가들은 반대당인 공화당이 중간선거에서 크게 승리하여 민주당이 많은 의회 의석을 잃게 되는 소위 붉은 물결(red wave) 현상이 나타날 것으로 전망하였다. 하지만 선거전문가들의 예상과 달리 2022년 7월 이후 민주당의 11월 중간선거 전망은 점차 밝아지게 되었고, 공화당이 압승하는 붉은 물결 현상이 나타날 가능성이 현저하게 줄어들었다.

이러한 변화를 촉발한 가장 중요한 요인은 2022년 6월에 내려진 미국 연방대법원의 낙태 관련 Dobbs v. Jackson 판결이었다. 그동안 임신한 여성들의 낙태 문제와 관련해서는 태아의 체외 생존이 가능한 시점 이전 또는 임신 후기(third trimester) 이전의 낙태를 원칙적으로 허용한 1973년 연방대법원의 역사적인 낙태 관련 판결이었던 Roe v. Wade 판결이 유효하였다.

Dobbs v. Jackson 판결은 Roe v. Wade 판결을 뒤집은 것으로 사실상 각 주에서 결정하면 임신 후기 이전의 낙태도 금지할 수 있도록 허용한다는 내용의 판결이었다. 결국 연방대법원의 Dobbs v. Jackson 판결은 낙태 허용을 원하는 많은 미국 유권자들, 특히 여성 유권자들의 강한 반발을 불러일으켰고, 이는 크게 늘어난 여성 유권자들의 유권자 등록(voter registration)으로 이어지게 되었다.

2022년 6월 이후 이러한 상황 변화 속에서 민주당은 대대적인 선거광고 방송 등을 통하여 낙태 이슈를 크게 부각시키면서 적극적으로 여성 유권자들의 선거 참여를 독려하였고, 실제로 낙태 이슈는 여성 유권자들의 높은 투표 참여율과 민주당 지지율의 증가로 이어지면서 11월 중간선거에서 민주당의 선전에 크게 기여하게 되었다.

이번 중간선거의 주요 쟁점이 된 낙태 이슈 이외에도 트럼프 그룹의 부동산 자산가치 조작 혐의 및 2021년 1월 6일 연방의회 난입 사건에 트럼프 전 대통령이 연루되었다는 의혹 등과 함께 트럼프 전 대통령이 퇴임 시 백악관 문서를 무단 반출했던 사실이 추가로 폭로되면서 트럼프의 위법 혐의들이 더욱 주목받게 된 것도 중간선거를 앞둔 민주당에 적지 않은 호재로 작용하게 되었다.

또한 2022년 8월에 침체된 경제 활성화에 도움을 줄 수 있는 반도체법(Chips and Science Act)과 인플레이션 감축법(Inflation Reduction Act) 등이 연방의회를 통과하게 되고, 중간선거 직전 3분기 고용지수 및 경제성장률 등 일부 경제지표들이 호전되면서 중간선거를 앞둔 민주당에 유리하게 작용하였다.

이러한 변화들은 중간선거 결과를 예측하는 또 하나의 지표인 민주·공화 양대 정당에 대한 전국적인 지지율(generic ballot)에서도 이전의 2.5% 정도 앞섰던 공화당의 우세가 점차 줄어들어 양당의 격차가 더욱 좁혀지는 데에서도 확인할 수 있었다.

2022년 미국 중간선거에 영향을 미치고 있는 보다 장기적인 추세와 관련해서 가장 중요한 요인으로는 1980년대 이후 심화되어 온 정당분극화(party polarization)를 들 수 있다. 정당분극화 현상은 이번 중간선거에서도 실제로 선거 경쟁이 치열한 주나 하원 선거구가 적은 수의 일부 주나 선거구에 국한되고 있는 것에 잘 반영되어 나타나고 있으며, 결국 11월 중간선거는 적은 수의 접전 주나 접전 선거구에서 민주당이나 공화당 중 어느 정당이 더 많이 승리하느냐에 따라 최종적인 승패가 좌우되는 선거이었다.

지금까지 논의한 정당분극화와 이슈 요인 이외에 2022년 중간선거 과정과 결과에 영향을 미치고 있는 주요 요인으로는 후보 요인, 특히 후보 경선 과정에서 트럼프의 공개적인 지지를 받았던 공화당 후보들에 주목하고 있다. 또한 이번 중간선거 결과에, 특히 선거 경쟁이 치열했던 접전 지역의 선거 결과에 중요하게 작용하고 있는 교외 거주 유권자, 라티노 유권자 그리고 무당파 유권자 등 주요 유권자 집단들이 어떠한 투표행태를 보이고 있는지도 다루고 있다.

Ⅱ. 정당분극화와 선거효과

미국의 선거과정을 포함한 정치과정에 여러 요인들이 영향을 미치고 있지만 가장 중요한 장기적인 요인은 1980년대 이후 점점 더 뚜렷해지고 있는 정치적 양극화이다. 그리고 이러한 정치적 양극화를 실질적으로 추동하고 있는 핵심 기제는 민주·공화 양대 정당들 간의 이념적, 정책적 거리가 점점 더 벌어지는 정당분극화(Party Polarization)의 심화 현상이다(정진민 2018, 2021; Abramowitz 2013, 2018; Blum 2020; Brewer 2005; Chung 2020; Fiorina et al. 2008, 2011; Hetherington 2009; Iyengar et al. 2012; Jacobson 2000; Layman et al. 2010; Levendusky 2013; Mann et al. 2016; Mason 2015; Skocpol 2013). 또한 이처럼 정당분극화가 심화되면서 양대 정당 내부의 응집력이 강해져 의회의 입법과정을 포함한 정치과정에서 극심한 적대적 대립이 격화되는 양상이 자주 나타나고 있다.

더욱이 최근 들어 미디어 환경의 변화로 인해 다매체 시대가 전개됨에 따라 MSNBC나 Fox News와 같은 당파적 미디어가 증가되고 있고, 특히 유권자들의 주요 의사소통 수단으로 Facebook, Twitter, YouTube와 같은 소셜미디어(social media)가 급속히 확산되고 있는 것도 정당분극화를 더욱 가속화시키는 주요인이 되고 있다. 이는 이처럼 미디어 환경이 다양화되고 빠르게 변화되면서 유권자들이 자신들의 이념적, 당파적 성향에 맞는 미디어에 선택적으로 노출(selective exposure)되는 경우가 늘어나게 되고, 이러한 선택적 노출이 반복되면서 유권자들의 이념적, 당파적 성향은 더욱 공고해지고 정당분극화는 더욱 심화되고 있기 때문이다(그림 2).

[그림 2] 이념성향별 당파적 미디어 시청률

	Fox News				MSNBC		
	Unfavorable	Favorable	Neither		Unfavorable	Favorable	Neither
Total	24	42	33	Total	20	34	46
Consistently conservative	5	74	20	Consistently conservative	71	10	19
Mostly conservative	7	57	37	Mostly conservative	33	20	46
Mixed	17	45	38	Mixed	13	38	48
Mostly liberal	32	33	35	Mostly liberal	8	41	51
Consistently liberal	73	8	19	Consistently liberal	9	45	46

출처: PEW RESEARCH CENTER, 2016

특히 소셜미디어의 급속한 확산은 echo chamber나 filter bubble 효과 등을 통하여 소셜미디어 사용자들이 갖고 있는 기존의 정치적인 견해나 입장을 더욱 강화시켜 정당 간의 차별성을 확대시킬 뿐 아니라 상대 정당이나 상대 정당을 지지하는 유권자들에 대한 반감이나 적대감을 증폭시켜 이념이나 정책에 토대한 기존의 인지적 정당분극화(cognitive party polarization)가 다분히 감정적인 정서적 정당분극화(affective party polarization)로 발전되어 나가는 것을 더욱 촉진하고 있다.

최근 들어 정당분극화 상황을 더욱 악화시키고 있는 것은 소셜미디어를 통하여 잘못된 정보나 악의적으로 조작된 정보(misinformation/disinformation)가 빠르게 확산되고 있는 것인데, 이는 소셜미디어를 통한 잘못된 정보나 조작된 정보가 확산되면서 상대 정당에 대한 적대감이 증폭되고 이로 인해 정당분극화로 인한 정치적 대립 양상이 더욱 심각한 수준으로 치닫고 있기 때문이다.

또한 미국정치에서 나타나고 있는 정당분극화의 심화는 미국 사회의 이념적, 인종적, 종교적 균열 등 다양한 사회균열들과 연계되어 있어 정치과정에 영향을 미치는 구조적인 요인으로 작용하고 있다. 특히 이러한 다양한 사회균열들은 유권자들의 거주지 선택과도 밀접하게 관련되어 있어 미국의 선거과정에 더욱 직접적으로 영향을 미치고 있다.

　이는 비슷한 사회적, 문화적 배경을 공유하고자 하는 유권자들의 거주 패턴이 점차 증가하게 되면서 민주당이나 공화당이 압도적으로 우세한 주나 하원 선거구와 같은 당파적인 지역 균열로 전환되고 있기 때문이다. 그리고 이러한 당파적인 지역 균열은 선거과정에서 경쟁적인 지역의 현저한 감소로 이어지고 있다. 물론 당파적인 지역균열이 심화되고 있는 데에는 유권자들의 거주 패턴 이외에도 당파적인 선거구 재획정(redistricting)이나 소수인종 다수 선거구(majority-minority district)의 증가 등도 작용하고 있지만, 이런 제도적인 요인들보다는 최근 들어 더욱 뚜렷해지고 있는 사회문화적 배경을 공유하고자 하는 유권자들의 거주 패턴 증가가 보다 중요하게 작용하고 있다(그림 3).

[그림 3] 2022년 연방하원 선거 결과

민주당이 승리한 하원선거구는 파란색으로, 공화당이 승리한 선거구는 검은색으로 표시

출처: Politico, 2022/12/9

실제로 이번 중간선거는 34개 주에서 연방상원 선거가 치러졌지만(오클라호마 주의 보궐선거를 포함하면 모두 35개 상원 선거), 선거에 임박해서까지 민주·공화 양당의 선거 경쟁이 치열했던 주는 조지아, 펜실베니아, 애리조나, 네바다, 위스컨신, 노스캐롤라이나, 오하이오, 뉴햄프셔 주 등 8개 주에 불과하였다. 마찬가지로 이번 중간선거에서 주지사 선거가 치러진 36개 주에서 선거 마지막까지 민주·공화 양당의 선거 경쟁이 치열했던 주는 애리조나, 네바다, 오레곤, 캔자스, 미시간, 펜실베니아, 위스컨신, 조지아 주 등 8개 주에 불과하였다(그림 4).

[그림 4] 경쟁적인 연방상원 선거 결과

	TOSSUPS	Margin
Arizona ✓	HELD	D+4.9
Georgia (Runoff) ✓	HELD	D+2.7
Nevada ✓	HELD	D+0.9
New Hampshire ✓	HELD	D+9.1
Pennsylvania ✓	DEM FLIP	D+4.9
Wisconsin ✓	HELD	R+1
	LEANS GOP	Margin
North Carolina ✓	HELD	R+3.2
Ohio ✓	HELD	R+6.6

민주당이 승리한 주는 파란색으로, 공화당이 승리한 주는 검은색으로 표시

출처: Politico, 2022/12/9

이처럼 경쟁적인 선거 지역이 현저하게 줄어드는 현상은 또 다른 주요 선거인 연방하원 선거에서도 나타나고 있는데, 대부분의 하원 선거구는 민주당이나 공화당의 승리가 확실한 소위 안전 선거구(safe district)이고, 경쟁적인 선거가 치러졌던 하원 선거구는 전체 435개 선거구 중 71개에 불과하였다(Politico 2022). 하지만 71개 경쟁적인 선거구 중에서도 실제로 치열한 선

거 경쟁이 펼쳐졌던 경합선거구(toss-up district)는 26개에 불과하였고, 나머지 45개 선거구는 민주당이나 공화당에 어느 정도 경사된 선거구들(27 lean Democratic districts, 18 lean Republican districts)이어서 경쟁이 아주 치열했다고 보기는 어려운 선거구들이었다. 실제로 민주당이나 공화당으로 경사된 선거구에서는 거의 대부분 우세 정당이 승리하였고, 열세 정당이 승리한 선거구는 매우 드물었다(그림 5).

[그림 5] 경쟁적인 연방하원 선거 결과

출처: Politico, 2022/12/9

Ⅲ. 트럼프 효과 및 공화당 후보 요인

지난 2020년 미국 대선 이후 선거 결과의 정통성을 부정하는 근거 없는 거짓 주장들이 트럼프 지지자들을 중심으로 소셜미디어를 비롯한 다양한 매체들을 통하여 확산되어 왔다. 그리고 2022년 중간선거에 나서게 될 공화당 후보 선출을 위한 경선에서 트럼프가 공개적으로 지지를 선언했던 후보들이 대거 승리하였는데, 후보들은 거의 예외없이 공화당의 트럼프 후보가 패배했던 2020년 대선 결과를 부정하는 소위 선거 부정론자들(election deniers)이었다.

이처럼 트럼프의 공개적인 지지에 힘입어 선출되었던 대부분의 공화당 후보들은 이번 중간선거 이후에 치러질 선거 과정에서 중요한 역할을 하게 될 선출직 당선을 위하여 11월 중간선거에서 민주당 후보와 경쟁을 벌이게 되었다. 선거 관련 사무를 담당하게 될 선출직에는 투·개표 과정을 감독하게 되는 각 주의 주무장관(secretary of state), 선거부정을 수사하고 부정선거를 기소하는 업무를 다루게 될 각 주의 검찰총장(state attorney general), 4년마다 치러지는 대통령선거 결과를 최종 확정하게 될 연방상하원의원, 각 주의 선거 관련 법률을 만들고 선거 사무 조사 권한을 갖고 있는 주의회 의원들이 포함된다. 그리고 이처럼 향후 선거 관련 사무를 담당하게 될 선출직 당선을 목표로 이번 중간선거에 나선 많은 공화당 후보들이 2020년 대선 결과에 승복하고 있지 않는 것에 대해 적지 않은 유권자들이 우려를 갖지 않을 수 없었다.

2022년 중간선거에 나서게 될 공화당 후보 선출을 위한 경선에서는 트럼프가 공개적으로 지지한 후보들이 대거 승리하여 트럼프의 공화당 내 영향력을 과시할 수 있었다(그림 6).

[그림 6] 트럼프 지지 공화당 후보 경선 결과

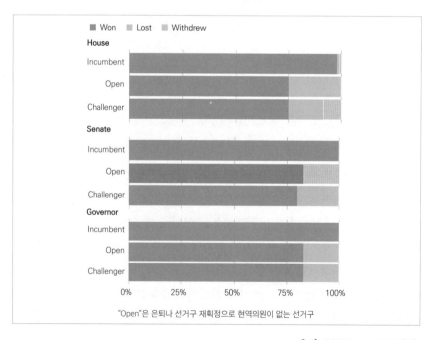

출처: BBC News, 2022/9/9

미국 중간선거 분석

하지만 2020년 대선 결과를 부정하는 공화당 후보들은 후보 자질 면에서 흠결이 있는 경우가 많았을 뿐 아니라 유권자들의 비호감 비율이 높아 후보 호감도에서도 부정적인 비율이 긍정적인 비율을 압도하여 선거 경쟁력 면에서 민주당 후보보다 뒤처지는 경우가 많았다. 트럼프의 공개적인 지지를 받았던 공화당 후보들의 낮은 선거 경쟁력은 2020년 대선 결과를 부정하는 많은 공화당 후보들이 이번 중간선거에서, 특히 민주당 후보와의 경쟁이 치열했던 대부분의 경합지역에서 패배하고 있는 데에서도 확인할 수 있다(그림 7).

[그림 7] 트럼프 지지후보의 주요 상하원 선거 결과

상원				하원					
◆ Lean Democratic	● Toss-up		● Lean Republican		◆ Lean Democratic		● Toss-up		● Lean Republican
No endorsements.	Total wins: 1 out of 3		Total wins: 2 out of 2		Total wins: 0 out of 3		Total wins: 0 out of 3		Total wins: 6 out of 7
	Candidate: Result		Candidate: Result		Candidate: Result		Candidate: Result		Candidate: Result
	Ron Johnson WI Senate	R+1	JD Vance OH Senate	R+7	J.R. Majewski OH-09	D+13	Madison Gesiotto Gilbert OH-13	D+5	Monica De La Cruz TX-15	R+9
	Blake Masters AZ Senate	D+5	Ted Budd NC Senate	R+4	John Gibbs MI-03	D+13	Bo Hines NC-13	D+3	Eli Crane AZ-02	R+8
	Mehmet Oz PA Senate	D+4			Steve Chabot OH-01	D+5	Jim Bognet PA-08	D+2	Ashley Hinson IA-02	R+8
	Herschel Walker GA Senate	→ Goes to runoff			Sarah Palin AK-AL	—			Ken Calvert CA-41	R+3
									David Schweikert AZ-01	R+1
									Zach Nunn IA-03	R+1
									Joe Kent WA-03	D+1

출처: Politico, 2022/11/15

실제로 트럼프가 지지했던 공화당 후보들이 낮은 선거 경쟁력으로 인해 11월 중간선거에서 패배했던 대표적인 사례로는 이번 중간선거에서 특히 중요했던 접전 주의 연방상원 선거에 나섰던 공화당 후보들을 들 수 있는데, 이들은 유권자들의 호감 비율에서 비호감 비율을 뺀 순호감도(net favorability rating)에서 애리조나 주의 Masters 후보 -9% 포인트, 조지아 주의 Walker 후보 -15% 포인트, 네바다 주의 Laxalt 후보 -5% 포인트, 펜실베니아 주의 Oz 후보 -11% 포인트처럼 모두 부정적인 수치를 보여주고 있다(Siena College/ NYT, 2022/10/24-26).

IV. 이슈 요인

1. 낙태 이슈

2022년 6월 미국 연방대법원이 Dobbs v. Jackson 판결을 통하여 1973년 연방대법원의 Roe v. Wade 판결을 뒤집는 결정을 하면서 11월 중간선거를 앞두고 있는 상황에 낙태 이슈는 인플레/경제 이슈 못지않은 위력을 갖는 주요 선거 이슈로 급부상하게 되었다. 1973년 연방대법원의 Roe v. Wade 판결은 태아의 체외 생존(fetal viability) 시점 이전 또는 임신 후기(third trimester) 이전까지, 즉 대체로 임신 24주 이전까지 여성들이 낙태할 수 있는 권리를 가질 수 있도록 하는 결정이었다. 결국 연방대법원의 Roe v. Wade 판결은 기본적으로 태아가 임산부의 체외에서 생존할 수 있는 임신 후기 이전의 낙태를 허용함으로써 대부분의 낙태를 사실상 합법화하는 결정이었다.

이에 반해, 임신 15주 이후의 낙태를 금지하는 미시시피 주법의 합법성 여부를 다루었던 2022년 6월 연방대법원의 Dobbs v. Jackson 판결은 미시시피 주법이 유효하다고 결정함으로써 태아의 체외 생존 시점 훨씬 이전의 낙태를 허용하지 않게 되는 결과를 가져오게 되어 1973년 연방대법원의 Roe v. Wade 판결에 정면으로 배치되는 결정이었다. 연방대법원의 Dobbs v. Jackson 판결은 낙태를 지지하는 많은 유권자들, 특히 여성 유권자들의 강한 저항을 불러오게 되고 많은 여성 유권자들이 11월 중간선거에 참여하도록 강력한 동기 부여를 하는 촉매제 역할을 하게 되었다(그림 8).

[그림 8] 연방대법원의 Dobbs 판결 이전/이후 지지정당별, 성별 중간선거
　　　　 참여의사 비율

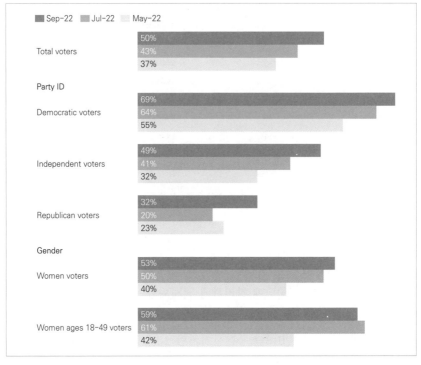

출처: KFF Survey, 2022/10/31-11/8

　　또한 실제로 Dobbs 판결 이전과 비교하여 Dobbs 판결 이후에 접전 주들을 포함한 많은 주들에서 여성 유권자들의 유권자 등록률이 뚜렷하게 증가하고 있다(그림 9).

[그림 9] 연방대법원의 Dobbs 판결 이전/이후 신규 등록 여성 유권자

STATE	BEFORE LEAK	AFTER DOBBS	CHANGE	
Kansas	49%	65%		+15.9 pts.
Ohio	47%	54%		+6.4
Pennsylvania	49%	56%		+6.2
Idaho	49%	55%		+5.5
Oklahoma	48%	51%		+3.2
Alabama	49%	52%		+2.9
Maine	51%	53%		+2.3
Florida	50%	52%		+2.3
North Carolina	51%	52%		+0.8
New Mexico	46%	47%		+0.5

출처: NYT, 2022/8/25

이처럼 연방대법원의 Dobbs v. Jackson 판결로 촉발된 선거지형의 뚜렷한 변화는 그동안 민주당에 불리하게 전개되었던 선거과정을 민주당에 유리한 방향으로 반전시키는 결과를 가져왔다. 특히 연방대법원의 Dobbs v. Jackson 판결이 지난 2018년 중간선거처럼 이번 중간선거에서도 최종 선거 결과를 좌우하는 핵심 유권자 집단이었던 교외 거주 백인 여성 유권자들의 투표 결정에 강력하게 작용하게 되면서 이번 중간선거 결과에 미치는 영향력은 더욱 커졌다.

사실 이번 중간선거 과정에서 많은 유권자들이, 특히 여성 유권자들이 그들의 낙태권에 대해 갖고 있는 민감도가 과소평가되어 온 측면이 있다. 하지만 낙태 이슈가 여성 유권자들의 투표선택에 어느 정도 중요하게 작용하고 있는지는 11월 중간선거 후 치러진 출구조사 결과에서도 잘 드러나고 있으며, 이러한 변화는 Dobbs 판결 이후 달라진 하원 보궐선거 결과에서도 이미 반영되고 있다(그림 10).

[그림 10] 연방대법원의 Dobbs 판결 이전/이후 연방하원 보궐선거 결과

DATE	SEAT	PARTISAN LEAN	VOTE MARGIN	MARGIN SWING
March 20, 2021	Louisiana 2nd	D+51	D+66	D+15
March 20, 2021	Louisiana 5th	R+31	R+45	R+13
May 1, 2021	Texas 6th	R+11	R+25	R+14
June 1, 2021	New Mexico 1st	D+18	D+25	D+7
Nov. 2, 2021	Ohio 11th	D+57	D+58	EVEN
Nov. 2, 2021	Ohio 15th	R+19	R+17	D+2
Jan. 11, 2022	Florida 20th	D+53	D+60	D+7
June 7, 2022	California 22nd	R+11	R+24	R+14
June 14, 2022	Texas 34th	D+5	R+5	R+10
	Pre-Dobbs average	D+12	D+10	R+2
June 28, 2022	Nebraska 1st	R+17	R+5	D+12
Aug. 9, 2022	Minnesota 1st	R+15	R+4	D+11
Aug. 16, 2022	Alaska at-large	R+15	D+3	D+18
Aug. 23, 2022	New York 19th	R+4	D+2	D+6
Aug. 23, 2022	New York 23rd	R+15	R+7	D+9
	Post-Dobbs average	R+13	R+2	D+11

출처: FiveThirtyEight, 2022/8/24

또한 카마크(Elaine Kamarck, Brookings Institution, USA Today, Nov 9, 2022)가 언급한 것처럼 낙태 이슈는 또 다른 핵심 선거쟁점이었던 인플레/경제 이슈와 달리 민주·공화 양당 간의 입장 차이가 너무나도 분명한, 소위 달튼(Dalton 2020)이 말하고 있는 대립 쟁점(position issue)이라는 점도 낙태 이슈가 유권자들의 투표참여 및 투표선택에 미치는 영향력을 강화시키는 또 다른 요인으로 작용하고 있다(그림 11).

[그림 11] 투표참여/투표선택에 연방대법원의 Dobbs 판결 영향을 받은
5대 접전 주 유권자 비율

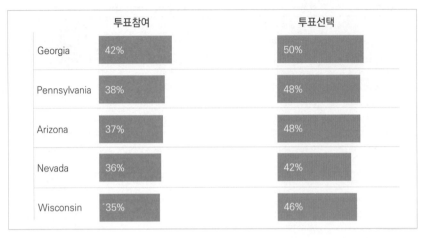

출처: KFF Survey, 2022/10/31-11/8

2. 인플레/경제 이슈

인플레/경제 이슈는 2022년 미국 중간선거 과정에서 처음부터 가장 중요한 선거 쟁점이었고 집권 민주당에는 매우 불리하게 작용하는 쟁점이었다. 사실 수년간 지속된 COVID-19나 러시아의 우크라이나 침공으로부터 비롯된 에너지 가격 상승, 전 세계적인 자원 공급망 교란 등 유권자들의 생계 비용 상승에 영향을 미치는 요인들은 바이든 행정부가 통제할 수 있는 범위 밖에 있는 것들이었다.

물론 COVID-19 긴급 지원을 위한 과도한 재정 지출이 인플레 압력을 더욱 확대시켰던 측면은 있지만, 급격한 생계 비용 상승을 바이든 행정부의 탓으로만 돌리기에는 한계가 있는 것도 사실이다. 즉, 전 세계적으로 경제적인 어려움에 처하고 있는 상황에서 생계 비용 상승으로 인해 많은 미국 유권자들이 겪고 있는 경제적인 고통을 전적으로 바이든 행정부 탓으로만 돌리기에는 처음부터 무리가 있었다.

11월 중간선거를 바이든 행정부에 대한 중간평가를 하는 선거로 치러서

선거에서의 압승을 목표로 하였던 공화당으로서는 당연히 과도한 물가 상승으로 많은 유권자들이 고통받고 있는 상황을 바이든 대통령이 이끄는 집권 민주당의 책임으로 돌려 중간선거에서의 승리를 굳히려고 하였지만, 11월 중간선거를 앞둔 미국의 경제 상황은 그렇게 간단하지 않았다(그림 12).

[그림 12] 미국의 인플레율 증가 추세

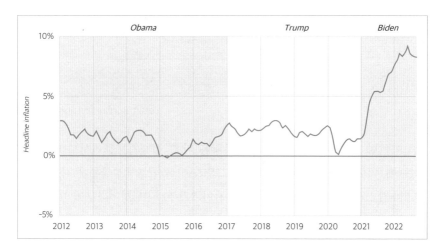

출처: NPR, 2022/10/29

우선 매우 높은 수준의 인플레는 지속되고 있지만, 실업률이 낮아서 고용 상황은 그다지 나쁘지 않았다. 실제로 COVID-19 봉쇄 상황이 풀리면서 경제 활동이 빠른 속도로 정상화됨에 따라 바이든 행정부 집권 기간 중 농업을 제외한 분야의 일자리는 1000만 개 이상 증가하고 있다(그림 13).

[그림 13] 비농업 분야 고용 인구수

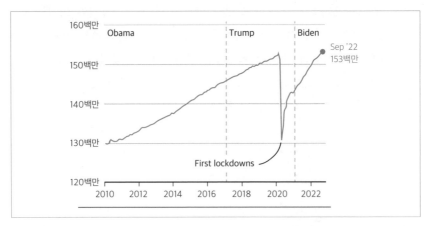

출처: Bureau of Labor Statistics

이처럼 경제가 호전되고 있는 상황은 다른 경제지표들에서도 나타나고 있는데, 2022년에 들어와서 1분기와 2분기 미국의 경제성장률은 각각 1.6%, 0.6% 감소하고 있지만, 중간선거 직전인 7월부터 9월까지 3분기 미국 GDP 성장률은 2.6% 상승으로 바뀌고 있다(그림 14).

[그림 14] 분기별 미국 GDP 성장률

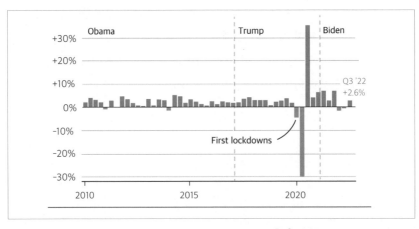

출처: Bureau of Labor Statistics

미국 중간선거 분석

물론 경제 상황 호전에도 불구하고 물가상승률을 감안한 실질임금은 지난 1년간 3% 정도 감소하고 있어 많은 유권자들의 경제 상황에 대한 불만이 높은 것은 사실이지만, 바이든 대통령과 민주당은 낮은 실업률과 경기 호전 등을 거론하며 미국 경제가 회복되고 있음을 강조함으로써 경제 상황 악화에 대한 공화당의 공격에 대응했다. 그리고 민주당의 이러한 전략은 이번 중간선거에서 바이든 행정부의 경제 실정에 대한 공화당의 공격을 둔화시키는 데 어느 정도 효과가 있었다고 본다(그림 15).

[그림 15] 물가 상승을 고려한 시간당 실질임금

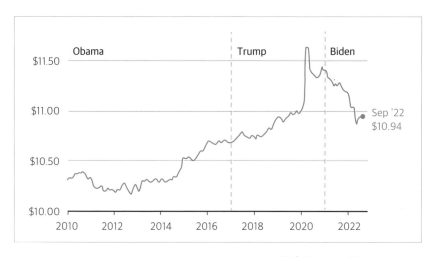

출처: Bureau of Labor Statistics

V. 교외 거주 유권자

2022년 미국 중간선거에서도 지난 2018년 중간선거처럼 대도시 지역의 교외 거주 유권자들의 선거 참여가 크게 증가하였는데, 이러한 교외 유권자들의 늘어난 투표 참여는 민주당의 예상 밖 선전에 크게 기여하였다. 이번 중간선거에서 경합 주 대도시의 교외 지역이야말로 실제로 선거가 가장 치열하게 치러지는 지역이었으며, 대표적인 경합 주 교외 지역으로는 이번 선거에서 선거 경쟁이 매우 치열했던 조지아, 펜실베니아, 애리조나, 네바다 주의 애틀랜타, 필라델피아, 피닉스, 라스베가스 등 대도시 주변의 교외 지역들을 들 수 있다. 이런 지역에서 민주당이 공화당보다 더 많은 득표를 할 수 있었던 것이 이번 중간선거에서 민주당이 선전하는 데 크게 기여했다고 볼 수 있다.

이번 중간선거에서 민주당의 선전에 크게 기여했던 접전 주 교외 지역 유권자들 중에서도 특히 주목할 필요가 있는 유권자 집단은 교외 거주 여성 유권자들이다. 실제로 아래 그림 16에서 확인할 수 있듯이 민주당은 이번 연방 상원 선거에서 민주·공화 양당이 가장 치열하게 경쟁하였던 애리조나, 조지아, 네바다, 펜실베니아 4개 주에서 모두 교외 거주 여성 유권자들로부터 공화당보다 10% 이상의 격차로 더 많은 득표를 하고 있다.

[그림 16] 4대 접전 주 상원 선거에서의 교외 여성 유권자 투표선택

Arizona — Filtered By: Women — 654 total respondents

Area type	Urban 44%	Suburban 48%	Rural 8%
● Kelly	56%	55%	n/a
● Masters	41%	44%	n/a

Georgia — Filtered By: Women — 2,710 total respondents

Area type	Urban 21%	Suburban 53%	Rural 26%
● Warnock	74%	55%	34%
● Walker	25%	43%	64%

Nevada — Filtered By: Women — 1,447 total respondents

Area type	Urban 72%	Suburban 16%	Rural 12%
● Cortez Masto	55%	55%	31%
● Laxalt	43%	34%	67%

Pennsylvania — Filtered By: Women — 1,412 total respondents

Area type	Urban 26%	Suburban 63%	Rural 11%
● Fetterman	77%	53%	39%
● Oz	23%	46%	61%

출처: CNN Exit Poll, 2022/11/9

이는 교외 거주 여성 유권자들이 남성 유권자들에 비해 트럼프와 그의 공개적인 지지를 받았던 공화당 후보들의 2020년 대선 결과 부정을 포함한 극단주의에 대해 훨씬 더 강한 거부감을 갖고 있었기 때문이다. 그렇다고 하여 교외 거주 여성 유권자들이 바이든이나 민주당 후보들에 대해 특별히 호감을

갖고 있는 것도 아니었지만, 민주당이 공화당보다는 그나마 나은 선택지라는 판단이 강했던 것이다. 특히 교외 거주 여성 유권자들의 공화당에 대한 부정적인 입장은 2021년 1월 열렬 트럼프 지지자들의 의사당 난입 사건으로 더욱 확고해진 것으로 보인다.

더욱이 많은 교외 거주 여성 유권자들이 2022년 6월 연방대법원의 Dobbs v. Jackson 판결로 여성들의 낙태권이 위협받게 된 데 대해서 강하게 반발하고 있는 것도 이들이 공화당보다는 민주당을 선택하는 데 크게 기여하고 있다. 특히 교외 거주 여성 유권자들의 교육수준은 점차 증가하고 있는 추세인데, 이처럼 높아지고 있는 교육수준 역시 낙태 문제를 포함한 비경제적, 문화적 쟁점들에 대하여 민주당이 취하고 있는 진보적인 입장을 갖게 하는 데 기여하고 있다.

또한 이처럼 경합 주 대도시의 교외 지역에서 민주당 지지가 크게 늘어난 데에는 민주당 지지세가 강한 인접 주로부터의 주민 유입도 큰 몫을 차지하고 있는데, 예를 들어 인접한 캘리포니아 주로부터 애리조나 주나 네바다 주의 대도시 교외 지역으로 민주당을 지지하는 주민들이 이주한 경우가 이에 해당된다고 할 수 있다.

지난 2018년 중간선거 이후 치러진 주요 선거에서 교외 지역, 특히 경합 주 교외 지역은 민주·공화 양당 간에 가장 중요한 승부처가 되고 있으며(정진민 2021), 이러한 추세는 앞으로 치러질 주요 선거에서도 지속될 가능성이 매우 높기 때문에 교외 지역 유권자, 특히 이 지역 여성 유권자의 투표행태에 계속하여 주목해 볼 필요가 있다.

[그림 17] 인구 밀집도별 하원 선거 경쟁도

GROUPING	SOLID D	LIKELY D	LEAN D	TOSS-UP	LEAN R	LIKELY R	SOLID R
Dense Urban	33	1	0	0	0	1	1
Urban-Suburban	35	4	3	0	0	1	1
Dense Suburban	65	5	2	3	1	9	20
Suburban-Exurban	21	9	13	6	2	3	57
Rural-Exurban	6	3	0	1	0	3	76
Mostly Rural	4	0	1	1	1	2	41
Total	164	22	19	11	4	19	196

출처: FiveThirtyEight, 2022/11/2

[그림 18] 인구 밀집도별 민주 · 공화당의 하원 선거 경쟁력

GROUPING	DISTRICTS	AVG. POPULATION PER CATEGORY				LEAN
		RURAL	EXURBAN	SUBURBAN	URBAN	
Dense Urban	36	0%	1%	3%	97%	D+49
Urban-Suburban	44	1	2	19	79	D+34
Dense Suburban	105	3	16	50	30	D+14
Suburban-Exurban	111	22	35	37	6	R+7
Rural-Exurban	89	47	35	18	0	R+25
Mostly Rural	50	72	25	3	0	R+30

출처: FiveThirtyEight, 2022/11/2

Ⅵ. 라티노 유권자

라티노 유권자들은 전체 미국 유권자 집단에서 차지하는 비율이 가장 빠르게 증가하고 있는 인종집단이다. 2021년 말 기준 3500만 명에 이르고 있는 라티노 유권자들은 이미 전체 미국 유권자의 14%를 점하고 있다(그림 19).

[그림 19] 라티노 유권자 비율 증가

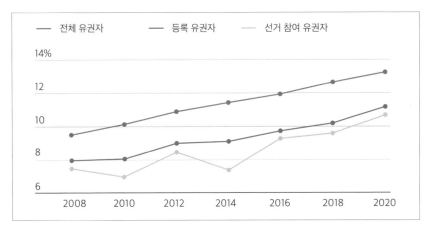

출처: Current Population Survey, US Census 2020

여기에서 더욱 중요한 것은 라티노 유권자들이 전체 유권자에서 차지하고 있는 비율의 증가 속도가 매우 빠를 뿐 아니라 특히 젊은 연령집단에서 라티노 유권자들의 비율이 훨씬 높기 때문에 전체 미국 유권자 집단에서 점하는 비율은 앞으로도 큰 폭으로 증가할 것으로 예상되고 있다는 점이다(그림 20).

[그림 20] 연령집단별 라티노 유권자 비율

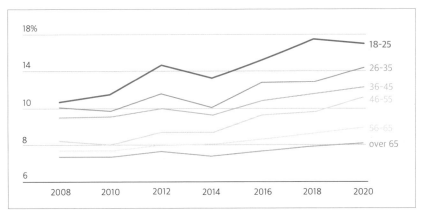

출처: Current Population Survey, US Census 2020

더욱이 라티노 유권자들은 인구가 가장 많은 캘리포니아 주와 텍사스 주에 거주하는 전체 주민의 30%를 이미 넘어섰고, 세 번째로 인구 규모가 큰 플로리다 주에서도 20% 이상을 점하고 있어 라티노 유권자들의 정치적 영향력은 앞으로 한층 더 강력해질 것으로 예상된다. 특히 최근 주요 선거의 최종적인 결과를 좌우하는 네바다 주나 애리조나 주와 같은 접전 주에서도 라티노 유권자들은 전체 유권자의 20%를 크게 웃돌고 있어 민주·공화 양당이 선거에서 더 많은 지지를 끌어들이기 위해 총력을 기울이고 있는 인종집단이기도 하다(그림 21).

[그림 21] 주별 라티노 유권자 비율

범례: 0-5% | 6-10% | 11-15% | 16-20% | >20%

주	비율	주	비율	주	비율
AK	6%			NJ	1%
WA	8%	VT	1%	NH	3%
MA	9%	NY	15%	CT	13%
RI	11%	MT	3%	ND	3%
SD	2%	MN	3%	WI	5%
MI	4%	OR	9%	ID	9%
WY	8%	NE	7%	IA	4%
IL	12%	IN	4%	OH	3%
PA	6%	NJ	16%	CA	32%
NV	21%	UT	10%	CO	17%
KS	8%	MO	3%	KY	2%
WV	1%	MD	6%	DE	7%
DC	7%	AZ	25%	NM	44%
OK	7%	AR	4%	TN	3%
VA	7%	NC	5%	HI	9%
TX	32%	LA	4%	MS	2%
AL	2%	GA	6%	SC	3%
FL	21%				

출처: Pew Rearch Center, 2022/10/12

공화당이 대도시 지역에서의 범죄 증가와 악화되는 경제 사정에 대한 라티노 유권자들의 우려를 파고들면서 전통적으로 강한 민주당의 지지를 약화시켰던 2020년 대선 이후 공화당은 보다 많은 라티노 유권자들의 지지를 얻어내기 위해 노력해 왔다. 라티노 유권자들의 이러한 투표행태 변화 추세를 고려하여 많은 선거전문가들은 이번 미국 중간선거에서 민주당에서 공화당으로 지지를 바꾸는 라티노 유권자들이 크게 늘어날 것으로 예상했지만, 실제 선거 결과 라티노 유권자들의 지지 정당 변화는 예상했던 것처럼 뚜렷하게 이루어지고 있지는 않다.

오히려 이번 중간선거에서도 라티노 유권자들이 이전의 선거처럼 공화당보다는 민주당을 두 배 이상 지지함으로써 민주당이 선전하는 데 크게 기여하고 있다. 즉 전국적으로 이번 중간선거에서 라티노 유권자들의 민주당 지지는 64%인데 비해 공화당 지지는 33%에 그치고 있다(CNN Exit Poll, Nov 9, 2022). 특히 이번 중간선거 결과를 좌우했던 애리조나, 네바다, 조지아, 펜실베니아 주 등 접전 주에서 라티노 유권자들의 지지에 있어 민주당이 공화당을 크게 앞섬으로써 상원 선거 등 주요선거에서 민주당의 승리에 적지 않게 기여하고 있다(그림 22).

[그림 22] 4대 접전 주 상원 선거에서의 라티노 유권자 투표선택

Arizona
Race
1,328 total respondents

	White 70%	Black 4%	Latino 17%	Asian 1%
● Kelly	49%	n/a	58%	n/a
● Masters	48%	n/a	40%	n/a

Georgia
Race
4,909 total respondents

	White 62%	Black 28%	Latino 6%	Asian 2%
● Warnock	29%	90%	58%	59%
● Walker	70%	8%	39%	39%

Nevada
Race
2,909 total respondents

	White 67%	Black 11%	Latino 12%	Asian 4%
● Cortez Masto	40%	83%	62%	57%
● Laxalt	58%	14%	33%	43%

Pennsylvania
Race
2,660 total respondents

	White 82%	Black 8%	Latino 8%	Asian 2%
● Fetterman	45%	91%	68%	n/a
● Oz	53%	8%	30%	n/a

출처: CNN Exit Poll, 2022/11/9

물론 라티노 유권자들의 공화당 지지가 크게 늘어났던 2020년 대선과 비교하여(그림 23) 이번 미국 중간선거에서 라티노 유권자들의 전국적인 지지에 있어 민주당 지지가 5% 정도 줄어들고 있지만, 이는 중간선거에서 집권당에 대한 지지가 일반적으로 줄어드는 범위를 크게 벗어나는 것은 아니었다. 결국 이번 중간선거에서 라티노 유권자들의 정당지지는 대체로 2/3 정도가 민주당을 지지하고, 1/3 정도가 공화당을 지지하는 통상적인 패턴에서 크게 달라지고 있지는 않다.

[그림 23] 최근 주요 선거에서의 라티노 유권자 정당 지지 변화

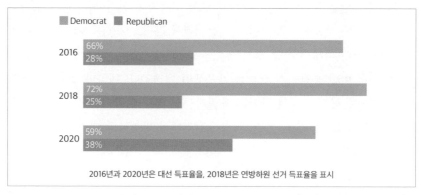

출처: Pew Research Center, 2021

다만, 예외적으로 플로리다 주만은 공화당이 라티노 유권자들에게 다수의 지지(54%)를 받고 있는데, 이는 플로리다 주에 거주하는 라티노 유권자들의 다수를 점하고 있는 쿠바계와 베네수엘라계 라티노 유권자들이 공화당의 반사회주의 선거 메시지에 대하여 긍정적으로 반응하는 정도가 높고, 드샌티스(Ron DeSantis) 주지사나 루비오(Marco Rubio) 상원의원 같이 라티노 유권자들에게 인기 있는 정치인들이 있다는 예외적인 특성에 기인하고 있다고 볼 수 있다.

[그림 24] 2022년 접전 주 연방하원 선거에서의 라티노 유권자 정당지지

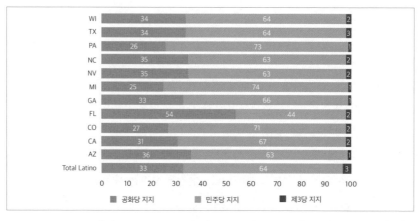

출처: 2022 AARC Midterm Voter Election Poll, Brookings, 2022/11/11

Ⅶ. 무당파 유권자

이번 미국 중간선거 결과에 중요한 영향을 미쳤던 또 다른 주요 요인은 전체 미국 유권자의 30% 이상을 점하고 있는 무당파 유권자들의 투표선택이었다. 이번 중간선거 이전에 치러졌던 최근의 중간선거에서 무당파 유권자들은 통상 집권당보다 반대당에 10% 이상 더 많은 지지를 보내왔다(표 1).

[표 1] 최근 중간선거에서 무당파 유권자의 정당지지

구분	지지율(집권당은 굵은 글씨로 표시)
2022년 중간선거 (공화당 하원 의석 순증가 9석)	민주당 지지 49%, 공화당 지지 47%
2018년 중간선거 (민주당 하원 의석 순증가 40석)	민주당 지지 54%, 공화당 지지 42%
2014년 중간선거 (공화당 하원 의석 순증가 13석)	공화당 지지 54%, 민주당 지지 42%
2010년 중간선거 (공화당 하원 의석 순증가 63석)	공화당 지지 56%, 민주당 지지 37%
2006년 중간선거 (민주당 하원 의석 순증가 30석)	민주당 지지 57%, 공화당 지지 39%

출처: CNN, 2022/11/9

하지만 이번 중간선거에서는 최근 치러졌던 이전 중간선거와 달리 반대당인 공화당보다 집권당인 민주당에 2% 많은 지지를 했던 것으로 나타나고 있다. 즉 중간선거 후 치러진 출구조사 결과(CNN Exit Poll, 2022/11/9)에 따르면 이번 중간선거에서 무당파 유권자들의 민주당 지지는 49%, 공화당 지지는 47%이었다(그림 25).

[그림 25] 당파적 유권자 및 무당파 유권자의 정당 지지율

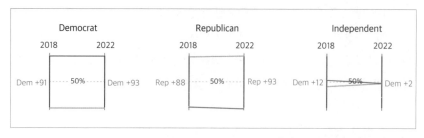

출처: CNN Exit Poll, 2022/11/9

    이처럼 이전 중간선거와 달라진 무당파 유권자들의 투표행태 역시 이번 중간선거에서 민주당이 선전하는 데 크게 기여하고 있다. 이는 공화당 지지 규모와 민주당 지지규모가 그다지 큰 차이가 없는 상황에서 설사 투표율이 당파적 유권자들에 비해 낮다 하더라도 30% 이상을 점하고 있는 무당파 유권자들의 투표선택이 매우 중요하게 작용할 수 있기 때문이다.

    정당분극화가 진행됨에 따라 유권자들의 당파성이 강화되면서 당파적 유권자들의 비중이 커지고 있어 비록 선거에 실제로 참여하는 무당파 유권자들의 규모가 상대적으로 작다고 하더라도 민주당과 공화당에 대한 지지가 팽팽하게 맞서고 있는 상황에서는 무당파 유권자들의 투표선택이 선거 결과에 결정적으로 영향을 미칠 수 있다. 이러한 무당파 유권자들의 영향력은 민주·공화 양당이 치열하게 선거 경쟁을 벌이고 있는 접전 주들에서 더욱 극대화될 수 있고, 선거 후 출구조사(CNN Exit Poll, 2022/11/9)에 따르면 실제로 애리조나, 네바다, 조지아, 펜실베니아 주 등 초접전 주들의 상원 선거에서 무당파 유권자들부터 받은 득표에 있어 민주당은 공화당을 모두 크게 앞서고 있다(그림 26).

[그림 26] 4대 접전 주 상원 선거에서의 무당파 유권자 투표선택

Arizona
Party ID
1,328 total respondents

	Democrat 27%	Republican 33%	Independent 40%
● Kelly	97%	9%	55%
● Masters	2%	89%	39%

Georgia
Party ID
4,909 total respondents

	Democrat 35%	Republican 41%	Independent 24%
● Warnock	97%	4%	53%
● Walker	2%	95%	42%

Nevada
Party ID
2,909 total respondents

	Democrat 34%	Republican 36%	Independent 30%
● Cortez Masto	96%	5%	48%
● Laxalt	4%	93%	45%

Pennsylvania
Party ID
2,660 total respondents

	Democrat 37%	Republican 40%	Independent 24%
● Fetterman	94%	10%	58%
● Oz	5%	90%	38%

출처: CNN Exit Poll, 2022/11/9

이처럼 이번 중간선거에서 무당파 유권자들이 예외적으로 집권당인 민주당에 더 많은 지지를 보내게 된 데에는 트럼프의 지지를 받고 있는 선거부정론자 후보들에 대해 거부감을 갖고 있는 무당파 유권자들이 많았고 인플레를 비롯한 경제 문제 못지않게 낙태 문제를 심각하게 받아들이고 있는 무당파 유권자들이 예상보다 많았다는 것과 관련되어 있다. 실제로 무당파 유권자들의 선거 이슈 관심도에 있어 낙태 문제는 27%를 차지하고 있는데, 이는 31%를 차지한 인플레 이슈에 매우 근접한 비율이다.

이번 중간선거에서 나타난 무당파 유권자들의 투표행태는 실버(Nate Silver 2012)가 언급했던 집권당에 대한 심판(Referendum)보다 선택(Choice)을 택한 유권자들 중 당파적 유권자들과 비교하여 무당파 유권자들이 훨씬 더 많았다는 것을 보여주는 결과이기도 하다. 즉, 무당파 유권자들이 단순히 집권당에 대한 분노로 집권당을 심판하려 했다기보다는 악화된 경제 문제나 도시에서의 범죄율 증가를 더 중시하는 무당파 유권자들은 공화당을, 낙태 문제나 선거부정 등으로 인해 민주주의가 위협받고 있다고 생각하는 무당파 유권자들은 민주당을 선택하고 있는 것으로 보아야 할 것이며, 출구조사에서

나타나고 있는 최종적인 선거 결과는 후자를 선택한 무당파 유권자들이 상대적으로 더 많았다는 것을 보여주고 있다.

VIII. 결론

이번 2022년 중간선거도 그동안 심화되어 온 정당분극화를 배경으로 한 상황에서 치러졌고, 선거 경쟁이 치열했다고 말하지만 실제로 치열한 선거 경쟁이 있었던 주나 하원 선거구의 비율은 20%를 밑도는 수준에 머물러서 결국 선거에서의 승패는 일부 경합 주나 경합 선거구에서의 선거 결과에 의해 좌우되었다고 볼 수 있다. 따라서 이번 중간선거 결과를 분석하는 데 있어 중요한 것은 실제로 치열한 선거 경쟁이 있었던 일부 경합 주나 경합 선거구에서의 선거 결과에 영향을 미쳤던 요인들에 집중하여 볼 필요가 있다.

경합 지역의 선거에서 공화당이 인플레를 포함한 악화된 경제 상황과 도시 지역에서의 범죄 발생 증가 그리고 이민자 문제들(소위 세 가지 위기론)에 집중하였던 반면, 민주당은 2022년 6월 연방대법원의 Dobbs v. Jackson 판결로 주목받게 된 낙태 이슈와 트럼프의 2020년 대선 불복 및 2021년 1월 트럼프 지지자들의 의회 난입으로 촉발된 민주주의 위기론에 초점을 맞추어 선거 운동을 전개하였기 때문에 낙태 및 인플레를 포함한 경제 등 이슈 요인들이 실제로 선거 결과에 어떻게 영향을 미치고 있는지를 보았다.

일단 낙태 이슈는 앞서 보았던 것처럼 2022년 여름 이후 선거 양상을 바꾸어 놓을 만큼 선거과정에서 뚜렷하게 영향을 미쳤을 뿐 아니라 선거 결과에도 커다란 영향을 미쳐 공화당의 부진과 민주당의 선전으로 이어지는 데 크게 기여하였다. 낙태 이슈와 달리 인플레를 비롯한 경제 이슈는 처음에 예상했던 만큼 강력한 영향력을 발휘하진 못하였는데, 이는 많은 미국 유권자들이 치솟는 물가로 인해 고통받고 있는 것은 사실이지만 이러한 물가 상승과 경제 사정 악화가 지난 수년간 이어진 COVID-19의 여파와 러시아의 우크라이나 침공으로 전 세계가 타격을 받고 있는 상황과 관련되어 있어서 이러한 경제적 어려움을 바이든 행정부의 탓만으로 돌리는 데에는 무리가 있었기 때문이다.

더욱이 2022년 후반으로 오면서 물가는 계속 고공행진하고 있지만, 하락하던 경제성장률이 상승으로 반전하고 일자리가 늘어남에 따라 실업률이 감소세로 돌아서면서 악화된 경제에 집중해 오던 공화당의 선거전략은 탄력받기 쉽지 않았다.

또한 민주당의 민주주의 위기론과도 연계되어 있는 트럼프 요인은 11월 중간선거 이전에 치러졌던 공화당 경선 과정에서 트럼프의 공개적인 지지를 받아 후보로 선출되었던 많은 공화당 후보들이 트럼프의 2020년 대선 불복론을 따르는 소위 선거 부정론자들(election deniers)인데다 후보 자질 면에서도 흠결이 있는 인사들이 많아 11월 본선거에서 많은 유권자들의 지지를 받기는 쉽지 않았다. 이는 결국 접전 지역에서 트럼프가 지지했던 많은 공화당 후보들의 선거 패배로 이어지게 되었다.

이슈 요인과 트럼프 요인 이외에 이번 중간선거에서 경합 주나 경합 선거구의 선거 결과에 영향을 미쳤던 주요 요인들로 교외 지역 거주 유권자, 라티노 유권자, 무당파 유권자 등 세 부류의 유권자 집단에 주목해 볼 필요가 있다.

먼저 교외 지역 유권자들은 이미 지난 2018년 중간선거에서도 민주당의 승리를 가져오는 데 결정적으로 영향을 미친 바 있는 데(정진민 2021), 교외 지역 유권자들은 이번 중간선거에서도 특히 경합 지역 선거에서 민주당의 선전에 크게 기여하였다. 교외 거주 유권자들 중에서도 특히 이번 중간선거에서 집중하여 볼 필요가 있는 유권자들은 백인 여성 유권자들인데 이는 연방대법원의 Dobbs v. Jackson 판결에 대한 이들 백인 여성 유권자들의 반발이 강력했기 때문이다. 물론 인플레를 비롯한 경제 상황 악화에 대한 이들의 불만이 큰 것도 사실이지만, 여성들의 낙태권이 침해받게 된 데 대한 교외 거주 백인 여성 유권자들의 반발이 이러한 경제적 불만을 일정 정도 상쇄할 수 있었다고 볼 수 있다.

다음으로 주목해 보아야 할 유권자 집단은 1980년대 이후 빠르게 증가하고 있는 라티노 유권자들이다. 라티노 유권자들은 이미 캘리포니아, 텍사스, 플로리다 주 등 인구수가 가장 많은 3개 주에서 매우 높은 유권자 비율을 점하고 있을 뿐 아니라 최근 선거 경쟁이 치열하게 전개되고 있는 서부의 애리조나 주나 네바다 주에서도 높은 유권자 비율을 점하고 있고 조지아 주나 펜실베니아 주 등 다른 접전 주들에서도 적지 않은 비율을 차지하고 있다. 따라서 라티노 유권자들이 선거에서 차지하고 있는 비중은 점점 커지고 있는데, 특히 이들 주에서 선거가 초접전 양상으로 전개되는 경우 라티노 유권자들의 표의 향배가 접전 주들의 최종 선거 결과에 결정적으로 영향을 미칠 수 있어 주목하지 않을 수 없다.

라티노 유권자들은 보수 성향이 강한 큐바계 라티노 유권자들이 많이 거주하고 있는 플로리다 주를 제외한다면, 전통적으로 2/3 이상 민주당을 지지하여 왔다. 하지만 트럼프가 재선에 도전하였던 2020년 대선 이후 라티노 유권자들의 정당 지지가 공화당으로 이동하는 미묘한 변화가 일어나고 있다. 이번 선거에서도 이러한 추세가 바뀌고 있다고 볼 수는 없지만, 라티노 유권자들의 민주당에 대한 압도적인 지지는 지속되고 있어 접전 주에서 민주당의 선전에 적지 않게 기여하고 있다.

마지막으로 이번 중간선거 결과에 영향을 미치고 있는 또 다른 주요 요인은 무당파 유권자들의 투표행태이다. 최근 치러진 중간선거에서 무당파 유권자들은 앞서 보았던 것처럼 집권당이 아닌 반대당에 10% 이상의 격차로 지지를 보내왔다. 하지만 이번 중간선거에서는 오히려 집권당인 민주당이 무당파 유권자들로부터 2% 격차로 더 많은 득표를 하고 있다. 이러한 무당파 유권자들의 투표행태 변화 역시 낙태 이슈와 트럼프와 그가 지지했던 공화당 후보들의 선거 결과 불복에 대한 유권자들의 반발 심리에 초점을 맞추었던 민주당의 선거전략이 주효한 결과로 해석될 수 있다고 본다.

결론적으로 이번 유권자들은 중간선거에서 집권당에 대한 분노에 의해서만 움직이지 않았으며, 오히려 더 많은 유권자들이 민주당과 공화당이 선거에 내놓은 후보와 정책에 대한 선택에 의해 움직였다는 것을 보여주고 있다. 즉 이번 중간선거는 실버(Silver 2012)가 언급했던 집권당에 대한 심판보다는 선택을 택한 유권자들이 더욱 많았다는 것을 보여주고 있다. 그리고 경제 사정 악화에 대해 집권당을 심판하고자 했던 유권자들은 공화당을, 그보다는 주요 이슈, 특히 낙태 이슈와 관련하여 여성들의 낙태권이 중요하다고 생각하거나 후보의 자질, 특히 트럼프가 공개적으로 지지를 선언했던 공화당 후보들의 2020년 대선 불복에 동의할 수 없었던 유권자들은 민주당을 선택했다고 볼 수 있다.

참고문헌

정진민. 2018. "3장 2절 미국 정당분극화의 진행 양상." 『정당정치 변화와 유권자정당』. 인간사랑.

_____. 2021. 『미국정치의 양극화: 오바마, 트럼프 시대의 선거정치』. 역사공간.

Abramowitz, Alan. 2013. The Polarized Public? Why American Government is So Dysfunctional. New York: Pearson.

_____. 2018. The Great Alignment: Race, Party Transformation, and the Rise of Donald Trump. New Haven: Yale University Press.

Blum, Rachel. 2020. How the Tea Party Captured the GOP: Insurgent Factions in American Politics. Chicago: The University of Chicago Press.

Brewer, Mark. 2005. "The Rise of Partisanship and the Expansion of Partisan Conflict within the American Electorate." Political Research Quarterly 58(2).

Chung, Jin Min. 2020. "Korean-US Political Parallels and Trump Presidency." PS : Political Science and Politics 53(2).

Fiorina, Morris, Samuel Abrams and Jeremy Pope. 2008. "Polarization in the American Public." Journal of Politics 70(2).

_____. 2011. Culture War? The Myth of a Polarized America. New York: Pearson.

Hetherington, Mare. 2009. "Putting Polarization in Perspective." British Journal of Political Science 39: 413-48.

Iyengar, Shanto, Gaurav Sood, and Yphtach Lelkes. 2012. "Affect, Not Ideology: A Social Identity Perspective on Polarization." Public Opinion

Quarterly 76(3).

Jacobson, Gary. 2000. "Party Polarization in National Politics: The Electoral Connection." Jon Bond and Richard Fleisher. eds. Polarized Politics: Congress and the President in a Partisan Era. Washington, D.C.: CQ Press.

Layman, Geoffrey, Thomas Carsey, John Green, Richard Herrena, and Rosalyn Cooperman. 2010. "Activists and Conflict Extension in American Party Politics." American Political Science Review 104(2).

Levendusky, Matthew. 2013. "Why Do Partisan Media Polarize Views?." American Journal of Political Science 57(3).

Mann, Thomas and Norman Ornstein. 2016. It's Even Worse Than It Looks: How the American Constitutional System Collided with the New Politics of Extremism. New York: Basic Books.

Mason, Lilliana. 2015. "I Disrespectfully Agree: The Differential Effects of Partisan Sorting on Social and Issue Polarization." American Journal of Political Science 59(1).

Skocpol, Theda and Vanessa Williamson. 2013. The Tea Party and the Remaking of Republican Conservatism. New York: Oxford University Press.

바이든과 민주당은 어떻게
선전했을까?

Ⅰ. 서론: 바이든 전반 2년과 중간선거

Ⅱ. 2022년 미국 중간선거 분석: 유권자 차원

Ⅲ. 2022년 미국 중간선거 분석: 선거 차원

Ⅳ. 2022년 미국 중간선거 분석: 의회와 정당 차원

Ⅴ. 소결: 미국 민주주의와 경제안보 전망

바이든과 민주당은 어떻게 선전했을까?
2022년 중간선거를 통해 본 미국 정치와 변화 가능성

서정건(경희대학교)

I. 서론: 바이든 전반 2년과 중간선거

지난 2022년 11월 8일에 열린 미국 중간선거(midterm elections)는 미국 선거 역사상 의외의 결과를 낳은 선거 중 하나로 기록될 전망이다. 역사적 경험이나 정치적 상황, 경제적 지표 등 거의 모든 측면에서 바이든의 민주당이 고전할 것으로 예상되었지만, 오히려 예상 밖 선전을 거두었기 때문이다. 잘 알려진 대로 프랭클린 루스벨트(Franklin D. Roosevelt)에 의한 현대 대통령제(modern presidency) 확립 이후 치러진 미국 중간선거에서 대통령 소속 정당은 대부분 패배했고 단 3번의 예외만 있었다.[1] 물론 이번 선거는 대공황 가운데 선출된 루스벨트 대통령에게 국민들이 전폭적 지지를 재확인했던 1934년 중간선거가 아니었다. 경제가 엄청난 호황임에도 불구하고 대통령 발목을 잡으려던 공화당에 철퇴를 안겼던 1998년 중간선거와도 거리가 멀었다. 9/11 이후 충격과 공포에 사로잡혔던 미국 국민들을 상대로 아들 부시 대통령이 안보 이슈를 극대화하여 민주당을 몰아붙였던 2002년 중간선거와는 전혀 다른 성격이었다.[2] 그럼에도 불구하고 바이든과 민주당은 상원에서 한 석을 늘

---

1 Angus Campbell. 1960. "Surge and Decline: A Study of Electoral Change," Public Opinion Quarterly 24(3):397-418; James E. Campbell. 1987. "The Revised Theory of Surge and Decline," American Journal of Political Science 31(4):965-979.

2 서정건. 2014. "미국 중간선거에 관한 역사적 고찰." 『21세기정치학회보』 24-3:605-625; 윤광일. 2011. "선거 주기에 대한 이론적 고찰: 미국 사례를 중심으로." 『의정연구』 17-1:5-31.

렸을 뿐만 아니라 하원 다수당 지위조차 공화당에 근소한 차이로 내주었다. 118대(2023년 1월-2025년 1월) 새 하원의 공화당과 민주당의 의석수 분포는 222석 대 212석이며, 1석은 공석으로 출발하게 되었다. 예컨대 주지사, 상원의원 그리고 3명의 하원의원 모두 민주당 소속이었던 네바다 주 선거의 경우 단지 주지사 자리만 공화당으로 넘어갔을 뿐이다. 결국 약세 지역이던 뉴욕주에서 공화당이 선전했다는 사실만 제외한다면, 이번 중간선거는 바이든과 민주당의 승리라고 해도 과언이 아닐 정도다.[3]

중간선거가 치러지기까지 바이든의 임기 첫 2년은 2021년 8월과 2022년 8월이라는 극명한 대조를 특징으로 하는 기간이었다. 우선 팬데믹 위기 가운데 치러진 미국 대선은 사전 투표 확대로 이어졌고, 민주당 바이든 후보는 미국 역사상 최다 득표인 8천 1백만 표 이상을 얻으면서 당선되었다. 현직 대통령 트럼프 역시 자신의 2016년 득표보다 1천 1백만 표 넘게 얻었지만, 대통령 선거인단 수에서 정확히 반대 결과로 패배하였다. 2016년에는 선거인단 투표 결과 트럼프 306명 대 힐러리 232명이었다가 2020년에 바이든 306명 대 트럼프 232명으로 뒤바뀐 셈이다. 바이든 대통령은 임기 초반 한때 21세기의 루스벨트라는 칭송까지 받아가며 COVID-19 피해 관련 재정 지원과 백신 접종 추진 등을 과감하게 밀어붙였다. 취임 후 2주 만에 28개의 행정 명령을 발동하며 트럼프 시대 지우기에 나섰지만, 중국에 대한 관세 폭탄, 북미자유무역협정 개정, 연방 우주군 창설 등의 트럼프 결정들에 대해서는 유연한 입장을 취하였다. 그러나 바이든의 발목을 잡은 곳은 의외의 장소였는데, 전쟁 20주년 전에 종결을 원했던 아프가니스탄이 그곳이었다. 미국 군대의 철군 과정에서 보여준 시행착오와 일대 혼란은 베트남 전쟁에서 패해 도망치듯 철수한 이전 사례와 비교되며 바이든 대통령에 대한 신뢰를 크게 훼손하게 된다. 이후 민주당 내부의 온건파와 진보파 갈등으로 인해 단합에 실패하면서 의회 내 "더 나은 재건(Build Back Better)" 법안들이 교착상태에 빠지게 되었다. 러시아의 푸틴이 서방의 강력한 경고에도 불구하고 우크라이나를 침공하였지만, 과거와 같은

---

3   Caroline Vakil. 2022. "Democrat Blame Game Erupts over New York Midterm Losses," The Hill.

대대적인 결집효과(rally-around-the-flag-effects)는 발생하지 않았다. 오히려 바이든의 지지율은 40퍼센트 아래로 추락하기까지 하였다.[4]

바이든 대통령과 민주당을 위한 반전은 아프가니스탄 철군 참사가 있었던 임기 첫해인 2021년 8월로부터 딱 1년 후인 중간선거 해인 2022년 8월에 일어났다. 물론 그 두 달 전인 6월 말 연방대법원이 "돕스 결정(The Dobbs Decision)"을 통해 1973년 이래 연방 차원에서 인정되어 오던 여성의 낙태 권리에 대해 이를 뒤집는 판결을 내림으로써 미국 국민들의 민주당에 관한 관심을 다시 불러일으킨 것도 중요한 계기였다. 공화당 체니(Liz Cheney) 의원이 주도한 하원의 1월 6일 위원회(January 6 Committee)에서 전례 없는 의사당 폭력 사태 진상 규명 작업을 통해 트럼프 전 대통령 실체 폭로에 나선 것 역시 민주당에게는 호재였다. 그리고 무엇보다 결정적으로 1년 넘게 진전을 보지 못하던 의회 차원의 입법 성과가 이루어졌다. 7월 27일 맨신(Joe Manchin) 의원과 원내 대표 슈머(Chuck Schumer) 의원 간 상원 합의가 촉매제였다. 2024년 선거에 나서야 하는 맨신 의원 입장에서 영향력을 행사할 수 있는 마지막 회기일지도 모르는 117대 의회 기간 동안 자신의 숙원 사업이었던 에너지 개발 허가제 개혁(permitting reform)을 완성할 계산으로 민주당 도우미 역할을 자처한 셈이다. 상원에서 8월 7일 통과, 하원에서 8월 12일 통과 그리고 바이든 8월 16일 서명 등 미국 의회 역사상 전례를 찾기 힘들 정도의 속전속결로 인플레이션 감축법(Inflation Reduction Act)이 시행되기에 이른다. 세금, 에너지, 의료 보험, 기후 위기 등 다양한 내용의 이 법안으로 인해 한국산 전기차가 치명적 피해를 입게 된 사실은 널리 알려진 바 있다. 결국 처방 전 약값 인하와 학자금 대출 상환 지원 등을 효과적으로 선전한 바이든 행정부에게 임기 2년 차 8월은 전세 역전의 달로 자리 잡게 되었다.

돌이켜보면 선거 결과를 해석하는 일은 그리 과학적인 작업이 되기 어려워 보인다. 민주당이 예상대로 크게 패배했다면 그 방향으로 해석이 가능한 증거들도 여전히 많이 쌓여 있기 때문이다. 왜 바이든과 민주당은 고전했는

---

4   Alexander Bolton. 2022. "Rick Scott: Senate Republicans Have Path to 55-Seat Majority," The Hill.

가에 대해 설명할 수 있는 변수들 역시 적지 않다는 얘기다. 따라서 선거를 해석하는 방식은 다소 이중적 잣대 측면이 있다는 점을 부인하기 어려워 보인다. 또한 객관적 분석 못지않게 선거가 끝난 후 대다수 언론이 규정하는 선거의 의미와 결과 해석이 매우 중요한 역할을 한다. 2016년 트럼프 당선 예측에 실패했던 대부분의 소위 전문가들(필자 포함)은 러스트 벨트 지역의 백인 저소득층 지지를 트럼프 승리 주요 원인으로 꼽은 주류 언론 해석을 그대로 받아들였다. 트럼프 당선이 워낙 충격적이었고 중서부 지역 백인 노동자 집단의 지지가 매우 컸던 것으로 보였기에 별 의심 없이 정설이 되어 버렸다. 하지만 주류 언론의 기정사실화로 인해 당시 미시건 디트로이트, 위스콘신 밀워키, 펜실베이니아 필라델피아의 흑인 유권자들이 힐러리 후보에게 투표하러 나오지 않았다는 사실은 거의 묻혀 버렸다. 트럼프가 중서부에서 기존 공화당 후보보다 확실히 잘한 것인지, 힐러리가 중서부에서 왜 진 것인지에 대해 사후 분석도 더 필요했던 셈이다. 결국 사전 예측과 사후 분석 모두 객관적이고 체계적인 기준 마련이 쉽지 않다.

특히 중간선거는 대통령 선거와 매우 다른 양상을 보일 뿐만 아니라 각 경합 주와 경쟁 지역구의 사정 및 후보들 역시 차이가 크다. 선거가 끝난 후에 선거를 종합적으로 해석하고 한 두 줄짜리 결론을 도출하는 과정에서 숨겨진 변수들이 의도치 않게 간과되기도 한다. 이처럼 선거 결과의 다양한 인과 관계를 특정하기는 쉽지 않다.[5] 그럼에도 불구하고 2022년 중간선거는 한 가지 분명한 특징을 가지고 있다. 바로 전후 미국 정치를 크게 뒤흔들어 놓은 트럼프 시대 마감 이후 치러진 첫 중간선거라는 사실이다. 트럼프 시대는 대통령과 의회 관계, 정당 관계, 언론 관계, 대외 정책 관계 등 거의 모든 영역에서 긍정적이든 부정적이든 새로운 변화를 초래한 시대라고 볼 수 있다.[6] 물론

---

5   Scott C. James. 2007. "Timing and Sequence in Congressional Elections: Interstate Contagion and America's Nineteenth-Century Scheduling Regime," Studies in American Political Development, 21 (Fall 2007):1-22; Calvin Jilson. 1994. "Patterns and Periodicity in American National Politics," in Lawrence C. Dodd and Calvin Jilson ed. The Dynamics of American Politics: Approaches and Interpretations. (Boulder: Westview Press).

6   서정건. 2021. "트럼프 이후 바이든 시대 미국 의회-대통령 관계와 북한 정책 변화," 『국가전략』 27(3): 81-104.

트럼프라는 개인 변수가 엄청난 영향을 미쳤다는 점 또한 사실이다. 트럼프 대통령은 재선에 실패하였지만, 미국 정치 현실에서 트럼프는 여전한 존재감을 가지고 있다. 이미 트럼프 정당으로 변모했다는 평가를 받았던 공화당의 경우 트럼프의 대선 재도전과 관련하여 트럼프 정당의 면모를 얼마나 보여줄지 역시 관건이었다.

결과적으로 2022년 중간선거는 이전의 중간선거와 여러 가지 차원에서 중대한 차이점을 안고 치러졌다는 평가가 가능하다. 선거 예측 실패에 대한 복기 작업은 선거 후에 새롭게 밝혀지는 다양한 정보들의 의미를 파악해 보는 것에 다름없다. 도대체 바이든과 민주당은 이번 중간선거에서 어떻게 선전할 수 있었을까? 본 장은 2022년 중간선거 결과에 대한 일차적이고 기초적인 탐색을 시도함으로써 미국 정치 변화의 흐름에 대해 짚어보고자 한다. 유권자 차원, 선거 차원 그리고 정당 차원으로 나누어 민주당이 잘 싸웠고 공화당이 고전했던 상황에 대해 다양한 각도로 파악해 본다.[7] 단 각각의 원인 분석은 검증을 통한 결론과는 아직 거리가 멀다는 점을 밝혀 둔다. 그보다는 미국 정치 변화 가능성과 관련된 향후 연구 주제를 제시해 보고자 하는 데 더 의미를 두었다고 보는 편이 타당하다.

II. 2022년 미국 중간선거 분석: 유권자 차원

1. 미국 유권자들의 정치적 경각심 변화 가능성

통상적으로 둘 중 하나를 선택하는 대통령 선거와 달리 대통령 후보 이름이 투표용지에 나와 있지 않은 중간선거 경우 미국 유권자들의 선택이 다양할 수 있다는 점을 다시 확인시켜 준 선거였을 수 있다. 양극화 시대에 이분법적 사고와 선택을 할 수밖에 없는 대통령 선거와는 대조적으로 중간선거는 상하원의원, 주지사, 주 검찰총장, 주 의회 등 많은 공직 후보를 연방 차원이 아닌 주와 지역 단위에서 동시에 뽑게 된다. 전통적으로 하원 선거는 전국적

---

7   이후는 경제인문사회연구회에서 출간한 Global Issue Brief(2022년 11월호 Vol.5, p.99-108)에 실린 저자의 기고문을 대폭 수정 및 보완한 것임을 밝힙니다.

분위기에 따라 승패가 좌우되는 반면, 상원 선거는 공화당 상원 원내 대표 맥코넬(McConnell) 의원의 지적대로 "후보 자질(candidate quality)"이 중요하다는 평가가 가능한 이유이기도 하다.

이는 양극화가 심화된 미국에서 더 이상 "문제는 경제야!"라는 구호만으로 선거 승리가 보장되지 않는 상황과도 밀접해 보인다. 언론에 자주 보도된 대로 현재 미국이 겪고 있는 인플레이션은 40여 년 만에 최악의 수준이다. 따라서 이번 중간선거의 정치적 의미는 지난 40여 년 동안 양극화 분위기하에서 주로 사회 이슈들을 놓고 투표해 온 미국 유권자들이 40여 년 만에 처음으로 인플레이션이라는 초대형 경제 악재에 대한 심판 성격의 선거를 맞이했다는 점이었다. 2008년의 금융 위기 상황과는 또 다른 정치적 환경이었다. 그런데 바이든 대통령이 행한 선거 직전 대국민 연설이 눈길을 끌었다. 인플레이션 대책이 아닌 민주주의 위기에 연설의 방점을 두었고 민주당 일각에서도 잘못된 메시지 선택이라는 비판이 일었다.[8] 하지만 선거 결과를 놓고 보면 민주당 지지자들을 투표소로 나오게 만드는 데 도움이 된 전략이었던 것으로 보인다. 어차피 중간선거는 투표율 싸움이라는 점을 재확인해 준 셈이다. 또한 상원 의석 수성에 성공한 네바다 주의 민주당 지지자들 역시 출구 조사에서 경제가 그리 나쁘지 않다는 평가를 내놓았다. 1980년대 이후 심화된 양극화 시대를 사는 미국 국민들은 경제 문제조차도 양극화 관점에서 지지 정당을 편드는 방향으로 해석하게 되었는지도 모른다. 결국 우리가 전해 들은 미국 경제와 미국 경합 주 유권자들이 체험하는 미국 경제는 달랐을지도 모른다.

---

8 Hanna Trudo. 2022. "Left to Democrats: It's the Economy, Stupid," The Hill.

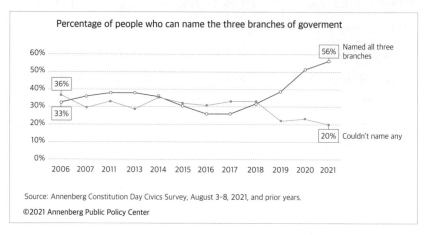

출처: www.asc.upenn.edu

또한 흥미로운 사실은 트럼프 시대 이후 미국 유권자들의 정치에 대한 관심이 높아졌다는 점이다. 〈그림 1〉에 따르면 입법부, 행정부, 사법부의 존재를 모두 맞힐 수 있는 유권자들이 트럼프 시기부터 크게 늘어났다. 미국 정치학의 고전적 이해에 따르면 미국 유권자들의 정치에 대한 이해 수준은 비교적 낮은 대신 큰 변화에는 민감함을 보여 왔다. 달리 말해 개별 이슈보다는 경제나 전쟁 같은 큰 흐름을 기준으로 선거에 임한다고 알려져 왔다. 그러한 미국 유권자들이 이제는 여러 이슈들을 종합적으로 판단하여 가중치 투표를 하는 집단으로 변모했을 수 있다. 다시 말해, 정치에 비교적 무관심했던 유권자들이라면 선택의 기준 역시 단순할 수밖에 없다. 하지만 트럼프 대통령 시대 이후의 미국 유권자들은 인플레이션뿐만 아니라 낙태와 민주주의, 선거 부정론까지 염두에 두고 투표장으로 향했을 수 있다.

　　　　　　　　　　　　　　　　　　　　　미국 중간선거 분석

[그림 2] 수정 헌법 1조 권리들을 제시할 수 있는 미국 국민 비율 변화

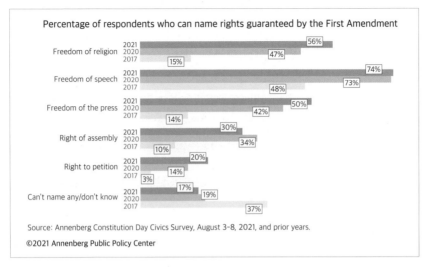

Source: Annenberg Constitution Day Civics Survey, August 3-8, 2021, and prior years.

©2021 Annenberg Public Policy Center

출처: www.asc.upenn.edu

　　〈그림 2〉 역시 트럼프 취임 첫해(2017년)에 비해 바이든 취임 첫해(2021년)에 미국 국민들이 수정 헌법 1조에서 보장하는 다양한 권리들에 대해 더 많이 알게 되었음을 보여준다. 특히 10퍼센트 정도의 이해도에 머물러 있던 종교의 자유, 언론의 자유 그리고 집회의 자유에 대한 인식이 트럼프 시대 동안 크게 증가하였음을 확인할 수 있다. 결론적으로 미국 유권자들의 정치적인 관심 및 경각심 제고는 트럼프 시대가 초래한 눈에 보이지 않는 중대한 변화일지도 모른다. 따라서 이제는 경제 지표 하나가 아닌 낙태와 민주주의, 선거 공정성 등 다양한 변수도 함께 고려하는 투표 행태가 생겨났을 가능성이 있다. 전쟁 아니면 경제로 선거가 판가름 나던 시대가 지나가고 보다 복합적인 이슈 관심에 의해 각종 선거가 결판나는 시대에 접어들고 있음을 시사한다. 〈그림 3〉이 보여주는 출구 조사 결과 역시 인플레이션(31%)이 가장 중요한 이슈였음을 나타내지만 여타 이슈들, 즉 낙태(27%), 범죄율(11%), 총기 규제(11%), 이민 문제(10%) 등의 중요성을 합치면 59퍼센트에 달한다는 점을

보여준다.[9] 이는 결국 미국식 표현으로 "걸으면서 동시에 껌도 씹는(walk and chew gum at the same time)" 새로운 유권자 모형인 셈이다.

[그림 3] 중간선거 투표 시 가장 중요한 이슈

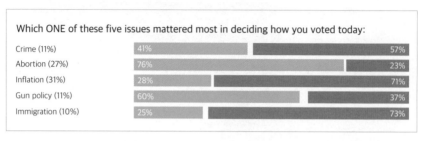

Which ONE of these five issues mattered most in deciding how you voted today:

Crime (11%)	41%	57%
Abortion (27%)	76%	23%
Inflation (31%)	28%	71%
Gun policy (11%)	60%	37%
Immigration (10%)	25%	73%

출처: https://www.nbcnews.com/politics/2022-elections/exit-polls

2. 유권자들이 체감하는 경제 지표의 타이밍 문제 가능성

이번 중간선거 역시 여타 선거와 마찬가지로 유권자가 체감하는 경제 지표들의 타이밍 문제에 대해서도 고려가 필요하다. 인플레이션이라는 경제 변수가 미국 전반에 걸친 문제이면서도 각 주(州)별로 다소간 차이가 있을 수 있는 것처럼 여러 지표들이 가진 시점의 문제 역시 유권자들의 선택에 영향을 주었을 수 있다. 아래 <그림 4>는 자동차 기름값 변화와 대통령 지지율 변화를 한꺼번에 보여준다. 대통령 지지율과의 변화 방향 일치를 위해 오른쪽 축이 나타내는 자동차 기름값은 위로 갈수록 떨어지도록 표시해 두었다. 카터 대통령 임기 첫해인 1977년부터 2022년 중간선거 시기까지 자동차 기름값 변화와 대통령 지지율 변화를 추적해 본 결과 놀라울 정도의 일치 현상이 발견됨을 알 수 있다. 아버지 부시의 "문제는 경제야(It's the economy, stupid.)" 상황과 아들 부시의 9/11 당시 결집 효과 상황 정도가 눈에 띄는 예외로 보인다. 따라서 미국 유권자들이 가장 민감하게 체감하는 경제 지표인 자동차 기름값의 정치적 의미는 매우 크다고 볼 수 있다.

---

9 Cheyanne Daniels. 2022. "Why Democrats Face Big Test with Black Women in 2022," The Hill.

한편 〈그림 5〉에 따르면 천정부지로 치솟던 자동차 기름값이 6월을 정점으로 하락하기 시작한다. 우크라이나 전쟁 이후 바이든 행정부는 3월에 전략 석유 비축 물량 중 1억 8천만 배럴을 내놓기로 결정했는데, 이는 비축 물량 역사상 50년 만의 최대 규모였다. 결국 전통적으로 여름쯤 11월 선거 투표를 결정한다고도 알려져 있는 미국 유권자들에게 자동차 기름값은 2021년 상황보다 나쁘지만, 적어도 하락세 경험이었다고 볼 수 있다. 이미 나아졌다고 판단되면 가장 바람직하겠지만, 선거에 있어 나아지고 있다고 평가받는 것 역시 매우 중요함은 40년 전 레이건의 중간선거와 이후 재선 과정에서도 드러난 바 있다. 좀처럼 변화가 없던 인플레이션 비율에 비해 자동차 기름값의 유동적 흐름은 바이든과 민주당에게 일종의 호재로 작용했을 가능성이 없지 않아 보이는 이유다.

[그림 4] 대통령 지지율과 자동차 기름값

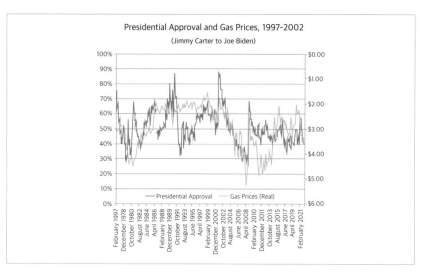

출처: https://centerforpolitics.org/crystalball/articles/gas-prices-and-presidential-approval/

[그림 5] 자동차 기름값 변화

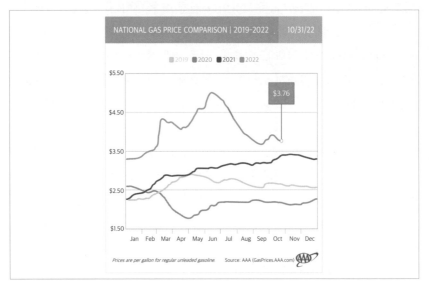

출처: https://gasprices.aaa.com/like-the-falling-leaves-gas-prices-drifting-down/

III. 2022년 미국 중간선거 분석: 선거 차원

1. 사전 투표 제도 확대와 정당별 유불리 가능성

아마도 이번 중간선거 결과가 가리키는 가장 중요한 미국 정치 변화는 사전 투표 제도의 정당별 유불리 상황이 확인된 선거였다는 점일지 모른다. 전통적으로 투표율이 높지 않은 미국에서는 사전 투표 역시 활성화되지 않았다. 그런데 팬데믹을 지나며 사전 선거(early voting) 제도가 각 주마다 대폭 도입되면서 미국 유권자들의 투표 참여율이 대폭 높아졌다. 사실 우편 투표를 포함한 사전 투표 방식은 미국에서 보편적으로 이루어지지 못했다. 예를 들어, 미시건 주에서는 2018년 이후에야 이유를 제시할 필요 없이 사전 투표(no excuse early voting)가 가능해졌다.

그런데 <그림 6>이 보여주듯이 2018년 선거 때까지 조금씩 늘어나는 추세였던 사전 투표와 우편 투표 비율은 팬데믹 위기 가운데 치러졌던 2020년 대통령 선거 시기에 대폭 증가하였다. 실제로 10명 중 3명 정도만 선거일에 투표하였고 7명 정도는 우편 투표를 포함한 사전 투표를 선택하였다. 정확한 집계에는 시간이 걸리겠지만, 2022년 중간선거에서도 사전 우편 투표 비율은 비교적 높은 편이었고 전체적인 투표율 제고에 상당히 기여한 것으로 알려졌다. 그런데 관건은 높아진 사전 투표 비율이 어느 정당에 유리한가의 문제다. 물론 지역에 따라 차이가 있지만, 대부분의 개표 과정에서 알려진 대로 사전 투표는 거의 2:1 비율로 민주당 표가 많다는 확인이 이루어지고 있다.

[그림 6] 미국의 사전 투표 비율과 당일 투표 비율 변화

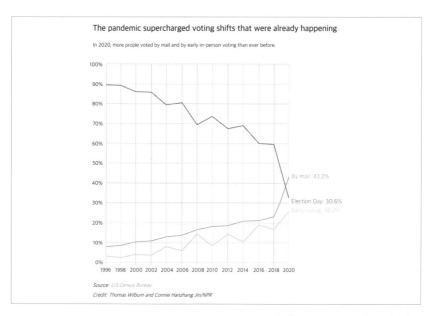

The pandemic supercharged voting shifts that were already happening

In 2020, more prople voted by mail and by early in-person voting than ever before.

By mail: 43.2%

Election Day: 30.6%

Early voting: 26.2%

Source: U.S Census Bureau
Credit: Thomas Wilburn and Connie Hanzhang Jin/NPR

출처: www.npr.org/2022/10/28

미국의 선거일은 공휴일이 아닌 관계로 그동안 투표하러 나오지 못했던 저소득층이나 소수인종 그룹이 기간과 방식 면에서 수월한 사전 투표를 이용하게 되었다. 따라서 공화당 지지자들보다 민주당 쪽 투표 참여율이 더 올라갔다는 분석이 있다. "적색 신기루(Red Mirage)"와 "청색 이동(Blue Shift)"이라

는 신조어는 선거 당일 투표된 표의 개표에서는 공화당이 앞서 나가다가 사전 투표 개표가 진행될수록 민주당 우세가 발생하는 현상을 뜻한다. 돌이켜 보면 2차 세계 대전 이후에 대통령 선거인단(Electoral College) 시스템은 공화당 대선 후보에게 비교적 유리하게 작용해 왔다. 전국 득표에서는 앞서면서도 공화당에게 대선 승리를 양보해야 했던 상황이 2000년과 2016년에 반복될 정도였다. 그런데 이제는 팬데믹을 지나면서 확장되기 시작한 사전 투표 시스템이 공화당보다는 민주당에게 상대적으로 유리할지가 초미의 관심사다. 바꾸어 말해 COVID-19는 공화당 트럼프 대통령을 한 차례 낙선시킨 것에 그치지 않고 앞으로 상당 기간 공화당에게 불리한 변수로 작용하게 될지 모른다는 분석이 대두하고 있는 실정이다.

2. 양극화 시대와 압승(참패) 부재의 선거 경쟁 가능성

상원과 하원을 막론하고 민주당과 공화당 간 의회의 점유 의석수 차이가 점점 줄어들고 있다는 점을 다시 보여준 선거였다. 더 이상 압승과 참패는 미국 정치와 선거에서 구조적으로 실현되기 쉽지 않을 수도 있다. 다시 말해 선거를 거듭하여도 이제는 확실한 다수당 시대가 더 이상 만들어지기 어렵다는 사실을 뜻하며, 다수당이 주도하는 과감한 개혁 또한 미국에서 더 이상 난망하다는 의미인지도 모른다. 특히 주목할 만한 사실은 이번 중간선거에서 재선에 실패한 현역 상원의원은 단 한 명도 없었다는 점이다. 고전이 예상되었던 코테즈-메스토(Cortez-Masto) 네바다 민주당 상원의원은 대역전승을 거두었고, 머카우스키(Murkowski) 알래스카 공화당 상원의원 역시 새로 도입된 순위 선택(rank-choice) 본선 선거에서 살아남았다. 워녹(Warnock) 의원 역시 2년 전에 이어 또 한 번 결선 투표에서 최종 승리자가 되었다. 하원에서도 재선에 실패한 의원은 9명에 불과했고 그나마 2명은 선거구 재획정으로 인해 동료 의원에게 패배한 경우다.[10] 결국 현역 의원의 승리 확률이 높았을 뿐만

---

10 실제로 이번 중간선거에서 탈락한 현직(incumbents) 하원의원들은 25명에 이르지만, 이들 중 상당수(16명)는 당내 경선에서 패배한 경우다. 본선에서 의석을 내준 하원의원 9명은 민주당 6명과 공화당 3명이었고 명단은 다음과 같다. Cindy Axne(D-Iowa), Steve Chabot(R-Ohio), Mayra Flores(R-Texas), Yvette Herrell(R-New Mexico), Al

아니라 승패를 장담할 수 없는 경합 주 혹은 경합 지역구의 숫자가 확연히 줄어들면서 50 대 50의 양극화 시대가 여전히 지속되고 있음을 알 수 있다.

이는 당연히 의회 선거에서 점점 경쟁의 양은 적어지는 대신 경쟁의 질은 심화되는 상황과도 관련이 깊다. 실제로 〈그림 7〉은 미국 의회의 다수당 크기가 점점 줄어들고 있음을 잘 보여준다. 민주당이 상하원을 차지하고 있던 1960년대에는 상원(88대 의회)에서 민주당이 66퍼센트 의석을 차지하고 있었고 89대(1965-66) 하원에서는 거의 10명 중 7명이 민주당 소속이었다. 존슨(Lyndon Johnson) 대통령이 호기롭게 두 가지 전쟁, 즉 해외에서 베트남 전쟁과 국내에서 빈곤과의 전쟁을 동시에 치를 수 있다고 장담하던 의회 상황이기도 하다. 하지만 1990년대 말과 2000년대 초에 들어서면서 거의 50 대 50 의석 비율이 이루어졌고 현재까지 이어지고 있다. 올해 하원 선거 역시 공화당이 과반인 218석에서 단지 4석 더 많은 다수당 지위로 귀결될 전망인데 역사적 추세와 다르지 않다.

[그림 7] 미국 상하원의 다수당과 소수당 의석 비율 변화

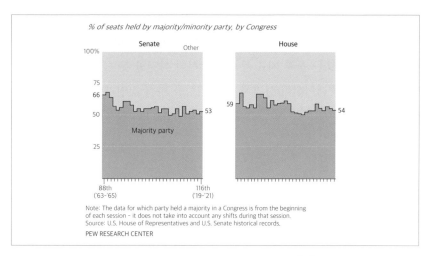

출처: Pew Research Center

Lawson(D-Florida), Elaine Luria(D-Virginia), Sean Patrick Maloney(D-New York), Tom Malinowski(D-New Jersey), Tom O'Halleran(D-Arizona); Chris Cillizza. 2022. "The Devil-You-Know Election," CNN.

한편 대통령 선거와 의회 선거가 동시에 치러졌던 2020년 선거 당시 대통령 정당과 의원 정당을 엇갈려 선택한 지역구(crossover districts)는 전체 435개 중 16개에 불과하였다. 다시 말해, 2020년에 치러진 하원 선거에서 당선된 435명 중 419명(96%)은 그 지역구에서 승리한 대선 후보와 같은 정당 소속이었다. 의회 선거만 치렀던 지난 2018년 중간선거에서 의석을 크게 잃었던 공화당이 대선과 함께 치러진 2020년 의회 선거에서 큰 회복세를 보인 배경이다. 상원 역시 100명 중 94명의 상원의원이 지역 주에서 승리한 대선 후보와 같은 정당 소속이었다. 특히 2020년 선거 이후 미국 50개 주 중 38개 주(76%)가 단점 정부, 즉 주지사와 주 의회 상하원 모두 같은 정당 소속인 상황이다.

특히 〈그림 8〉은 하원의 소위 "교차 지역구(crossover districts)"들을 정리한 내용인데, 대통령 후보 지지와 하원의원 지지 정당이 다른 경우다. 특이한 점은 117대 의회에서 활동한 4명의 한인 계 하원의원 중 3명이 교차 지역구 출신이라는 사실이다. 캘리포니아에 하원 지역구를 둔 영 킴 의원과 미셸 스틸 의원의 경우 바이든이 승리한 주에 해당하고 뉴저지 출신 앤디 킴 의원의 경우 지역구의 트럼프 지지가 살짝 더 높았다. 결론적으로 대통령 선거에서 벌어지는 치열한 양극화 경쟁이 의회 선거로까지 전이되고 있는 상황이라고 해석할 수 있다. 이러한 상황하에서는 전통적 예측 변수인 대통령 지지율이나 경제 호황 또는 불황 지표 등의 효용성이 이전만 못 할 수도 있다. 40년 만에 최악인 인플레이션이 선거에 어떤 영향을 미칠 것인가에 대해서 실제로는 양극화가 심화된 지난 40년 동안 거의 아무런 실증 데이터가 없었다는 얘기가 될 수도 있다.

[그림 8] 2020년 선거와 교차 지역구(crossover district) 현황

District	Member	Party	Year first elected	D – R Margin House	D – R Margin President	D – R Margin Gap
CA-21	Valadao, David	R	2012*	-0.9%	10.9%	11.8%
CA-25	Garcia, Mike	R	2020**	-0.01%	10.1%	10.1%
CA-39	Kim, Young	R	2020	-1.2%	10.1%	11.3%
CA-48	Steel, Michelle	R	2020	-2.1%	1.5%	3.6%
FL-27	Salazar, Maria E.	R	2020	-2.7%	3.2%	6.0%
IA-3	Axne, Cindy	D	2018	1.4%	-0.1%	1.5%
IL-17	Bustos, Cheri	D	2012	4.1%	-1.6%	5.6%
ME-2	Golden, Jared	D	2018	6.1%	-7.4%	13.5%
MI-8	Slotkin, Elissa	D	2018	3.6%	-0.8%	4.4%
NE-2	Bacon, Don	R	2016	-4.6%	6.5%	11.1%
NJ-3	Kim, Andy	D	2018	7.8%	-0.2%	7.9%
NY-24	Katko, John	R	2014	-10.2%	9.1%	19.2%
PA-1	Fitzpatrick, Brian	R	2016	-13.1%	5.8%	19.0%
PA-8	Cartwright, Matt	D	2012	3.6%	-4.4%	8.0%
TX-24	Van Duyne, Beth	R	2020	-1.3%	5.4%	6.8%
WI-3	Kind, Ron	D	1996	2.7%	-4.7%	7.3%

Sources: Our Campaigns, Daily Kos Elections, @BenJ_Rosenblatt

출처: University of Virginia, Center for Politics

〈그림 9〉가 보여주는 출구 조사의 경우 이번 중간선거에서 유권자가 꼽은 주요 이슈별 정당 지지도에 거의 차이가 없다는 사실을 재확인하고 있다. 외교, 범죄, 인플레이션, 이민 그리고 낙태에 이르기까지 어떤 정당을 더 신뢰하는가에 대해 낙태 문제를 제외하면 공화당이 더 좋은 평가를 받았지만 그 차이가 크지 않다. 더구나 인플레이션의 경우에도 다른 주요 이슈에 비해 두 정당 간 유권자들의 신뢰도가 크지 않을 뿐 아니라 민주당 지지자들의 민주당 선택에도 별 편차가 드러나지 않는다. 결국 경제가 나쁘면 현직 대통령과 소속 정당을 징계하던 이전의 선거 기능이 양극화 시대에 무언가 오작동 중임을 알 수 있다.

[그림 9] 주요 이슈별 지지 정당 비교

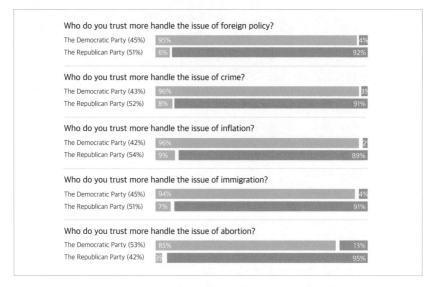

출처: https://www.nbcnews.com/politics/2022-elections/exit-polls

IV. 2022년 미국 중간선거 분석: 의회와 정당 차원[11]

1. 인플레이션 감축법(Inflation Reduction Act of 2022)

"북미 최종 조립(finally assembled in North America) 조항"을 포함한 인플레이션 감축법은 미국 내에서 주로 최저 법인세율 설정, 처방전 약 가격 인하 유도, 기후 위기 대응 및 에너지 혁신 지원 등의 내용으로 더 잘 알려져 있다. 북미 지역 내에서 최종 조립된 전기차가 아니면 한 대당 7천 5백 달러의 세제 혜택을 미국 소비자가 받지 못한다는 내용은 아마도 미국 국내보다 오히려 아시아와 유럽 등 해외에서 더 자주 논의되고 있는 중이다.[12] 실제로 상

---

11 이후 부분은 졸고인 서정건. 2023. "미국 국내 정치와 경제안보: 미국은 어떻게 중국을 견제하는가?" 『국가전략』 29권 3호를 주로 참고하였음을 밝힙니다.

12 2022년 7월 27일 민주당 상원 원내 대표인 슈머(Chuck Schumer, D-NY)와 맨신(Joe Manchin, D-WV)의 전격적인 합의로 인플레이션 감축 법안이 추진되자 그다음 날인 7월 28일에 바이든 대통령은 백악관 발표를 통해 다음과 같이 주장하는데, 북미 최

호 의존성이 매우 높아진 글로벌 경제 환경과 함께 미국이라는 거대한 내수 시장 규모를 고려해 볼 때 미국 국내 생산 여부에 따른 기업의 혜택 혹은 비용 발생은 판도를 바꿀만한 중요 변수가 될 수 있다. 따라서 미중 경쟁을 내세워 미국이 앞으로도 미국 내 공장 건설과 현지 생산을 경제안보의 핵심 사안으로 강력하게 추진한다면 G-2 경쟁 구도에 큰 파장을 미칠 수밖에 없다. 한편 미국의 자국 우선주의 입장에 대한 유럽 및 아시아 동맹국들의 우려를 미국이 어떻게 관리할 것인가 역시 미국 국내 정치와 선거 타이밍에 달려 있다. 2023년 1월 말 버지니아 소재 노조를 대상으로 한 집회에서 재선 도전 발표를 앞둔 바이든 대통령의 연설 중 일부가 하나의 예다. "제가 미국에 너무 집중한다고 국제적인 비판을 받고 있지만, 웃기지 말라고 하시죠(Bloomberg 2023)".

미중 경쟁 구도를 근본적으로 바꾼 미국 입법으로 후세에 평가받을 수도 있는 인플레이션 감축법이 실제로 2022년 8월에 만들어진 과정을 살펴보자. 미국과 중국 간 국제 정치 차원에서의 경쟁 요인 못지않게 미국 국내의 의회 및 정당 정치 현실도 변수였음을 알 수 있다. 특히 서로 직접적인 관련성이 없어 보이는 인플레이션 감축법과 반도체 지원법이 의회 절차와 시차, 인물 갈등 및 정당 경쟁으로 복잡하게 얽힌 채 다루어진 점은 특기할 만하다. 구체적으로 살펴보면 11월 중간선거를 앞두고 입법 성공이 필요했던 민주당 내부에서 과반 찬성을 위한 핵심 의원인 맨신 의원이 민주당 원내 대표 슈머에게

종 조립 조항은 전혀 언급되지 않았음을 알 수 있다. "This bill is far from perfect. It's a compromise. But it's often how progress is made. My message to Congress is this: This is the strongest bill you can pass to reduce inflation, combat climate crisis, and reduce the burden facing lower and middle class families. Pass it for America." Deepa Shivaram. 2022. "Inflation and climate change tackled in new Senate deal that Biden calls 'historic,'" NPR. 하지만 북미 최종 조립 의무 조항을 조기에 다룬 언론 기사를 찾아볼 수 없는 것은 아니다. 예컨대 "While there will no longer be a union requirement in the bill, there will likely be North American requirements. Essentially, the EVs will have to be built in North America, with the majority of materials also sourced from our shores." Steven Loveday. 2022. "US Senate Deal To Expand EV Tax Credits, Income Caps, Price Caps," InsideEVs. https://insideevs.com/news/601014/us-senate-electric-car-tax-credit-proposal/

먼저 연락을 취한다. 7월 18일부터 두 의원 간에 비밀리에 타협안이 추진되기 시작하였고 법인세, 에너지, 기후 위기, 의료 보험, 전기차 등의 내용이 전격적으로 대거 포함되었다(Everett and Levine 2022, Snell 2022). 이와 관련한 정보를 입수한 공화당 상원 원내 대표 맥코넬(Mitch McConnell, R-KY) 의원이 민주당 맨신 의원에게 수차례 세금 관련 내용이 포함되었는지 문의하였고 맨신 의원은 이를 적극 부인하였다. 결국 맨신 의원의 답변을 믿은 맥코넬 공화당 상원 원내 대표는 중도파를 포함한 공화당 상원의원 17명의 지지를 주도하며 반도체 과학법에 찬성표를 던졌다. 64명 찬성, 33명 반대라는 최근 들어 보기 드문 초당파적 지지로 반도체 지원법이 상원을 먼저 통과하게 되었다.

상원 통과가 확정된 지 불과 몇 시간 후에 전격적으로 슈머-맨신 합의가 언론을 통해 발표된다. 에너지 개발 허용을 약속받고 바이든 의제 상당 부분을 수용한 맨신 의원이 민주당 지도부에 협력한 결과물이었다. 워싱턴 의회 정치의 베테랑인 맥코넬 의원은 크게 배신감을 느꼈고 이후 8월 7일에 이루어진 인플레이션 감축법 상원 표결에 단 한 명의 공화당 의원도 찬성하지 못하도록 촉구한다. 또한 민주당의 일방적 입법 시도를 신사협정 위배라며 분개한 하원 공화당은 상원에서 통과되어 하원으로 송부된 반도체 지원법안을 하원 차원 항의의 대상으로 결정한다. 특히 하원 공화당 원내 대표인 맥카시(Kevin McCarthy R-CA) 의원이 반도체 지원 방식에 대해 "백지 수표 방식이자 바이든 입맛에 맞는 예산 배분"으로 폄하하며 본회의 반대 연설에 나섰다. 하원의 과학, 우주, 기술 위원회(House Committee on Science, Space and Technology) 부위원장이었던 루카스 의원(Frank Lucas R-OK) 역시 자신의 준비된 지지 발언을 수정할 수밖에 없었다며 민주당의 인플레이션 감축법 관련 민주당 행태를 비판하였다. 계획적인 부인 발언과 비밀 협상, 필리버스터를 우회하는 입법 전략, 상하원 소속 의원들의 철저한 단합 등을 통해 민주당은 11월 중간선거를 앞두고 민주당 유권자들의 전폭적인 지지를 이끌어 낼 수 있는 주요 입법에 성공한 셈이다. 그 법안 안에 한국, 일본, 유럽을 포함한 미국의 동맹 국가들이 예상치도 못한 북미 최종 조립 의무 조항이 속전속결을 필요로 했던 민주당에 의해 "4장 전기차(Clean Vehicles)" 중 일부로 포함되어 통과되었다.

[그림 10] 인플레이션 감축법(Inflation Reduction Act) 미국 상하원 표결 현황

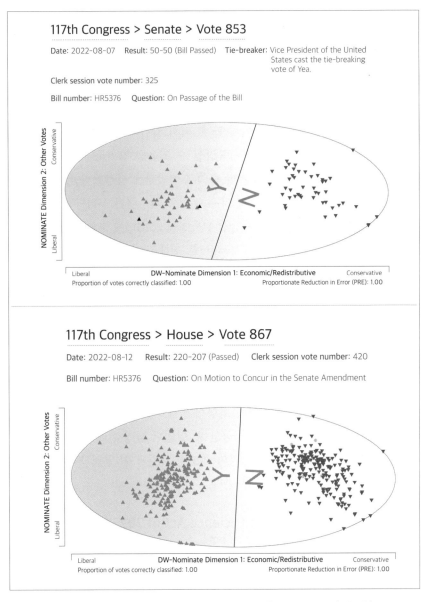

출처: https://voteview.com/rollcall/RH1170867; https://voteview.com/rollcall/RS1170853

한편 트럼프 정당이 되었다고 평가받던 공화당이 트럼프 정책과 유사한 미국 내 최종 조립 조항을 포함한 인플레이션 감축법에 대해 상하원 소속 전원이 반대표를 던진 점은 미국 국내 정치의 복잡한 상황을 잘 보여준다(그림 10 참조). 인플레이션 감축법 중 공화당이 주로 반대한 조항들은 법인세 최저 기준 설정 조항, 미국 국세청의 증원 조항, 기후 위기 대응 조항 등이었다. 미국 내 생산과 투자를 강조한 내용이 법안에 포함되었음에도 불구하고 공화당은 당 차원에서 반대한 모양새가 되었다. 이는 결국 중국과의 경쟁을 위한 미국 경제안보 정책 역시 대통령-의회 관계, 의회 입법의 특수성 그리고 중간선거 이전 등 국내 정치 맥락에 따라 복잡할 수 있음을 알려준다. 트럼프 시대도 예외라고 보기 어려웠다. 예상 밖 승리로 백악관에 입성했지만, 트럼프 대통령은 2차 대전 이후 지속적으로 자유 무역을 지지했던 공화당의 전폭적인 지지를 받기는 어려웠다. 트럼프 당선 1년 전인 2015년에 오바마가 요청했던 무역촉진권한(Trade Promotion Authority)을 절대적으로 지지했던 정당이 공화당이었다. 한편 보호무역을 오랫동안 선호해 온 정당이지만, 반(反)트럼프 정서가 팽배했던 민주당을 갑자기 설득하기는 일도 쉽지 않았다. 결국 중국과의 무역 전쟁을 위해 트럼프가 택한 방식은 행정 명령(executive order)이었다. 그런데 바이든의 첫 2년간 국내 정치적 환경은 또 다시 변경되었다. 대통령 소속당이 의회 다수당과 동일한 단점 정부(unified government) 상황이 만들어졌으며, 단합된 민주당이 변형된 의회 절차를 이용할 수 있었다. 과학 기술 커뮤니티와 거리를 두어 왔던 공화당의 반대에도 불구하고 인플레이션 감축법과 반도체 지원법의 입법이 성공할 수 있었던 결정적 배경이다. 이는 미국 경제안보의 미래 역시 국내 정치의 제도적 차원과 선거 전략적 동기에 의해 지속적으로 영향받게 됨을 시사한다.

2. 반도체 과학법(CHIPS and Science Act of 2022)

팬데믹 와중에 공급망 위기가 자동차, 컴퓨터뿐만 아니라 일반 소비재 등에서 광범위하게 벌어지자 반도체 생산과 관련된 미국의 현실 인식이 급격히 형성되었다. 1990년대 전 세계 반도체 생산의 40퍼센트 가까이를 장악하고 있던 미국이 현재 12퍼센트 생산 수준으로 급격히 후퇴하였을 뿐만 아니라 현재는 80퍼센트 정도를 일본과 한국 그리고 대만 세 나라가 생산하고 있다는 문제 제기가 중국 견제 담론과 함께 불거졌다. 미국의 대표적인 기술 혁신 기업인 애플과 구글 등이 사용하는 반도체 중 90퍼센트를 타이완 소재 회사들에 의존한다는 사실이 알려지면서 충격을 더하였다. 2022년 8월 9일에 바이든이 서명함으로써 효력이 발생된 반도체 과학법의 경우 내용상이나 정치적으로 모두 복잡한 양상을 보여준다. 우선 반도체를 뜻하는 단어(chip)를 포함한 법안(Creating Helpful Incentives to Produce Semiconductors) 명칭을 고안해 냈을 뿐만 아니라 2021년부터 지속되어 온 하원과 상원 각각의 기술 혁신 지원 법안 중 일부를 짜깁기하여 민주당 버전의 법안이 만들어졌다. 하원 미국 경쟁법(America COMPETES Act of 2022)의 과학 관련 조항들이 상원의 미국 혁신 경쟁법(US Innovation and Competition Act of 2022)과 합쳐진 내용이다.

반도체 과학법의 구체적인 내용을 살펴보면 A영역(Division A)은 우리에게 잘 알려진 대로 향후 5년간 총 527억 달러를 인센티브 및 보조금 그리고 펀드 조성에 사용한다는 내용으로 구성되어 있다. 보조금과 관련해서는 법안이 통과된 해인 2022년에 190억 달러가 배정되고, 그중 20억 달러는 레거시(legacy) 공정 반도체 부문에 지원하여 자동차나 미사일 문제들을 해결하도록 조치하였다. 이후 2023년부터 2026년까지 매년 50억 달러의 보조금이 집행된다. 법안의 B영역(Division B)은 반도체 지원과 상관없이 미국 내 과학 연구 개발(R&D)을 지원하는 내용을 담고 있다. 국내총생산(GDP) 대비 미국 연방 정부의 연구개발 지원금은 60년 내 최저인 상황이다. 국내총생산 대비 연구 개발 비율은 한국, 일본, 독일에 뒤처져서 현재 세계 9위다. 따라서 총 825억 달러를 국가과학재단(National Science Foundation), 상무부, 에너지부, 기술표준 연구소(National Institute of Standards and Technology) 등에 투자하는 계획을 담고 있다. 이처럼 반도체 과학법 자체는 반도체 지원과 연구 개발 지원을 주로 담고 있으며, 팬데믹과 공급망 위기를 겪으면서 중국 견제를 목표로 바이든 행정부가 적극 추진했던 법안이었다.

[그림 11] CHIPS and Science Act 하원 표결 당시 의원 이념별 찬반 분포도

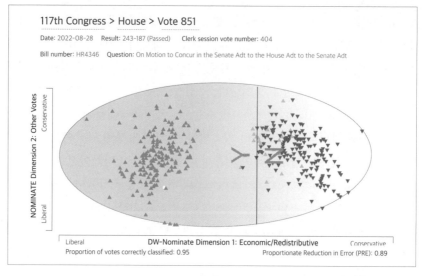

출처: https://voteview.com/rollcall/RH1170851

정치적으로 살펴보면 반도체 지원법을 둘러싸고 특이한 입법 정치 양상
이 드러난다. 상원과 하원을 막론하고 민주당의 절대적 지지에다 공화당의
일부 온건 중도파 찬성이 더해져 과반 문턱을 넘게 된 것이다. 앞서 밝혔듯이
상원 표결은 64명 찬성, 33명 반대였고, 하원 표결은 243명 찬성, 187명 반
대였다. 반대파 샌더스 의원이 주장했던 반도체 기업 이익의 사회 공유 제안
은 바이든 행정부의 시행령에 반영되기도 하였다. 반면 공화당 경우 상원에
서 먼저 통과되었을 때 50명의 상원의원 중 17명이 찬성표를 던짐으로써 명
실 공히 상원에서의 초당파적 지지가 만들어졌다. 17명의 공화당 상원의원들
대다수는 이념적으로 온건 중도파에 해당된다. 그런데 상원에서 하원으로 법
안이 넘어 온 직후 시점에 인플레이션 감축법이라는 민주당 법안 관련 타결
이 이루어졌다는 소식이 전해졌고 하원 공화당 지도부는 공개적으로 반도체
지원법을 거부하는 입장을 정하게 된다. 인플레이션 감축법과 반도체 지원법
이 내용과 상관없이 정치적으로 엮이게 되는 과정이었다. 하원에서도 공화당
의 온건 중도파로 분류되는 24명의 의원들이 찬성표를 던짐으로써 결국 반도

체 지원법은 민주당 전원 지지와 함께 통과된다. 〈그림 11〉은 하원 표결 당시 의원 이념별 찬반 분포를 보여주는데, 민주당 절대 지지와 공화당 일부 찬성 구도를 가리키고 있다.

반도체 과학법 지지와 관련된 공화당 내 온건 중도 성향 의원들의 움직임은 〈그림 12〉에서도 확인된다. 공화당 하원의원들 대부분이 반대표를 던진 상황에서 24명의 찬성 그룹은 이념적으로 온건파에 속해 있다. 프리덤 코커스 소속 의원은 단 한 명도 찾아 볼 수 없다. 이념 지표인 노켄-풀(Nokken-Poole) 지표 평균값(median)으로 볼 때 187명의 반대파가 0.52다. 이에 비해 찬성파 24명의 평균치는 0.31이다. 찬성파 중 한 명인 피츠패트릭(Brian Fitzpatrick, R-PA) 의원의 경우 펜실베이아를 지역구로 한 대표적 중도파 의원이다. 양극화된 현재 미국 의회에서 보기 드문 초당파 그룹인 문제 해결 코커스(problem-solving caucus)의 공동 의장직도 맡고 있다. 또한 맥카시 의장과 가깝지만 지역구 사정과 여론을 고려한 한국계 킴(Young Kim, R-CA) 의원 역시 찬성표를 던졌다. 그리고 현재 하원 외교위원장인 텍사스 출신 맥콜(McCaul, R-TX) 의원 역시 찬성파 24명 중 한 명이다. 맥콜 의원은 맥카시 의장과 우크라이나 지원을 놓고서도 공개적으로 상반된 입장을 보인다. 특히 맥콜 위원장은 의회 첨단기술 코커스(Congressional High Tech Caucus)의 창설자로 과학 기술 중요성을 강조하는 인물이기도 하다. 공화당 소속 하원 의장과 같은 당 소속 하원 외교위원회 위원장 간에 우크라이나와 반도체 지원을 놓고 이견이 존재하는 셈이다. 하지만 이후 대만 방문을 둘러싸고 일정 조정에 합의하는 등 협력적 관계를 구축 중이다. 실제로 트럼프 시대 이후 공화당 내에는 중국 견제를 목표로 한 정부의 적극적인 역할론에 동조하는 의견이 늘고 있다. 그럼에도 불구하고 산업 정책 중심의 바이든식 대(對)중국 전략을 전폭적으로 지지할 정도로 변화한 것은 아직 아니다. 결국 미국이 중국과의 경쟁이라는 국제 정치 화두를 다루는 데 있어서도 여전히 정당별 국내 정치 차이가 확인되고 있다. 민주당 대통령의 중국 접근법에 대해 공화당 내부에 이견이 존재하는 것이다. 미국과 중국의 경쟁 양상이 앞으로도 계속 변화한다면, 향후에도 미국 내 대통령 정치와 정당 경쟁 구도는 중요한 변수로 작동하게 될 것으로 예측된다.

[그림 12] 반도체 지원법을 둘러싼 공화당 내 찬성 vs. 반대 의원들의 이념
성향 비교

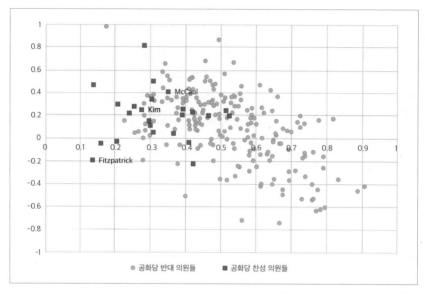

출처: voteview.com 및 저자 작성

V. 소결: 미국 민주주의와 경제안보 전망

본 연구는 2022년 미국의 중간선거 결과에 대해 유권자, 선거, 의회-정당
차원으로 나누어 살펴보았다. 이 중 특히 우리에게 중요한 시사점을 던지는
미국의 변화는 경제안보 정책에 관한 것이라고 할 수 있다. 2024년 미국 대
선에서도 여전히 큰 비중을 차지하게 될 것으로 보이는 미국의 경제안보 정
책 논의에 대해 소결 삼아 전망해 보기로 한다. 미국의 경제안보는 안보 논
리와 더불어 경제 정책 시각에서 바라보아야 한다. 이 경우 미국이 마주하
는 공통의 안보 환경하에서도 미국 내 민주주의 정치가 서로 다른 정책 형식
(type), 시기(timing) 그리고 추세(trend)를 만들어낸다는 점을 파악할 수 있게
된다. 특히 미국의 경우 경제안보에 관한 올바른 개념 정의는 경제와 안보 중
어디에 방점을 찍고 접근하느냐에 달려있다고도 할 수 있다. 또한 경제안보

를 경제 정책 시각에서 살펴볼 때 상대적으로 변화가 덜한 안보 정책에 비해 국내 경제적 상황에 크게 영향을 받는 정책적 특성을 이해할 수 있다. 실제로 미국 역사상 안보 상황이 경제에 영향을 미칠 때 행정부 중심으로 안보와 경제를 동시에 해결하려는 노력이 이어져 왔다. 1971년 닉슨 행정부의 일방적인 불태환 정책 발표는 베트남 전쟁 와중에 약화된 미국 경제를 회복하려는 시도였다. 1980년대 레이건 행정부는 냉전이 심화되던 시기에도 무역 역조를 해결하기 위해 동맹국 일본에게 수출 자율 제한 조치를 적용하였고 플라자 협정을 통해 달러 평가 절하를 모색하였다. 1990년대 호황을 누리던 클린턴 정부 당시에도 경제 참모 타이슨(Laura Tyson)이 공정 무역(fair trade)을 내세움으로써 교역 상대국의 비관세 장벽에 대해 문제 제기를 하였다. 2000년대 아들 부시 행정부의 경우 테러와의 전쟁 수행을 위해 노골적인 통상 압력 대신 한미자유무역협정 등 양자 무역 협정을 통해 시장 개척에 나섰다. 재선에 성공하고 마지막 중간선거까지 치른 이후인 2015년이 되어서야 오바마 대통령은 환태평양동반자협정(TPP)을 위해 의회에 무역촉진권한(Trade Promotion Authority)을 요청하고 승인받았다. 물론 2016년 대선 국면에서 트럼프와 샌더스 모두에게 집중 비판을 받으면서 물거품이 된다. 미중 경쟁이 격화되면서 트럼프는 관세 중심의 무역 전쟁에 집중한 바 있고, 바이든은 과학 기술 지원과 미국 국내 생산을 유도하는 중이다. 트럼프 행정부와 바이든 행정부 모두 미국 우선주의 원칙을 고수 중이지만, 세밀하게 들여다보면 두 행정부 간 경제안보의 방점이 리더십 스타일과 국내 정치 기반, 선거 관련 정치적 계산 등에 따라 달리 찍히고 있음을 알 수 있다. 2024년 대선 이후의 경제안보 논의도 이러한 맥락에서 살펴볼 필요가 있다.

　바이든은 이미 미국 역사상 최고령 대통령이지만 2024년 재선에 도전할 의사를 거의 굳히고 있다. 중간선거에서 예상과 달리 선전했을 뿐만 아니라 트럼프와 재대결 가능성도 있고 민주당 내 대안도 마땅치 않아서 현재로서는 바이든의 출마에 별 장애물이 없는 형국이다. 하지만 임기 첫 2년간 단점 정부였던 정치 환경이 임기 후반 2년 동안 분점 정부로 변했다는 점이 바이든에게 새로운 변수다. 2022년에 통과시킨 인플레이션 감축법과 반도체 지원법을 충분히 활용하는 것 이상의 새로운 입법에 성공하기는 어려워 보인다. 동시에 현직 대통령의 이점을 가진 바이든은 중국 견제를 위한 행정 명령과 언론 홍보 등에 역점을 둘 것으로 관측된다. 따라서 바이든 대통령의 중국 견제용 행정 명령이 어떤 내용을 담고 있고 어떤 방향을 제시하는지 면밀하게 관찰해야 한다. 제한적이지만 상징적 조치가 될 수 있기 때문이다. 또한 전임 대통령 트럼프를 필두로 한 공화당 대선 후보 경선이 벌어지는 2023년 한 해 동안 공화당이 중국 견제 및 경제안보와 관련하여 어떤 정책 노선을 토론하게 될지도 중요하다. 경제안보 및 과학 기술 정책 영역에서 이전과 유사한 입장인 민주당에 비해 공화당 경우 전통적 이념 입장과 트럼프 충성파 집단 간에 갈등이 잠복해 있기 때문이다.

미국 의회의 경우 2023년 1월 개원 후 민주당은 상원 다수당 지위를 유지하게 되었고 공화당은 하원 다수당으로 등극하게 되었다. 상원 의석 분포는 2023년 전반기 현재 민주당 50석, 공화당 49석, 무소속 1석 상황이다. 하원은 공화당이 222석, 민주당이 213석을 차지함으로써 직전 의회인 117대 하원과 비교해 볼 때 차지한 의석수는 동일하고 다수당만 바뀐 셈이 되었다. 두 정당 간 의석수 차이가 매우 적기 때문에 특정 정당의 의제를 쉽게 밀어붙일 수 있는 상황이 아니다. 그런데 경쟁적이고 분열적인 의회의 전반적인 양상과 달리 미중 전략 경쟁 위원회(Select Committee on the Strategic Competition between the Unites States and the Chinese Communist Party)는 새 의회의 두 번째 입법 의제로 초당파적 지지를 받고 설치되었다. 표결 결과 365명 찬성에 65명 반대였는데, 공화당 의원 중에는 반대가 한 명도 없었고 65명의 민주당 반대파들도 아시아 혐오 범죄 우려가 주된 반대 이유였다. 중국 견제 자체를 반대하는 미국 의회 의원은 거의 없는 상황인 셈이다. 중국 강경파이자 맥카시 하원 의장과 가까운 갤러거(Mike Gallagher, R-WI) 의원이 위원장을 맡았고 경제, 안보, 기술 분야에 걸친 조사 기능 및 정책 제안 활동 임무를 부여받았다. 이례적으로 2023년 2월 28일 저녁 7시 황금 시간대에 첫 번째 청문회를 개최하여 미국 전역에 생중계되기도 하였다. 따라서 하원 공화당이 경제안보를 포함한 중국과의 경쟁 상황에 대해 얼마나 어떻게 바이든 대통령과 초당파적 협력을 모색하게 될지가 관건이다. 결론적으로 바이든 대통령과 공화당 하원 중 누가 더 "중국에 강경한가(tough on China)"를 둘러싼 선명성 경쟁이 적어도 2024년 11월 대선까지는 미중 관계를 규정하게 될 가능성이 높아 보인다.[13]

---

13 예컨대 바이든의 2023년 2월 노조 대상 연설 중 다음의 내용을 참고할 수 있다. "I am getting criticized internationally for my maybe focusing too much on America? The hell with that!" The Washington Post, Feb 2, 2023 "Campaign-mode Biden Gives Allies Hell."

참고문헌

서정건. 2014. "미국 중간선거에 관한 역사적 고찰," 『21세기정치학회보』
　　24(3): 605-625.

_____. 2021. "트럼프 이후 바이든 시대 미국 의회-대통령 관계와 북한 정책 변
　　화," 『국가전략』 27(3): 81-104.

윤광일. 2011. "선거 주기에 대한 이론적 고찰: 미국 사례를 중심으로," 『의정연구』
　　17(1): 5-31.

Bolton, Alexander. 2022. "Rick Scott: Senate Republicans Have Path to 55-
　　Seat Majority," The Hill, Oct 20, 2022.

Campbell, Angus. 1960. "Surge and Decline: A Study of Electoral Change,"
　　Public Opinion Quarterly 24(3): 397-418.

Campbell, James E. 1987. "The Revised Theory of Surge and Decline,"
　　American Journal of Political Science 31(4): 965-979.

Cillizza, Chris. 2022. "The Devil-You-Know Election," Nov 18, CNN.

Daniels, Cheyanne. 2022. "Why Democrats Face Big Test with Black
　　Women in 2022," The Hill, Oct 2, 2022.

James. Scott C. 2007. "Timing and Sequence in Congressional Elections:
　　Interstate Contagion and America's Nineteenth-Century Scheduling
　　Regime," Studies in American Political Development, 21(Fall 2007):
　　1-22.

Jilson, Calvin. 1994. "Patterns and Periodicity in American National
　　Politics," in Lawrence C. Dodd and Calvin Jilson ed. The Dynamics of
　　American Politics: Approaches and Interpretations. (Boulder: Westview
　　Press)

Knox, Olivier. 2023. "Campaign-mode Biden Gives Allies Hell" The Washington Post, Feb 2, 2023.

Loveday, Steven. 2022. "US Senate Deal To Expand EV Tax Credits, Income Caps, Price Caps," InsideEVs July 28, 2022.

Shivaram, Deepa. 2022. "Inflation and climate change tackled in new Senate deal that Biden calls 'historic,'" NPR July 28, 2022.

Vakil, Caroline. 2022. "Democrat Blame Game Erupts over New York Midterm Losses," The Hill, Nov 13, 2022.

Trudo, Hanna. 2022. "Left to Democrats: It's the Economy, Stupid," The Hill, Oct 23, 2022.

순위선택투표
(ranked choice voting)의
양극화 완충 효과?

Ⅰ. 서론: 순위선택투표제는 위기 극복의
   실마리일까?

Ⅱ. 이론: 순위선택투표제는 무엇이고,
   도입의 취지는 무엇인가?

Ⅲ. 분석: 2022년 알래스카 선거에서 순위선택
   투표제는 어떻게 진행되었나?

Ⅳ. 평가: 순위선택투표제는 정치 양극화의
   완충제일까?

Ⅴ. 전망: 순위선택투표제는 전국적 적실성을
   띠고 확산될 수 있을까?

Ⅵ. 결론: 선거제도의 변화와 지속성

순위선택투표(ranked choice voting)의 양극화 완충 효과?: 2022년 알래스카 중간선거의 시사점[*]

임성호(경희대학교)

I. 서론: 순위선택투표제는 위기 극복의 실마리일까?

2022년 알래스카 중간선거에서 연방하원의원 당선자와 연방상원의원 당선자는 11월 8일 선거일로부터 2주 넘게 지난 11월 23일에 확정되었다.[1] 다른 주들에서 선거 결과 확정이 지연되는 이유는 유효 소인이 찍혔으나 뒤늦게 배달되는 부재자 우편투표가 많기 때문이거나 표차가 근소해 검표에 신중을 기하거나 재검표를 해야 하기 때문이다. 반면 알래스카 주에서는 그러한 이유에 더해, 유권자가 한 명의 후보만 기표하는 것이 아니라 후보별로 선호 순위를 기재하도록 하고 절대과반수(≥50%+1) 득표자를 독특한 방식으로 찾는 순위선택투표제(ranked choice voting)로 선거가 실시된 이유로 당선자 확정이 지연되었다. 하원의원 선거, 상원의원 선거 모두 3차 라운드 집계까지 가야 했기 때문이다.

이번 알래스카 중간선거는 여러모로 의미가 컸고 전국적인 관심을 끌었다. 알래스카 원주민 후손이자 여성 무명 인사인 펠톨라(Mary Peltola)가 공화

* 이 글은 같은 제목으로 〈동서연구〉(연세대학교 동서문제연구원 간) 제35권 1호(pp.29-58)에 게재된 졸고를 학술지 측의 동의를 받아 수정한 것임. 초고는 2022년 한국아메리카학회 특별학술대회(12월 22일, 국회도서관 소회의실)에서 발표되었음.

1 알래스카는 인구가 적어 단 1석의 연방하원의원직을 할당받아 주 전체가 하나의 선거구를 이룬다. 1석의 연방하원의원직을 할당받고 있는 주는 2022년 기준 6개에 달한다(노스다코타, 델라웨어, 버몬트, 사우스다코타, 알래스카, 와이오밍). 연방상원의원직은 주마다 동일하게 2석씩 할당되는데, 알래스카의 또 다른 상원 의석은 2026년에 선거를 치른다.

당의 아성인 알래스카에서 민주당 하원의원 후보로 나서 8월 보궐선거에 이어 또다시 승리했다. 2008년 최초의 여성 공화당 부통령 후보로 전국구 스타가 된 후 강경 보수 진영의 상징적 존재로 영향력을 발휘하고 트럼프의 지지까지 등에 업은 페일린(Sarah Palin)은 역시 8월 보궐선거에 이어 또다시 펠톨라에게 패배했다. 공화당 소속이지만 트럼프 탄핵안에 찬성표를 던져 트럼프의 앙숙이 된 중도 성향의 머카우스키(Lisa Murkowski) 상원의원은 트럼프 지지자들의 맹공에도 불구하고 4선에 성공하며 정치적 위상을 크게 높였다. 이러한 선거 결과에 못지않게 미국정치에서 큰 의미를 찾을 수 있는 점은 알래스카가 메인(2018년부터 시행)에 이어 두 번째로 순위선택투표제를 시행했다는 것이다.

근래 들어 정치에 대한 미국 유권자들의 불만이 고조되고 민주주의 위기론과 국정 위기론이 확산되는 가운데 제도개혁의 일환으로 순위선택투표제 도입에 대한 논의가 점차 힘을 얻고 있다. 선거구마다 단순다수(plurality) 득표로 당선자를 내는 기존 제도를 순위선택투표제로 바꿈으로써 위기 극복의 실마리를 모색해보자는 희망이 깔려있다. 알래스카에서 2020년 주민발의(ballot initiative)로 순위선택투표제가 채택되어 2022년 연방의원 선거에서부터 시행된 것과 아울러, 2022년에 네바다에서 동일한 취지의 주민발의가 1차 주민투표에서 통과되었고 2년 후에 있을 2차 주민투표에서도 통과되면 네바다 주는 2026년부터 순위선택투표제를 시행하게 된다. 위스콘신 등 여러 주에서도 이 선거제도를 향한 초당적인 움직임이 있고, 이미 뉴욕시 등 지방선거에 도입한 곳도 증가하고 있다. 물론 반대 의견도 만만치 않아 2020년 매사추세츠에서는 순위선택투표제 도입 주민발의가 주민투표에서 부결되었고, 2022년 알래스카 하원 선거의 패자인 페일린은 이 제도의 철회를 주장하는 등 역풍이 불기도 한다.

이 글은 2022년 알래스카 중간선거 사례를 통해 순위선택투표제의 취지를 평가하고 이 제도가 미국정치에서 어떠한 의미를 지니는지 살펴보며 덧붙여 우리나라 등 여타 국가들에게 어떠한 시사점을 줄지 짚어보는 것을 목적으로 한다. 이 제도의 여러 측면 중 특히 정치 양극화의 완충 및 중도 수렴의 촉진 효과에 대한 논의가 오늘날 정치현실에서 높은 적실성을 띠므로 여기에 초점을 맞춘다. 이러한 연구 목적은 여러 사례의 체계적이고 엄밀한 비교분석을 요구하나, 여기서는 알래스카 사례를 통해 시사점을 탐색하는 데 만족하고자 한다.

다음 제2절에서 기존 연구들이 순위선택투표제를 어떻게 보고 있는지 살펴본다. 제3절에서는 알래스카 중간선거 과정과 결과를 분석하고, 이를 통해 제4절에서 순위선택투표제가 양극적 대결을 완화하는 데 도움이 될 수 있다는 점을 밝힌다. 제5절에서는 순위선택투표제가 미국의 여타 주들에 얼마나 확산될지 전망해보고, 부가해서 제6절에서 심각한 정치 양극화를 겪고 있는 우리나라 등 여타 국가에서도 그 제도가 적실성을 가질 수 있을지 짐작해본다. 순위선택투표제의 확산을 낙관하기에는 아직 현실상의 정치적 제약이 크다는 점을 지적할 것이다.

Ⅱ. 이론: 순위선택투표제는 무엇이고, 도입의 취지는 무엇인가?

절대다수제의 일종인 순위선택투표제는 생소한 제도이므로 우선 무엇인지 살펴보자. 한국과 미국은 선거구에서 최다 득표를 한 후보가 설령 50%에 못 미치는 득표를 해도 당선되는 단순다수제(simple majority, plurality, first-past-the- post system)를 의원 선거에 쓰고 있다. 이와 달리, 절대다수제(absolute majority)에서는 50%를 넘는 득표를 하는 후보만이 당선될 수 있다. 정당 비례대표제와 달리 각 선거구별로 후보들이 경합을 벌여 의원을 선출하는 제도는 단순다수제와 절대다수제로 대별되는데, 후자에는 결선투표제와 순위선택투표제가 포함된다(선거제도의 유형에 대해선 Norris 2004, 40-65 참조).

이 중 결선투표제(run-off voting, second-ballot voting)는 어느 후보도 과반수 득표를 하지 못할 때 상위 득표자 2명만 놓고 재차 투표를 실시해 과반수 당선자가 나올 수 있게 하는 제도를 말한다. 프랑스 대통령선거, 미국 조지아 주 연방의원 선거 등이 우리에게 익숙한 결선투표제의 예이다. 반면, 순위선택투표제는 ranked choice voting(RCV), instant run-off voting(IRV), alternative voting(AV), preferential voting 등 다양한 영어 명칭으로 불리는데, 유권자가 한 명의 후보자에게만 기표하는 것이 아니라 각 후보자에게 선호 순위를 부여할 수 있도록 한다. 유권자는 A후보를 첫 번째로 선호한다면 1, B후보를 두 번째로 선호한다면 2, 이런 식으로 투표용지에 각 후보별 선호를 표기한다. 개표한 결과 만약 특정 후보가 제1 선호도에서 과반수 득표를 하면 당선된다(1차 라운드). 만약 어느 후보도 제1 선호도에서 과반수 득표를 하지 못하면, 제1 선호도 꼴찌를 기록한 후보를 탈락시키고 그 후보의 표들을 제2 선호도에 따라 다른 후보들에게 재할당한다(2차 라운드). 재할당 후 표를 집계한 결과로 과반수 득표를 하는 후보가 당선된다. 만약 여전히 어느 후보도 과반수 득표를 하지 못하면 남은 후보들 중 꼴찌인 후보를 탈락시키고 그 후보의 표들을 제2, 제3 선호도에 따라 다른 후보들에게 재할당한다(3차 라운드). 재할당 후 표를 집계해 과반수 득표를 하는 후보가 당선되고, 여전히 그런 후보가 없으면 4차 라운드로 넘어가기 위해 앞의 방식을 되풀이한다. 이런 식으로 과반수 득표 당선자가 나올 때까지 집계 라운드를 이어간다.

순위선택투표제에서 유권자는 한 명의 후보에게만 기표하는 것(우리에게 익숙한 방식)이 아니다. 복수의 후보를 선호 순위 없이 기표하는 것(예: 제5공화국 시절의 국회의원 선거, 과거 일본 중의원 선거)도 아니다. 대신, 후보마다 선호 순위를 매긴다. 유권자로서는 여러 번의 기표를 하지만 용지 한 장에 하는 것이라 절차가 아주 복잡하지는 않다. 반면, 개표와 집계 방식은 수차례의 라운드를 거칠 수 있으므로 절차가 상대적으로 복잡하다. 물론 전산화하면 개표와 집계도 간단해질 수 있지만, 수(手)작업을 한다면 라운드마다 재분류하는 데 시간과 비용이 상당히 소요되므로 선거관리 측은 신경을 더 쓰게 된다. 우편투표를 허용하거나 재검표를 하는 선거구에서는 과반수 득표자가 나오는지를 판단하는데 여러 날이 걸리므로 2차 라운드나 그 이상 라운드의 재집계는 선거일로부터 일정 기간이 지난 후에 하게 된다. 2022년 알래스카에서는 11월 8일 선거일로부터 15일이 지난 11월 23일에 재집계를 해 과반수 득표 당선자를 발표했다.

엄밀히 말해 순위선택투표는 절대다수제 선거에만 쓸 수 있는 것은 아니고, 비례대표제나 중대선거구제 선거에서 일정 수의 당선자를 내기 위해 특정의 기준 득표(꼭 50%가 아닌)를 넘는 후보들을 추려내는 용도로 쓰기도 한다(예: 단기이항투표, single transferable vote, STV). 그러나 소선거구제의 경우에는 순위선택투표가 절대다수제를 기본 원칙으로 해서 단일 당선자를 선출하는 목적으로 사용된다. 예를 들어, 아일랜드 대통령선거에 사용되고, 호주에서는 태즈메니아 주(STV 사용)를 제외하고 1919년부터 연방하원의원 선거에서 사용되고 있다(Norris 2004, 49). 미국의 경우에도 메인 주와 알래스카 주의 연방의원 선거, 그 밖에 뉴욕, 샌프란시스코 등 여러 시의 시장선거에서 사용되는 순위선택투표제가 모두 절대다수제의 원칙을 근간으로 해서 50% 득표를 넘는 단일 당선자를 내기 위한 것이다.

그렇다면, 이러한 순위선택투표는 어떠한 장점과 단점이 있을까? 이 제도에 관한 방대한 기존 문헌은 다양한 긍정과 부정의 측면을 보여준다. 예를 들어, 노리스(Pippa Norris)는 이 제도를 주로 결선투표제와 비교하며 그 장점을 논한다(Norris 2004). 그는 각 선거제도의 효과를 분석하는 가운데, 선거제도를 다수(majoritarian)대표제 대 비례(proportional)대표제로 분류하고 다수대표제는 다시 절대다수(majority)제 대 단순다수(plurality)제로 나눈 뒤 절대다수제의 두 종류로 결선투표제(노리스는 2nd Ballot system으로 명명함)와 순위선택투표제(노리스는 Alternative vote system으로 명명함)를 소개한다. 그 맥락에서 노리스는 순위선택투표제를 결선투표제와 비교하며 전자가 후자와 달리 한 번의 유권자 투표만 수반하므로 과반수 득표 당선자를 내면서도 상대적으로 비용 절감, 효과적 선거관리, 유권자 피로감 방지, 참여율 제고 등의 효과를 낼 수 있다고 보았다(Norris 2004, 50).

노리스가 언급한 점들은 여타 문헌에서 심도 있게 논의된다. 물론 그러한 문헌은 노리스의 단순한 언급과는 달리 복잡하고 상충되는 현실이 존재하고 다양한 해석과 평가가 가능하다는 점을 보여준다. 비용과 선거관리 측면에서 어떠한 명암이 있는지(Anthony et al. 2021; Bean 1997), 결선투표제에 비해 유권자에게 부담감을 덜 줘서 피로감을 낮추고 유권자의 만족도를 높일 수 있는지(Farrell & McAllister 2006; Nielson 2017), 사표(死票)를 줄여 투표참여율을 제고하는지, 청년층 등 사회집단별로 투표참여율에 영향을 주는지(Endersby & Towle 2014; Juelich & Coll 2021; McDaniel 2016), 복잡한 절차로 유권자를 혼란에 빠뜨려 투표율, 합리적 투표행태 등에 부정적 효과를 끼치는지(Coll 2021; Curtice & Marsh 2014; Donovan et al. 2019; Maloy & Ward 2021; Neely & Cook 2008), 여성이나 소수인종 후보에게 유리해 국민 대표성을 제대로 기하는 데 도움이 되는지(John et al. 2018; Terrell et al. 2021) 등 여러 측면에 대한 다양한 논의가 존재한다.

콕스(Gary Cox)는 주로 정당체제의 관점에서 순위선택투표제를 논한다 (Cox 1997). 유권자가 한 명의 후보만을 기표할 수 있고 다득표자 1인이 당선되는 제도는 거대 정당들에게 유리해 정당 유효수를 줄어들게 한다. 반면, 순위선택투표제는 군소 정당·후보 지지자들의 사표(死票) 우려 심리를 경감시켜 투표에 참여할 의욕을 상대적으로 높여주므로 군소 정당·후보들이 받는 불이익이 비교적 크지 않다. 또한, 당선되지 못하는 군소 정당·후보도 자기 지지표들이 2, 3순위 선호를 통해 당선자 결정에 일정 부분 기여할 수 있으므로 완전한 패자로만 인식되기보다는 어느 정도의 역할을 한, 그래서 조금이나마 영향력을 인정받는 부분적인 승자로 인식될 수 있다. 이에 따라 전체적으로 정당·후보 수가 늘어나고 군소 정당·후보의 정치적 위상이 상대적으로 커진다(Cox 1997, 93-95). 아울러, 순위선택투표제는 군소 후보가 일종의 "몽니"를 부려 선거판을 이상하게 만들었다고 비난을 뒤집어쓰고 상처를 입는 위험성도 줄일 수 있다. 극소수 유권자의 지지를 얻는 후보가 거대 후보들 간의 선거 대결을 특정 방향으로 망쳐놓는 가능성을 줄일 수 있기 때문이다. 2000년 미국 대선에서 군소후보 네이더(Ralph Nader)가 고어 패배 및 부시 승리를 가져온 역적이라고 진보 진영으로부터 맹비난을 받고 정치적 위상과 인기에 큰 타격을 입은 경우가 있는데, 순위선택투표제는 그러한 일이 벌어지지 않게 할 수 있다는 것이다.

콕스는 군소 정당이나 후보의 위상이 올라간다는 (혹은 완전한 패배자로 크게 추락하지 않는다는) 점이 순위선택투표제의 장점일 수도 있지만 단점일 수도 있음을 직시한다. 즉, 이 제도에서 군소 후보나 정당에 의한 야합, 뒷거래, 공갈의 가능성이 커질 수 있음을 주지한다. 어차피 자기는 당선될 가능성이 없으나 자기 지지자들에게 특정 후보들을 몇 순위로 쓰라고 전략적 투표를 부탁, 호소함으로써 선거 결과에 영향을 끼치고 거대 정당이나 후보들로부터 정치적 지분이나 심지어 불법적인 금전 등 무언가의 반대급부를 받아낼수 있다. 여러 정당이 난립하는 다당체제에서 정치세력들 간의 전략적 연대나 제휴에 수반되기도 하는 문제점이 순위선택투표제에도 해당될 수 있다는 것이다. 정당체제의 관점에서 순위선택투표제를 논한 학자는 콕스 외에도 여럿 있고 문헌도 많다(Farrell & Katz 2014; Marsh 2007; Miragliotta & Sharman 2014). 이러한 기존 문헌은 순위선택투표제가 군소 정당에 유리해서 (실은 덜 불리해서) 다당체제를 촉진하는 경향이 있다는 데에 공통되게 동의하나, 그래서 어떻다는 것인지 호불호 평가는 기본적으로 양당체제와 다당체제 중 어디를 선호하는지의 입장에 따라 엇갈린다. 양당 정치의 폐해를 지적하며 다당 구도를 통한 변혁을 주장하는 입장에서는 순위선택투표제에 대해서도 긍정적인 평가를 하게 마련이다.

근래 들어서는 꼭 양당체제냐 다당체제냐의 관점이 아니라 정당정치의 양극화를 극복하고 중도 수렴의 분위기를 촉진시키기 위한 제도개혁의 관점에서 순위선택투표제를 논하는 경향이 크다.[2] 정당정치의 양극적 대결이 위험 수위를 넘어섰다는 위기의식이 팽배하는 근래의 상황에서 순위선택투표제 관련 논의도 거기에 초점을 맞추게 된 것이다. 예를 들어, 톨버트와 쿠즈네초바는 학술지 Politics and Governance의 순위선택투표제 관련 특별기획호의 서문에서 말하길, 정당정치의 양극화로 인한 민주주의의 퇴보와 유권자의 불신감 고조라는 시대상황을 맞아 순위선택투표제가 위험요소에도

---

2 여기서 '양극화'는 일반 유권자의 성향이 어떻든 간에 정치권의 민주당과 공화당이 정치 과정상 서로에게서 더 멀어지고 양당 정치인들의 대결이 격화되는 것을 의미한다. 유권자의 성향과 관련해서는, 중도 성향의 유권자가 줄고 보수나 진보 성향의 유권자가 늘어나는 '양극화(polarization)'와 중도 성향 유권자는 줄지 않지만 보수 성향 유권자가 공화당을 지지하고 진보 성향 유권자가 민주당을 지지하는 경향이 강해지는 '정파적 배열(partisan sorting)'을 구분할 필요가 있다(이 점을 지적해준 익명의 심사자에게 감사를 표합니다).

불구하고 과도한 대결의 완화, 체제 변혁에 대한 희망을 담아 제기되고 있다고 한다(Tolbert & Kuznetsova 2022, 265). 앞서 노리스도 선거구의 이질성이 높고 갈등적인 곳에서 순위선택투표가 "온건하거나 중도적인 교량적 호소력(moderate or centrist bridging appeals)"을 지닐 수 있음을 언명하였다(Norris 2004, 100). 그 외에도 여러 문헌이, 순위선택투표가 양극화를 줄이고 중도 온건의 수렴을 가져오는 긍정적 가능성을 다각도로 다룬다(Donovan et al. 2016; Fraenkel & Grofman 2004; Kropf 2021; McDaniel 2018).

이론적으로 생각해 볼 때 순위선택투표제의 양극화 완충 및 중도 수렴화 촉진 효과는 설득력 있게 들린다. 우선, 유권자가 한 명의 후보에게만 기표하고 최다득표 후보 한 명이 당선되는 기존 단순다수 소선구제를 보자면, 어차피 거대 정당(주로 2개)의 후보가 당선될 것이고 제3의 군소 정당 후보나 무소속 후보는 당선 가능성이 미약하므로 선거운동에 필사적으로 매진하지 않을 것이고 그들을 지지하는 유권자도 적극적으로 투표할 동기를 갖지 않는다. 그러면 거대 정당 후보들의 호전적 선거운동과 주로 그 지지자들의 참여로 선거가 진행됨에 따라 양측 간의 대결이 중간에서 완충되지 않고 격화되기 쉽다. 더욱이 한 명의 후보만 당선되는 승자독식 상황이므로 선거가 결사적인 전면전으로 치닫게 된다. 또한, 과반수 득표를 하지 못해도 상대방 후보보다 1표라도 많이 받으면 당선되므로 중도층에게 자기를 알리고 호소해 지지기반을 넓게 확대하기보다는 상대방을 깎아내려 견제하고 기존의 자기 지지층이 이탈하지 않게 공고화하는 데에 우선순위를 두기 쉽다. 거대 정당 후보들이 기존 지지층의 공고화를 위해 강경 노선과 극단적 메시지로 그들을 흥분, 자극, 동원하는 전략(전략적 극단주의)을 쓸 때 양극화는 심해지고 중도 정치는 실종될 수밖에 없다.

반면에, 순위선택투표제에서는 콕스의 주장을 통해 전술했듯이 군소 정당 후보나 무소속 후보들이 당선보다는 정치적 위상을 위해 선거에 열심히 뛰어들 수 있고 유권자들도 사표를 너무 걱정하지 않아도 되기 때문에 거대 정당 지지자가 아니어도 투표에 적극적으로 임하게 된다. 그러므로 양쪽 진영 사이에 중간층이 두텁게 존재하며 완충 작용을 할 수 있다. 또한, 1순위

선호도에서 가장 앞서도 50% 득표를 넘기지 못하면 2차 라운드 집계로 가게 되고 최종 승자가 되려면 반드시 50%를 넘는 득표를 해야 하므로 거대 정당 후보들은 자기 진영의 공고화 못지않게 중간층에 대한 호소에도 신경 쓰게 된다. 자기 지지자들뿐 아니라 다른 유권자도 쳐다봐야 그들로부터 1순위의 표는 못 받아도 제2, 제3과 같은 상대적으로 높은 순위의 선호를 받아 1차 라운드 이후의 집계에서 유리할 수 있다. 자연히 극단적 이념성향의 후보보다는 중도 성향의 후보, 일부 지지자의 강력한 팬덤 지지에 의존하기보다는 넓은 범위의 유권자에게 무난하게 보이고 받아들여질 수 있는 후보, 부정적 이미지로 소위 안티(anti)층을 만들지 않는 원만한 후보에게 유리한 제도이다.

물론, 미국처럼 양당체제가 뿌리 깊어 경쟁력 있는 제3, 제4 후보가 나오는 일이 드문 경우에는 순위선택투표제를 도입해도 1차 라운드에서 결판이 나며 상기 긍정적 효과가 발휘될 여지가 생기지 않을 수도 있다. 거대 양당의 후보 2명끼리 경쟁하며 자칫 순위선택투표제가 단순다수투표제와 동일한 결과를 낼 수 있다. 이런 가능성을 염두에 두었기 때문인지, 알래스카는 예비선거를 각 정당별이 아니라 통합해서 실시하여 정당 불문하고 상위 득점자 4인이 본선거에 진출하도록 하였다. 4인이 경쟁하게 제도화함으로써 긍정적 효과가 나오기 쉽게 한 것이다. 그러나 "초당적 통합 예비선거 + 4인 경쟁 본선거" 체제가 양극화 완충에 유리하다고 해서 꼭 있어야 할 필수조건이라고 볼 수는 없다. 초당적 통합 예비선거 체제가 아닌 상황에서도, 즉 민주당과 공화당이 각기 단독 예비선거를 통해 한 명씩 후보를 본선거에 출마시키는 상황에서도 제3당이나 무소속 후보가 본선거에 출마할 수 있다. 순위선택투표제가 도입된다면 전술한 이유로 그러한 비(非)양당 후보들이 본선에 출마할 동기가 커지고, 그러한 후보들이 출마할수록 양극적 대결의 심화를 막고 온건 중도의 분위기를 퍼뜨릴 여지가 생긴다.

애당초 알래스카 선거에 순위선택투표제를 도입하자는 주민발의가 2020년 나왔을 때도 논쟁은 주로 양극화 완충 효과를 낼 수 있을지 그 여부에 집중되었다. 예를 들어, 뉴욕타임스의 한 기사는 순위선택투표제가 중도적인 후보들에게 유리할 수 있는 제도여서 중도를 대표하는 정치인인 머카우스키(Lisa

Murkowski) 상원의원의 지지자들이 선호하고 찬성했다는 점을 지적한다(Cochrane 2022a). 또한 그 주민발의를 지지하는 홍보전을 펼친 알래스카 내외의 여러 단체들도 순위선택투표제가 "커지는 정당 간 분열과 간극에 다리를 놓고 대의 원칙에 충실하며 기능이 활성화된 정부를 촉진해줄 것"이라는 양극화 완화 취지를 강조했다(Hilman 2022). 일부 관련 기사는 순위선택투표제가 후보들로 하여금 폭넓은 외연 확대의 호소 전략을 쓰게 해서 그동안 횡행했던 상대방 공격 위주의 네거티브 캠페인보다는 자기 공약을 알리는 데 주력하게 될 것이고, 이에 따라 선거 분위기도 부드럽게 완화될 수 있다는 점을 강조했다(Vasilogambros 2022). Nevada Voters First(순위선택투표제를 네바다에 도입하자는 운동을 이끄는 PAC)의 대변인인 드레이퍼(Mike Draper)는 이 제도가 도입되면 선거가 너무 정파적으로 가지 않게 되어 국정 교착과 마비를 풀 수 있는 정책 능력을 갖춘 정치인이 당선될 수 있게 될 것이라고 주장하고, "공포나 비난 위주의 선거운동이 아닌 정책현안 중심의 선거운동이 촉진될 것"이라고 언명했다(Vasilogambros 2022).

알래스카에서 순위선택투표제를 도입할 때 양극화 완화 효과만을 취지로 내세운 것은 물론 아니었다. 유권자의 생각을 보다 잘 대변하는 제도라는 점, 유권자가 전략적 계산을 할 필요 없이 자기 선호에 충실한 투표를 하면 된다는 점, 사표를 방지할 수 있다는 점, 과반수 득표자의 당선으로 정통성을 제고할 수 있다는 점, 결선투표제보다 비용을 절감할 수 있다는 점, 청년층 투표참여를 촉진한다는 점, 여성후보 당선에 유리하다는 점, 유권자의 이해가 어렵지 않다는 점 등도 찬성 측의 주장에 포함되었다. 그럼에도 불구하고 알래스카에서 순위선택투표제를 도입할 때 가장 핵심적인 취지로 강조된 것은 양극화 경감과 그에 따른 정부 기능 제고였다. 반대 측은 이 제도가 너무 복잡해 유권자가 투표 의욕을 잃거나 오해로 인해 투표 시 실수를 저지르기 쉽다는 이유, 제1 선호에서 크게 뒤진 후보가 당선되는 일이 벌어질 수도 있다는 이유 등을 내세웠으나 양극화 완화나 완충 논리 앞에서 상대적으로 큰 호응을 얻지 못했다(Vasilogambros 2022).

Ⅲ. 분석: 2022년 알래스카 선거에서 순위선택투표제는 어떻게 진행되었나?

제2절에서 순위선택투표제를 양극화 완화라는 점에 초점을 맞춰 이론적으로 논했고, 알래스카가 순위선택투표제를 도입할 때 주로 그 점이 취지로 부각되었음을 소개했다. 과연 이 제도가 2022년 알래스카 연방의원 선거에서 실제로 양극화 완화 효과를 냈는지 제4절에서 평가해보기에 앞서 이번 절에서는 그 실시 과정을 서술한다.[3] 순위선택투표제는 2020년 알래스카 선거 당시 주민발의(ballot initiative)를 통해 도입되었다. 이 주민발의의 특이점은 본선거 (general election)와 예비선거(primary election)를 연계했다는 것이다. 즉, (i) 정당마다 독자적 예비선거를 치르는 대신에, (ii) 단일의 통합 예비선거에서 정당 불문 모든 후보들이 함께 경쟁하며 예비선거 투표용지에 각 후보는 정당 소속이나 무소속 여부를 밝히고, (iii) 예비선거 투표 시 알래스카 유권자는 한 명의 후보에게만 기표할 수 있고("nonpartisan pick one primary election system"), (iv) 예비선거 결과로 정당 불문 상위 득표 4명의 후보만 본선거에 진출하고, (v) 본선거에서 유권자는 순위선택투표로 4명의 후보별 순위를 매기고("ranked choice voting general election system", 유권자는 모든 후보별 순위를 매기는 것이 원칙이나 원하는 데까지만 순위를 매겨도 됨), (vi) 유권자들의 순위선택투표 결과로 과반수 득표 당선자가 나올 때까지 집계 라운드를 되풀이하는 제도이다.

이 주민발의는 2020년 알래스카 유권자들의 주민투표에서 찬성 174,032 (50.55%) 대 반대 170,251(49.45%)의 근소한 표차로 통과되었다. 근소하게 통과되었음은 몇몇 점들을 고려할 때 특기할 만했다. 첫째, 미국인들은 정치 전통을 중시해 웬만해선 기존 정치제도를 바꾸지 않는다는 점, 둘째, 순위선택투표제가 일부 유권자에게는 복잡하고 힘들게 느껴질 수 있다는 점, 셋째, 고학력층에 비해 저학력층이 순위선택투표제에 부정적인데 알래스카 주는 대졸자 비율이 평균 이하라는 점,[4] 넷째, 알래스카에서 아성을 굳히고 있는 공

---

3 함께 실시된 알래스카 주지사선거에도 순위선택투표제가 사용되었으나 1차 라운드 집계로 당선자(Michael Dunleavy, 50.3% 득표)가 확정돼 관심을 끌지 못했고, 이 글의 논의에서도 제외한다.

4 2020년 매사추세츠의 주 차원 선거에 순위선택투표제를 도입하자는 주민발의가 부결되

화당이 현상을 변경하는 정치적 도박을 꺼려했고 실제로 반대했다는 점 등은 순위선택투표제 도입에 저해요인으로 작용했을 것이다. 그럼에도 통과될 수 있었던 것은 양극적 대결로 인한 정치현실에 대한 주민들의 불만이 워낙 커서 제도를 바꿔보자는 심리가 작용했기 때문일 것이다.

2020년 주민발의의 통과로 2022년 알래스카 연방의원 선거는 순위선택투표제로 치러지게 되었다. 우선, 8월 16일 하원의원 통합 예비선거에 총 22명이 출마하였다. 당적으로는 민주당 1명, 공화당 8명, 기타(Libertarian, nonpartisan, undeclared) 13명의 분포였다. 공화당이 강세를 보이는 주답게 공화당 후보가 난립한 반면, 민주당 후보는 1명에 불과했다. 〈표 1〉에서 보듯이, 그중 상위 득표자 4인이 본선거에 진출하였는데 득표순으로 민주당의 펠톨라(Peltola), 공화당의 페일린(Paline)과 베기치(Begich), Libertarian당의 바이(Bye)가 진출자에 끼었다. 예비선거에서 4위를 기록한 공화당의 스위니(Sweeney)가 중도 사퇴하는 바람에 5위 득표자인 Bye가 대신 본선거에 진출하였다.

[표 1] 2022년 알래스카 연방하원의원 예비선거 통과자 4인

후보자	소속 정당	득표수	득표율
Begich, Nick	Republican	50,021	26.19%
Bye, Chris	Libertarian	1,189	0.62%
Palin, Sarah	Republican	57,693	30.20%
Peltola, Mary	Democrat	70,295	36.80%
Sweeney, Tara*	Republican	7,195	3.77%
나머지		4,622	2.42%
합계		191,015	100.00%

주(*): 4위 득표자인 Sweeney가 중도 사퇴함으로써 5위 득표자인 Bye가 대신 본선거로 진출하였음.

었는데, 당시 투표결과 자료를 보면 평균 학력수준이 낮은 시·군일수록 반대표가 많았다. 2021년 미국 인구조사 자료에 의하면 알래스카 주의 대졸자 비율은 32.79%로서 미국 평균 34.95%보다 약간 낮다.

상원의원 통합 예비선거에는 총 19명이 출마하였는데 민주당 3명, 공화당 8명, 기타 8명의 분포였다. 하원 예비선거에서와 마찬가지로, 강세인 공화당 측의 후보가 많았다. 본선거 진출 자격을 얻은 상위 득표자 4인은 〈표 2〉에서와 같다. 공화당 후보인 머카우스키(Murkowski)와 치바카(Tshibaka)가 압도적인 1, 2등을 차지했고 한참 뒤진 민주당의 체스브로(Chesbro), 공화당의 켈리(Kelley)가 3, 4등으로 뒤를 이었다.

[표 2] 2022년 알래스카 연방상원의원 예비선거 통과자 4인

후보자	소속 정당	득표수	득표율
Chesbro, Patricia	Democrat	12,988	6.82%
Kelley, Buzz	Republican	4,055	2.13%
Murkowski, Lisa	Republican	85,794	45.05%
Tshibaka, Kelly	Republican	73,414	38.55%
나머지		14,206	7.46%
합계		190,458	100.01%

통합 예비선거 상위 득표 4인을 놓고 중간선거일인 11월 8일 실시된 연방하원의원 선거와 연방상원의원 선거는 모두 11월 23일에 결과가 확정되었다. 주법에 따라 해외 부재자 투표는 선거일로부터 15일 이내에 도착하면 되므로 과반수 득표자를 찾는 2차, 3차 라운드 집계를 11월 23일까지 기다렸다가 하였다. 양 선거 모두 전국적인 관심을 끌었다. 민주당 불모지인 알래스카에서 민주당이 1972년 이래 50년 만에 처음으로 정규 하원의원 선거를 승리로 이끌 수 있을지(몇 달 전 8월의 보궐선거에서 이미 승리한 적 있지만) 그리고 알래스카 원주민 후손인 민주당 후보 펠톨라가 전국적 스타인 공화당 후보 페일린을 8월의 보궐선거에 이어 다시 패퇴시킬 수 있을지가 흥밋거리였다. 상원 선거는 현직인 머카우스키 의원이 같은 공화당 소속인 트럼프의 원한을 사고 트럼프 지지자들의 공격을 받았음에도 자리를 지킬 수 있을지 그리고

미국 중간선거 분석

머카우스키가 승리해 공화당의 쇠락한 중도계의 명맥을 유지할 수 있을지 등에서 흥미를 모았다. 아울러, 주(州) 차원에서는 메인에 이어 두 번째로 채택된 순위선택투표제 선거가 원만하게 진행될 수 있을지도 관심거리였다. 트럼프와 추종자들이 2020년 대선 결과를 불복하며 선거관리의 미숙함과 투개표 부정을 그 이유로 주장했던 만큼, 알래스카의 순위선택투표제가 그러한 문제점 없이 실시될 수 있을지 큰 관심을 끌었다.

하원 선거는 〈표 3〉에 정리되어 있듯이 3차 라운드 집계까지 가서 펠톨라의 승리로 끝났다. 펠톨라는 보궐선거에서 당선된 후 3개월 만에 재당선되는 기쁨을 누렸다. 각 후보의 1순위 득표 집계 결과, 펠톨라는 최다인 48.64%의 표를 얻었으나 과반에 미달해 최저득표자인 바이를 탈락시키고 바이의 표를 2순위 선호에 따라 재분배했지만 펠톨라의 표는 여전히 49.2%로 과반에 미달했다. Libertarian인 바이를 1순위로 지지한 표들이 제2 선호에서는 중도적 공화당 후보인 베기치를 가장 많이 골랐고 페일린과 펠톨라는 상대적으로 덜 선호되었다. 그럼에도 베기치는 2차 라운드에서 최저득표를 기록해 탈락했고, 그의 표를 제2, 제3 선호에 따라 재분배한 결과 드디어 펠톨라가 54.94%로 당선될 수 있었다. 베기치의 표(64,392) 대부분에서 페일린이 펠톨라보다 더 선호되었으나(43,013 대 7,460), 그럼에도 적지 않은 수인 7,460표가 펠톨라에게 갔고 무효표(펠톨라나 페일린을 2, 3순위로 기표하지 않은 표)가 13,919개나 나온 까닭에 펠톨라가 과반수 득표 기준선을 넘을 수 있었다.

[표 3] 2022년 알래스카 연방하원의원 본선거 결과

후보자	1차 라운드		2차 라운드			3차 라운드			결과
	득표수	득표율	증가 득표수	득표수	득표율	증가 득표수	득표수	득표율	
Peltola	128,403	48.64%	1,030	129,433	49.20%	7,460	136,893	54.94%	당선
Palin	68,178	25.83%	1,064	69,242	26.32%	43,013	112,255	45.06%	3차 탈락
Begich	62,404	23.64%	1,988	64,392	24.48%				2차 탈락
Bye	4,986	1.89%							1차 탈락
계	263,971			263,067			249,148		
무효표	2,193			904			13,919		

상원 선거도 〈표 4〉에서 보듯이 3차 라운드 집계까지 갔고, 중도 성향의 현역 머카우스키 의원이 트럼프 지지자들의 공격을 버텨내고 4선에 성공하였다. 유력 상대방인 치바카는 트럼프의 지지와 공화당의 지원을 받았지만 패배하였다. 유권자의 제1 선호도만 집계하는 1차 라운드에서 머카우스키(43.47%)와 치바카(42.64%)는 접전을 펼쳤으나 누구도 과반을 넘지 못해 최저득표자인 켈리의 표를 2순위 선호도에 따라 재분배하는 2차 라운드로 넘어갔다. 켈리의 표는 치바카에게 가장 많이 재분배되어 머카우스키(44.46%)와 치바카(44.33%)의 표차는 불과 339표로 줄어들었다. 여전히 과반 득표자가 없어 2차 라운드의 최저득표자인 체스브로를 탈락시키고 그의 표를 제2, 제3 선호에 따라 재분배하는 3차 라운드로 넘어갔다. 민주당 체스브로의 표가 2, 3순위에서 20,543 대 2,209로 압도적으로 머카우스키를 선호했고 무효표(6,326)도 그리 많지 않은 덕에 머카우스키가 53.69%의 득표로 1차, 2차와 달리 3차 라운드에서 여유 있게 당선될 수 있었다.

[표 4] 2022년 알래스카 연방상원의원 본선거 결과

후보자	1차 라운드		2차 라운드			3차 라운드			결과
	득표수	득표율	증가득표수	득표수	득표율	증가득표수	득표수	득표율	
Murkowski	113,800	43.37%	1,629	115,429	44.46%	20,543	135,972	53.69%	당선
Tshibaka	111,886	42.64%	3,204	115,090	44.33%	2,209	117,299	46.31%	3차 탈락
Chesbro	28,185	10.74%	893	29,078	11.20%				2차 탈락
Kelley	8,540	3.25%							1차 탈락
계	262,411			259,597			253,271		
무효표	3,266			2,814			6,326		

　모두 3차 라운드까지 갔지만 2022년 알래스카 연방하원 선거와 연방상원 선거는 절차상 큰 잡음 없이 진행되었다. 낙선 후 페일린은 패인으로 선거제도를 탓하기도 했고, 일부 공화당 인사도 의견을 같이 해 아칸소 상원의원인 코튼(Tom Cotton)은 "Ranked-choice voting is a scam to rig elections"라는 트위터 메시지를 쓰기도 했다(Vasilogambros 2022). 그러나 이러한 극단적인 입장은 결코 주류의 목소리로 커지지 못하고 패자의 변명 정도로 여겨지며 묻혔다. 순위선택투표제의 실행과정과 관련해서는 별다른 문제 제기가 나오지 않았다. 무난한 선거 진행의 이유 중 하나로 11월 중간선거에 앞서 이미 8월 16일 보궐선거에서 한 차례 예행연습을 했다는 점을 들 수 있을 것이다.

　그 보궐선거는 49년간 하원의원직을 유지하던 공화당의 영(Don Young)이 2022년 3월 사망함에 따라 열리게 된 것이고, 보궐선거를 위한 예비선거가 6월 11일에 열려 48명의 후보가 출마하였다. 예비선거 상위 득표 4인이 본선거에 진출하게 되었으나 득표 3위를 기록한 무소속 그로스(Gross)가 6월 20일 중도 사퇴를 하였고, 득표 5위 후보를 대신 본선거에 출마시킬지 여부에 대해 알래스카 대법원은 불가하다는 최종 판결을 내렸다(6월 26일). 결국 〈표 5〉

에서 보듯이 3명의 후보(베기치, 페일린, 펠톨라)가 본선거에 진출해 경합을 벌이게 되었다.

[표 5] 2022년 알래스카 연방하원의원 보궐선거 예비선거(6월 11일) 통과자 4인

후보자	소속 정당	득표수	득표율
Begich, Nick	Republican	30,861	19.12%
Gross, Al*	무소속	20,392	12.63%
Palin, Sarah	Republican	43,601	27.01%
Peltola, Mary	Democrat	16,265	10.08%

주(*): 중도 사퇴

8월 16일 치러진 보궐선거 본선에서는 펠톨라가 충격적인 승리를 거둔다. 펠톨라는 예비선거에서 불과 10.08%의 득표로 4위를 기록해 꼴찌로 본선에 진출하였다. 그런데 이 무명 인사가 2달 만에 전세를 역전시켜 유명 공화당 후보들을 탈락시킨 것이다. 예비선거 1위 페일린은 전임 주지사와 부통령 후보를 지낸 스타이고 예비선거 2위 베기치는 정치 명문가 출신으로 할아버지는 전 하원의원, 삼촌은 전 상원의원을 지내 알래스카에 탄탄한 뿌리를 내린 정치인이다. 〈표 6〉에서 보듯이 보궐선거 본선 결과, 1순위 집계에서 펠톨라가 40.19%로 1위를 차지했으나 과반에 미달했고 세 후보 중 최저득점자인 베기치를 탈락시키고 베기치 지지표를 2순위 선호에 따라 재분배했더니 펠톨라가 51.48%를 얻어 당선될 수 있었다. 베기치를 1순위로 기표했던 유권자 중 다수(27,053명)가 페일린을 2순위로 선호했지만, 그래도 상당수(15,467명)가 펠톨라를 더 선호했고 베기치에게만 기표를 해 무효가 된 경우(11,290명)도 많아 이런 결과가 나온 것이다. 8월 보궐선거에서 예상 밖의 결과를 경험하며 새 선거제도를 시험해본 셈이라 11월의 알래스카 중간선거가 큰 잡음 없이 진행될 수 있었을 것이다.

[표 6] 2022년 알래스카 연방하원의원 보궐선거(8월 16일) 결과

후보자	1차 라운드		2차 라운드			결과
	득표수	득표율	증가 득표수	득표수	득표율	
Peltola	75,799	40.19%	15,467	91,266	51.48%	당선
Palin	58,973	31.27%	27,053	86,026	48.52%	2차 탈락
Begich	53,810	28.53%				1차 탈락
계	188,582					
무효표	3,707			11,290		

Ⅳ. 평가: 순위선택투표제는 정치 양극화의 완충제일까?

초당적이고 자유지상주의적(libertarian)인 싱크탱크인 The R Street Institute 는 인터넷 기사를 통해 알래스카 순위선택투표제가 양극화 경감 효과를 냈다 고 평가하였다(Germer 2022). 인용하자면, "양당 후보들은 자기 지지기반을 넘 어 호소할 필요성을 인지했고, 일반 유권자들과 가장 넓게 연합하고 그들의 선 호를 동원한 후보가 승리를 얻을 수 있었다." 그 점에 여타 언론 기사들도 대체 로 의견을 모으지만, 그렇지 않은 경우도 있다. 이번 절에서는 순위선택투표제 가 2022년 알래스카 선거에서 양극화 완충제의 역할을 했는지 살펴본다.

하원의원 당선자 펠톨라는 민주당 소속이지만 민주당의 주류인 진보주의자들 과는 결이 상당히 다르다. 보궐선거로 당선될 때부터 내내 온건한 자세와 중도적 노 선을 견지하였다. 공화당 소속인 전임자 영 의원의 사망에 대한 동정 여론이 강해서 그런 것일 수도 있겠으나 그가 남긴 입법의제를 답습하겠다고 언명하였다. 지속가 능한 어업 상용(商用)화를 지지하고 알래스카 개발에 호의적인 입장을 내세워 역내 석유 및 가스 개발업자들의 지지를 얻었고, 반면에 환경론자들과는 밀접한 협력 관 계를 형성하지 않았다(Germer 2022). 내세운 슬로건은 "pro-family, pro-fish"로 정리 된다(Cochrane 2022b). 또한, 펠톨라는 정적이지만 페일린과 친한 관계라는 점도 공

개적으로 인정하였다. 심지어 상원의원 후보 중 자기와 당이 다른 공화당의 머카우스키에 대한 공개 지지를 선언할 정도였다. 아울러 보궐선거로 의원이 된 뒤에는 공화당 출신 인사들을 보좌진에 채용하기도 하였다(Cochrane 2022b). 보궐선거 후 불과 몇 달의 짧은 임기 동안에도 석유개발 의제, 태풍 피해 복구 지원액 증액 등을 위해 뛰며, 알래스카를 같이 대표하나 당이 다른 머카우스키 상원의원 및 댄 설리번 상원의원과 연대를 결성해 바이든 정부를 압박하였다. 그 결과, 머카우스키도 정당 경계를 넘어 민주당 후보 펠톨라를 알래스카 하원의원으로 지지한다고 선언하였고 (Peters 2022), 작고한 전임자 영 의원의 가족들도 펠톨라에 대한 지지를 선언하였다 (Cochrane 2022b).

반면, 통합 예비선거를 펠톨라에 이어 2위로 통과한 공화당의 페일린은 중도적인 펠톨라와 달리 강경 보수를 대표하는 인사로서 문화 전쟁, 양극적 대결, 전략적 극단주의(자기 지지자들만 바라보며 그들을 흥분, 자극, 동원하는 전략)의 상징적 첨병이다. 2008년 공화당의 부통령 후보로 전국적 명성을 얻었고, 그 후 Tea Party Movement의 핵심 인사, Fox 뉴스의 출연자로 활동하며 강경 보수진영의 리더 중 한 명으로 자리 잡았다. 진보나 중도와는 정반대 대척점에 서서 애국심, 신앙심을 강조하는 가운데 패권적인 미국제일주의, 배타적인 문화동화주의에 너무 매몰된다는 지적을 비판가들로부터 들었다. 심지어 오바마의 출생에 관한 음모론마저 제기했고, 의료정책 등에 대한 각종 가짜 뉴스의 확산에도 일조를 했다는 비판을 샀다. 트럼프와는 노선이나 기질이 비슷해 그에게 영감을 주었다는 평까지 받을 정도이다.

중도적 펠톨라가 강경 보수인 페일린의 공격을 뿌리치고 당선되었음은 펠톨라가 민주당 지지기반에만 의존하지 않고 중도층이나 온건 보수층까지 호소 대상을 넓힌 덕에 가능했다. 페일린과 베기치는 강경 보수 대 중도 보수로 성향이 다르지만 같은 공화당원으로서 선거과정상 서로에 대한 공격을 자제했고 각자의 지지자들에게 2순위 선호로는 민주당의 펠톨라 말고 공화당 내의 경쟁자인 상대방을 써달라고 부탁하며 "rank the red"라는 슬로건을 내걸 정도였다(Germer 2022). 그럼에도, 전술했듯이 1차 라운드 집계에서 떨어진 베기치 후보의 표(64,392) 중에서 66.8%(43,013)만이 2순위로 페일린을 선호했다. 만약 탈락한 베기치 후보의 표가 대부분 페일린에게 갔다면 페일린의 승리로 역전되었을 텐데 3분의 2만 그렇게 된 덕에 펠톨라가 과반 득표(54.94%)로 당선될 수 있었던 것이다. 만약 펠톨라가 민주당 지지기반만 신경쓰고 중도를 포기했다면 애당초 1순위 득표도 덜 했을 것이고 베기치의 표에서 2순위로 선호된 경우도 줄어들었을 것이다. 펠톨라의 확장적 중도 지향성이 당선을 가져온 것이다.

상원의원 선거에서도 마찬가지의 양상이 나타났다. 당선자 머카우스키의원은 공화당의 극소수 중도파를 대표한다. 특히 트럼프의 등장 이후로 공화당이 강경 보수 쪽으로 치우치는 추세 속에서도 머카우스키는 메인의 콜린스(Susan Collins), 유타의 롬니(Mitt Romney) 등과 함께 외롭게 상원 공화당 중도파를 지키고 있다. 평소 여성의 낙태권 보호를 지지하였고 Roe v. Wade 판결 번복에 실망을 표했다. 2021년 1월 6일 미국의사당 폭동 사태에 따른 트럼프 기소에도 선뜻 찬성표를 던졌고, 바이든이 지명한 각종 공직 후보자(대법관, 장관)들에 대해서도 거의 다 찬성표를 던졌다(Cochrane 2022a). 인프라 법안 등 여러 의제에 있어서 초당적 합의를 하는 데 결정적인 역할을 했고, 선거과정에서 당적이 다름에도 하원의원 후보로 펠톨라를 지지한다고 선언하였다. 공화당 강경 보수파가 머카우스키의 낙선에 열을 올릴 만도 하였다. 반면, 머카우스키에게 도전장을 던진 같은 공화당의 치바카 후보는 트럼프 추종자로서 트럼프와 강경 보수 진영의 전폭적인 지원을 받았다.

하원의원 선거에서 중도 지향성이 펠톨라 당선의 핵심 요인이었듯이, 중도적 머카우스키도 강경 보수파의 치바카가 지지기반의 공고화 전략에 매달린 것과 달리 민주당 지지자나 중도층 유권자에 호소의 외연을 넓힌 덕에 당선될 수 있었다. 1차 라운드에서 머카우스키와 치바카는 43.37% 대 42.64%로 근소한 표차를 냈다. 최저득표를 해 1차로 탈락한 공화당 켈리 후보의 표가 2차 라운드 집계에서 치바카 쪽으로 2배 정도 많이 가는 바람에 2차 라운드에서 양자의 차이는 44.46% 대 44.33%로 더욱 줄었고 표로는 불과 339표 차이가 나게 되었다. 그럼에도, 머카우스키가 3차 라운드 집계에서 53.69% 득표로 당선될 수 있었던 것은 2차 라운드 탈락자인 민주당 후보 체스브로의 표가 대부분 머카우스키에게 간 덕분이었다. 체스브로의 29,078표 중에서 압도적 다수인 20,543표가 머카우스키에게 갔고 불과 2,209표만이 치바카에게 갔다. 민주당 후보를 1순위로 지지한 유권자들이 2순위로 강경 보수인 치바카가 아니라 온건 중도의 머카우스키를 선택한 것은 당연한 일이었다. 중도 확장성이 과반수 득표의 결정적 관건이었던 것이다. 머카우스키도 공화당 보수 진영의 극단성이 중도적 유권자들을 많이 잃게 했고 그들이 2순위로 자신을 선호하게 한 요인이었다고 지적하였다(Cochrane 2022a).

알래스카의 순위선택투표제가 중도 친화적인 결과를 낸 것은 그 자체만의 작용이라기보다는 초당적 통합 예비선거제와 함께 연동되었기에 가능한 일이었을 수도 있다. 만약 예전처럼 정당별 예비선거를 치렀다면 머카우스키와 같은 중도론자는 공화당 예비선거에서 후보로 낙점조차 받지 못했을 것이다. 일반 유권자에게 개방되고 각 정당별로 실시되는 미국식 예비선거(프라이머리, 코커스)의 여러 장단점 중에서 특히 근래 정치 양극화 시대를 맞아 주목을 받고 있는 것은 양당의 이념적 극단화를 부추기고 양당 간의 이념적 거리를 늘리는 데다 온건 중도의 목소리를 실종시킨다는 문제점이다. 민주당 예비선거에는 주로 진보적인 유권자가 참여하고 공화당 예비선거에는 주로 보수적인 유권자가 참여하니 각 당의 예비선거에서 이기려면 어느 한쪽으로 강한 이념적 편향성을 보일 필요가 있다. 비정파적 중도 성향의 유권자는 어느쪽의 예비선거에도 참여하지 않을 가능성이 높으므로 그들이 본선거에서 선호할 만한 후보는 결국 양당의 후보로 등장하기 힘들다. 이 점을 볼 때, 초당파적 통합 예비선거에서 상위 득표를 한 4인까지 정당소속 불문하고 본선거에 진출하게 하는 알래스카의 제도가 양극화를 완화하고 중도의 목소리를 증폭시키는 데 중요한 역할을 한다는 짐작이 가능하다.

이러한 짐작은 메인(Maine) 주의 경험을 통해 부분적으로 뒷받침된다. 메인은 2018년부터 순위선택투표제를 실시하고 있지만, 예비선거는 각 정당별로 1명씩 당선자를 내는 기존 방식을 고수하고 있다. 2018년 이래 두 번의 연방상원의원 선거(2018년, 2020년), 여섯 번의 연방하원의원 선거(2018년, 2020년, 2022년 선거구 1 및 2)가 순위선택투표제로 실시되었는데, 그중 두 번의 경우(2018년, 2022년, 연방하원의원 선거 선거구 1)만 2차 라운드 집계로 넘어갔다. 결과적으로, 단순다수투표제와 차이가 없게 되었다. 거대 양당에 속하지 않는 경쟁력 있는 제3, 제4의 후보가 본선거에 출마하기 쉽지 않은 제도에서 하나의 이유를 찾을 수 있을 것이다.

그러나 메인 주의 상황을 더 들여다보면 메인 주에서도 순위선택투표제의 양극화 완충 효과를 부분적으로 엿볼 수 있다. 상원 쪽부터 보자면, 2020년 당선자 콜린스(Susan Collins)는 머카우스키와 함께 공화당 중도파의 핵심 인사이고 2018년 당선자 킹(Angus King)은 무소속이다. 두 명 모두 정파적 경직성, 이념적 극단성의 반명제라고 할 수 있다. 순위선택투표제로 인해 극단적 입장의 유력 후보들이 이러한 중도적 후보들에게 도전하려고 나서기를 꺼려할 수밖에 없었을 것이다. 하원의 경우, 민주당 세가 큰 제1선거구(메인의 남부)에서 진보적인 핑그리(Chellie Pingree)가 연속 1차 라운드에서 당선된 것은 차치하고, 공화당 세가 훨씬 큰 제2선거구(메인의 중부와 북부)에서 중도파 민주당 인사인 골든(Jared Golden)이 당선되었음을 주목할 필요가 있다. 골든은 2020년 선거에서는 1차 라운드에서 당선되었으나 2018년과 2022년 선거에서는 2차 라운드까지 가서 무소속 후보 지지자들의 2순위 표를 많이 받은 덕분에 당선될 수 있었다.[5] 그가 공화당 텃밭에서 트럼프 지지자인 공화당 후보(Bruce Poliquin)를 물리치고 당선될 수 있었던 것은 평소 경기부양, 지역개발, 총기규제 등의 이슈에서 진보파와 대립했고 바이든 의제에도 종종 제동을 거는 등 중도적 노선을 고수해 중도층에 호응을 얻을 수 있었기에 가능했다. 순위선택투표제가 초당적 통합 예비선거와 꼭 함께 가지 않아도 양극화 완충, 중도화 촉진의 효과를 부분적으로나마 낼 수 있다고 짐작할 수 있다.

---

5 2018년 연방하원의원 선거에서 골든은 1차 라운드 집계에서 공화당 후보 폴리퀸에 45.58% 대 46.33%로 뒤졌다. 그러나 2차 라운드 집계 결과, 무소속 후보 지지표들이 제2 선호도에서 10,427 대 4,747의 큰 차이로 골든에게 재분배된 덕에 골든이 50.6% 대 49.4%로 신승을 거둘 수 있었다. 2022년 선거에서는 골든과 폴리퀸이 재대결한 결과, 1차 라운드에서 골든이 48.4% 대 44.7%로 앞섰고 2차 라운드에서는 탈락 후보인 무소속 본드(Tiffany Bond)의 지지표가 제2 선호도에서 12,062 대 4,882로 압도적으로 골든에게 재분배됨으로써 53.1% 대 46.9%의 표차로 골든이 당선되었다(ballotpedia.org/Jared_Golden. 검색일 2022년 11월 26일).

순위선택투표제의 양극화 완충, 중도 온건화 촉진 효과는 이처럼 선거 결과에 일반적으로 나타나는 데 그치지 않는다. 선거과정의 측면에서도 후보들 간의 관계가 너무 전투적으로 흐르지 않도록 하는 면이 있다. 소선거구 단순 다수제에서는 꼭 과반 득표를 하지 못해도 남보다 한 표라도 더 받으면 당선 될 수 있으므로 경쟁 후보의 약점을 들춰 비난해 그의 표를 줄이려는 네거티 브 전략이 난무하는 경향이 있다. 또한, 자기 지지기반만 쳐다보며 자극적이 고 강경한 발언으로 그들을 흥분시켜 투표에 적극 참여하게 하는 전략적 극 단주의도 후보들에 의해 애용되기 쉽다. 특히 2022년 알래스카 선거에 페일 린, 치바카 등 이념적 편향성이 강한 후보들이 출마했던 만큼, 만약 과거의 제도에서 선거가 진행되었다면 네거티브 선거운동과 극단주의적 전략이 난 무했을 것이다. 반면, 순위선택투표제에서는 자기 지지자가 아닌 여타 유권 자들의 2, 3순위 선호도 신경을 써야 하므로 경쟁 후보들을 너무 적대시하는 일이 줄어든다. 알래스카 선거에서도 후보들이 서로에 대한 공격을 비교적 자제하고 전반적으로 선거 분위기가 부드럽게 흘러간 이유를 여기에서 찾을 수 있을 것이다.

물론 이견의 소리도 들렸다. 예를 들어, Atkinson & Ganz(2022)는 오히 려 선호투표제가 극단적 입장의 후보들에게 유리하게 작용한다고 주장하며 2022년 8월 알래스카 연방하원 보궐선거의 경우를 예로 들었다. 그들을 인 용하자면, "펠톨라는 순위선택투표제에 내재된 극단주의적 편향의 결과로 승 리할 수 있었다 … 순위선택투표는 유권자가 양극화되어 있다면 온건한 후보 를 선출하기 더욱 힘들게 한다. 예를 들어, 3자 경합에서(필자 주: 전술했듯이 2022년 8월 보궐선거에서 그로스의 사퇴로 페일린, 베기치, 펠톨라 3인이 경쟁했음) 중 도 후보가 진보 후보나 보수 후보보다 더 선호될 수 있으나 진보·보수 양쪽 의 유권자는 중도 후보를 2순위로만 기표할 것이다. 그러면 순위선택투표제 에서 1차적으로 1순위 표만 집계하므로 중도 후보는 3등으로 탈락하고 양 극 단의 후보 두 명이 2차 라운드 집계로 넘어갈 것이다(Atkinson & Ganz 2022)." Atkinson & Ganz(2022)는 알래스카 보궐선거의 실제 투표 자료를 언급하며 후보들을 두 명씩 비교하면 베기치가 펠톨라에 86,385 대 78,274로 앞섰고,

페일린에는 99,892 대 61,606로 앞섰다고 말했다. 즉, 콩도르세(Condorcet) 방식으로 세 후보를 비교하면 베기치가 승자가 되었을 것이라는 주장이다. 그들은 보르다(Borda)의 방식(3자 경합에서 유권자의 1순위 표에는 2점, 2순위 표에는 1점, 3순위 표에는 0점을 부여하고 모든 유권자의 표를 합산해 최고 득점자를 당선자로 확정하는 방식)으로 계산해도 베기치 186,277점, 펠톨라 168,238점, 페일린 145,435점으로 베기치가 당선되었을 것이라 하였다.

그러나 Atkinson & Ganz(2022)의 주장은 가장 이상적일 수 있는 가상의 방법들(콩도르세, 보르다)과 현실의 순위선택투표제를 비교한 것으로서 높은 적실성을 띠기 힘들고 그런 만큼 큰 공감을 자아내지 못한다. 메인과 알래스카를 제외한 48개 주에서 사용하고 있고 알래스카에서도 바로 지난번까지 사용했던 소선거구 단순다수제와 비교할 때 순위선택투표제의 양극화 완충 효과와 중도 온건화 효과를 부인하기는 힘들다. 알래스카에서 과거의 제도를 그대로 썼다면 베기치는 애당초 공화당 예비선거에서 페일린에게 밀려 본선 진출도 어려웠을 것이다(물론 무소속 출마는 가능함). 베기치는 공화당 예비선거에서 이기기 위해 중도 성향보다는 강경 보수 색채를 띠기 위해 노력했을 것이다. 순위선택투표제라는 새로운 제도가 채택되었기에 베기치는 그러한 억지스러운 노력을 할 필요 없이 온건 중도의 모습을 견지할 수 있었다. 또한, 순위선택투표제 덕에 페일린보다 상대적으로 덜 극단적이고 중도지향성이 강한 펠톨라가 2순위 표를 많이 받아 결국 과반 득표의 당선자가 될 수 있었다. 베기치 지지자의 입장에서는 아쉬운 결과겠으나, 양극화에 제동을 걸고 온건 중도의 후보가 힘을 받아야 한다는 취지에서는 펠톨라 당선이 바람직한 결과라 하겠다. 민주당의 펠톨라와 공화당의 페일린이 단순다수제에서 양자 대결을 벌였다면 나오기 힘든 결과가 순위선택투표제로 가능했던 것이다.

V. 전망: 순위선택투표제는 전국적 적실성을 띠고 확산될 수 있을까?

알래스카의 순위선택투표제는 무난히 실시되어 양극적 대결보다는 온건한 분위기 속에서 중도적 후보들이 당선되는 결과를 냈다. 양극화를 걱정하는 관점에서는 긍정적 평가를 받을 만하다. 그렇다면 이 새로운 제도가 미국의 여타 주들에 확산될 수 있을까? 나아가 심각한 정치 양극화를 겪고 있는 우리나라 등 여타 국가에서도 순위선택투표제가 보편적 적실성을 띠며 공감을 얻을 수 있을까? 이번 절과 다음 절에서 이 질문들을 다루는데, 낙관적으로 답하기는 힘들 것 같다. 현실 정치에 대한 유권자의 불만이 워낙 커서 기존 선거제도를 바꾸자는 데에 상당한 호응이 있을 거라고 예상할 수 있으나 순위선택투표제는 정치적 계산이 복잡하고 정파적으로 첨예하게 부딪치는 사안이라 급격하게 확산되기를 기대하기는 쉽지 않아 보인다.

한편으로, 순위선택투표제가 근래 미국 곳곳에서 관심을 끌며 실제로도 채택되는 경향이 있다(Vasilogambros 2022). 시민단체인 FairVote의 자료 등에서 쉽게 확인할 수 있듯이,[6] 2022년 7월 기준 순위선택투표제는 메인과 알래스카 두 주뿐만 아니라 뉴욕, 샌프란시스코, 케임브리지(매사추세츠) 등 수십 개의 시와 카운티에서 지방선거와 예비선거에 사용되고 있다. 남부 주들에서는 군인 및 해외 거주 유권자의 경우 예비선거(결선투표를 요하는)에서 순위선택투표제를 실시한다. 여기에 덧붙여, 네바다 주에서는 2022년 11월 중간선거 시 주민투표로 순위선택투표제를 주(州) 차원의 선거에 도입하기로 결정하였고, 2024년 주민투표로 네바다 주 헌법이 개정되면 네바다 주에서도 2026년부터 알래스카와 유사한 투표 방식(초당적 개방형 통합 예비선거와 순위선택투표제 본선)으로 선거를 치를 것이다.[7] 또한, 시애틀도 2022년 11월 선거에서 기존 예비선거 방식을 바꿔 순위선택투표제를 도입하기로 하였고, 오레건의 포틀랜드 시, 메인의 (같은 이름인)

---

6 fairvote.org/our-reforms/ranked-choice-voting. 검색일 2022년 12월 1일.

7 다만, 네바다의 경우에는 예비선거 상위 득표자 5인이 본선에 진출하는 방식이라 상위 득표자 4인이 진출하는 알래스카의 방식과 살짝 다르다.

포틀랜드 시, 그 밖에 캘리포니아, 일리노이, 콜로라도의 여러 시에서도 순위선택투표제 도입의 시민발의가 통과되었다(Blankinship 2022). 인터넷에서 순위선택투표를 검색해보면, 도입하자는 주민발의 캠페인이 근래 미국 곳곳에서 활발하게 전개되고 있으며 그런 취지로 조직된 시민단체들도 많이 활동하고 있음을 알 수 있다.

순위선택투표제는 기존 정당정치에 대한 염증과 불신으로부터 원동력을 얻고 있다. 네바다에서 개혁운동을 이끌고 순위선택투표제의 도입을 주창하고 있는 PAC인 Nevada Voter First의 대변인 드레이퍼(Mike Draper)는 "유권자들은 좌절하고 있다. 그들은 당선된 정치인들이 유권자보다는 정당만을 바라보고 있어 투표도 별 의미를 갖지 못한다고 생각한다"라며 기존 정당정치에 대한 유권자 불만이 초당적 예비선거와 순위선택투표제에 대한 지지를 확산시키고 있다고 지적한다(Vasilogambros 2022). 이러한 변화에 대한 호의적 분위기를 반영해, 순위선택투표제의 전국적 확산을 주장하는 비영리단체 FairVote의 연구부장 오티스(Deb Otis)는 "순위선택투표제를 사용하는 곳이 향후 수년에 걸쳐 주법과 주민발의를 통해 10배 정도 증가할 것이다"라고 예상한다(Vasilogambros 2022).

그러나 다른 한편으로 볼 때, 낙관하기에는 현실이 만만치 않다. 2022년 선거에서 순위선택투표제가 주민투표에서 거부된 경우들도 있다. 워싱턴 주의 San Juan 카운티 주민투표에서 57%의 반대로 부결되었고, 같은 워싱턴 주의 Clark 카운티에서도 58%의 반대로 부결되었다(Blankinship 2022). 2년 전인 2020년 11월 매사추세츠 선거에서는 주지사 등 주 정부 고위직, 주 의원직, 연방하원의원직 및 상원의원직, 일부 카운티의 집행부 고위직 등의 선출을 위해 예비선거 및 본선거를 2022년부터 순위선택투표제로 바꿔 실시하자는 주민투표가 부결된바 있다. 찬성표 1,549,919(45.22%) 대 반대표 1,877,447(54.78%)로서 예상보다 표차가 컸다. 당시 대부분의 현역 의원들은 찬성 입장이었고 매사추세츠에서 압도적 지지를 받고 있는 민주당도 찬성을 표명했으나 그런 결과가 나온 것이다. 당시 찬성자들은 기존 정당정치의 폐해를 강조하며 새로운 선거제도로 변혁의 실마리를 찾자고 외쳤으나 매사추세츠 유권자를 충분히 설득

하는 데 실패했다.[8]

매사추세츠 주에서 순위선택투표제에 대한 반대는 주로 공화당 지지층, 전원지역, 상대적 저학력층에서 강했다. 당시 주지사였던 공화당의 베이커(Charles Baker)와 부주지사 폴리토(Karyn Polito)도 반대 입장이었다. 매사추세츠 내에서는 민주당 인사들이 거의 다 순위선택투표제에 찬성이었지만, 주 바깥에는 반대하는 민주당 인사들도 많았다. 예를 들어, 캘리포니아의 전현임 주지사로서 민주당 소속인 브라운(Jerry Brown 1975-83, 2011-19)과 뉴섬(Gavin Newsom 2019-현재)은 이 제도가 너무 복잡하고 결과를 예측하기 힘들어 유권자가 명확한 판단과 합리적 선택으로 자기 뜻을 표출하는 데 한계가 크다고 부정적인 입장을 밝혔다.[9] 2, 3순위의 선호로 억지로 가짜 과반수를 만들 뿐이지 진정한 과반 유권자의 뜻으로 당선자를 내는 것이 아니라는 것이다.

이처럼 민주당 내에도 부분적으로 반대의 소리가 들리지만, 공화당에서는 부정적 기류가 더 강하게 팽배하다. 순위선택투표제에서 공화당이 손해를 보는 경향이 있다는 데서 그 이유를 짐작할 수 있다. 예를 들어, 각주 5)에서 논했듯이, 2018년 메인 주 연방하원의원 선거에서 공화당 소속의 현직자 폴리퀸(Bruce Poliquin)은 1순위 표에서는 민주당 후보 골든(Jared Golden)에 앞서 최다 득표를 했으나(46.3% 대 45.6%) 2차 라운드 집계에서 근소한 차(49.4% 대 50.6%)로 패배하였다. 또한, 전술한 대로 2022년 8월 알래스카 연방하원의원 보궐선거에서 민주당 펠톨라가 순위선택투표 방식으로 공화당의 강력한 후보들을 제치고 당선되자 공화당 소속인 아칸소 상원의원 코튼(Tom Cotton)은 앞서 부정선거 음모론을 제기한 트럼프를 흉내 내며 순위선택투표는 부정선거 사기의 도구라고 트위터 메시지를 올렸다(Vasilogambros 2022). 각 당의 예비선거의 경우에도 민주당은 근래 들어 알래스카, 하와이, 캔자스, 네바다, 와이오밍 등에서 순위선택투표제를 사용하기 시작한 반면, 공화당은 그러한 움직임에의 동참이 상대적으로 저조하다.

---

8 ballotpedia.org/Massachusetts_Question_2_Ranked_Choice_Voting-Initiative_ (2020). 검색일 2022년 11월 26일.

9 상게 사이트.

공화당보다 민주당에 더 큰 이득을 준다는 인식이 퍼진다면 순위선택투표제는 미국 전역에 넓게 확산되기가 힘들어진다. 공화당이 응하지 않는 상황에서 그 채택에 강한 추동력이 가해질 수 없다. 물론 정당정치에 대한 유권자의 불신이 워낙 깊어졌고 정당 간 양극적 대립에 대한 국민적 환멸이 워낙 커서 무언가의 제도개혁이 필요하다는 인식에 있어서는 공감대가 형성되어 있다. 특히 선거를 둘러싼 잡음과 충돌이 크므로 제도개혁이 선거 영역에서 이뤄져야 한다는 데도 의견이 모아질 것이다. 그러나 순위선택투표제는 이 글에서 논한 바대로 양쪽의 극단적 정치세력보다는 온건 중도의 입장에 유리할 수 있어서, 이미 극단적 성향의 액티비스트들이 포진한 양당, 특히 강경 보수인사들의 극단성이 더 두드러져 보이는 공화당에서 이 새 제도에 대한 지지가 반대를 극복할 것이라고 전망하기는 어려워 보인다. 다만, 미국의 일부 지역에서 시행되고 있는 순위선택투표제가 앞으로 몇 년 동안 온건 중도의 합리적인 인사들을 당선시키되 너무 특정 정당에게만 유리하지 않은 결과를 낸다면 장기적으로 서서히 긍정적인 반향과 호응이 따라올 수 있을 것이다.

VI. 결론: 선거제도의 변화와 지속성

이상의 논의를 두 가지로 요약하면, (i) 알래스카가 미국 주(州) 중 메인에 이어 두 번째로 도입해 2022년 선거에서 시행한 순위선택투표제는 양극적 대결의 완충, 중도적 목소리의 촉진이라는 효과를 내는 것으로 보이나, (ii) 전국적 확산을 기대하기에는 현실의 장벽이 높아 보인다. 이러한 주장은 체계적이고 엄밀한 비교분석을 요구하나, 여기서는 알래스카 사례를 통해 탐색 수준에서 논하였다. 이 글은 미국을 중심 범위로 삼지만, 부가적으로 미국 외의 다른 나라들에서 순위선택투표제가 공감을 얻어 확산될 수 있을지 생각해보자. 물론 부가적으로 다루기에는 너무 방대한 관찰과 엄밀한 분석을 요하는 사안이다. 그러므로 향후의 연구 과제를 찾는 차원에서 이에 대해 대강의 방향만 짚어본다.

한편으로, 선거제도는 잘 바뀌지 않는 일반적 경향이 있다(Bowler 2006). 첫 번째 이유는 불확실성이다. 선거제도의 변경이 어떤 결과를 가져올지 큰 불확실성이 따른다. 특히 순위선택투표제처럼 익숙하지 않은 선거제도일수록, 복잡한 제도일수록, 그 효과의 불확실성이 크다. 두 번째 이유는 현 제도에서 당선된 정치인들로서는 제도를 바꿀 동기가 약하다. 현 제도의 수혜를 받았는데 제도 변경이라는 도박을 할 이유가 없다. 이러한 일반 경향에 따라 순위선택투표제 역시 널리 확산되기 쉽지 않을 것이다. 만약 제도 변화의 동인들인 당위적 인식, 유권자 압력, 정치인들의 이익이 잘 맞물린다면 기존 제도를 바꾸자는 분위기가 확 퍼질 수도 있다. 그러나 나라마다 상황이 다르겠지만, 순위선택투표제가 당위적으로 우월한 가치를 지닌다고 사회적 인식이 잘 모아질 것 같지 않고, 기존 제도에 대한 유권자의 막연한 불만이 순위선택투표라는 특정 제도를 향한 구체적 압력으로 연결되기에도 어려움이 있을 것이고, 제로섬 갈등에 갇힌 정치인들이 순위선택투표제를 선뜻 채택할 만큼 공감대를 형성하기에는 상당한 난관이 있을 것이다. 그러므로 미국의 주, 시, 군에서처럼 지방 차원의 순위선택투표제 채택은 부분적으로 가능할 수 있겠으나, 미국에 비해 중앙집권적이고 선거제도가 전국적으로 통일되어 있는 우리나라 등 여타 국가들에서 순위선택투표제가 전면 확산되기는 힘들어 보인다.

그러나 다른 한편으로 생각해 볼 때, 외부적 충격으로 제도 변화의 상기 동인들이 작용하면 순위선택투표제에 대한 호의적 조건이 형성될 수 있다. 특히, 근래 정치적 양극화의 심화로 인한 민주주의 체제의 거버넌스 위기는 그러한 외부적 충격이 될 수 있다. 양극화를 완충하고 중도 온건의 가치를 살려 거버넌스 위기를 극복할 수 있는 제도에 대한 각국의 국민적 갈망이 순위선택투표제에 추동력을 제공할 수 있다. 순위선택투표제가 단기에 널리 보급되지는 않겠으나 향후 미국에서 어떠한 결과를 내고 어떠한 평가를 받는지에 따라 장기적으로는 세계 곳곳에서 진지한 논의의 대상이 될 수 있다. 이미 호주, 아일랜드 등에서 오랜 경험이 있지만, 세계적인 영향력이 훨씬 더 큰 미국에서 순위선택투표제가 긍정적인 평가를 받는다면 그 여파는 매우 클 것이다. 특히 정치 양극화의 심화와 중도의 약화에 대한 우려는 미국만의 일이 아니고 우리나라를 비롯한 각국의 공통 관심사가 된 만큼, 순위선택투표제의 양극화 완충 효과와 중도정치 촉진 효과가 그 여부, 정도, 부작용 등과 관련해 큰 관심을 끌 수 있다. 물론 각국마다 상당히 다른 정치적 맥락에 놓여 있으므로 순위선택투표제가 어떤 전망을 낳고 어떤 평가를 받을지는 천차만별일 것이다. 보다 다양한 사례와 다각적인 측면에 대한 정교한 분석이 요구되는 사안으로서 향후 정치학계의 중요한 연구 과제로 보인다.

참고문헌

Anthony, Joseph, Amy Fried, Robert Glover & David C. Kimball. 2021. "Ranked Choice Voting in Maine from the Perspective of Local Election Officials." Election Law Journal. 20(3), 254-271.

Atkinson, Nathan & Scott C. Ganz. 2022. "The Flaw in Ranked-Choice Voting: Rewarding Extremists." The Hill, October 30. https://thehill.com (accessed 12 November 2022).

ballotpedia.org/Jared_Golden (accessed 26 November 2022).

ballotpedia.org/Massachusetts_Question_2,_Ranked_Choice_Voting-Initiative_(2020). (accessed 26 November 2022).

Bean, Clive. 1997. "Australia's Experience with the Alternative Vote." Representation 34(2): 103-110.

Blankinship, Donna Gordon. 2022. "Seattle Narrowly Approves Ranked-choice Voting." Crosscut, November 23. https://crosscut.com/politics/2022/11/… (accessed 26 November 2022).

Bowler, Shaun. 2006. "Electoral Systems." in The Oxford Handbook of Political Institutions, edited by R. A. W. Rhodes, Sarah A. Binder, & Bert A. Rockman, 577-594. Oxford: Oxford University Press.

Cochrane, Emily. 2022a. "Lisa Murkowski Wins Re-election in Alaska, Beating a Trump-Backed Rival." The New York Times. Nov. 23.

_____. 2022b. "Mary Peltola Wins Bid to Serve Full Term in the House for Alaska." The New York Times. Nov. 23.

Coll, Joseph A. 2021. "Demographic Disparities Using Ranked-Choice Voting? Ranking Difficulty, Under-Voting, and the 2020 Democratic

Primary." Politics and Governance 9(2): 293-305.

Cox, Gary W. 1997. Making Votes Count: Strategic Coordination in the World's Electoral Systems. Cambridge: Cambridge University Press.

Curtice, John & Michael Marsh. 2014. "Confused or Competent? How Voters Use the STV Ballot Paper." Electoral Studies 34: 146-158.

Donovan, Todd, Caroline Tolbert & Kellen Gracey. 2016. "Campaign Civility under Preferential and Plurality Voting." Electoral Studies 42: 157-163.

_____ . 2019. "Self-reported Under-standing of Ranked-choice Voting." Social Science Quarterly 100(5): 1768-1776.

Endersby, James W. & Michael J. Towle. 2014. "Making Wasted Votes Count: Turnout, Transfers, and Preferential Voting in Practice." Electoral Studies 33: 144-152.

fairvote.org/our-reforms/ranked-choice-voting. (accessed 1 December 2022).

Farrell, David M. & Richard S. Katz. 2014. "Assessing the Proportionality of the Single Transferable Vote." Representation 50(1): 13-26.

_____ & Ian McAllister. 2006. "Voter Satisfaction and Electoral Systems: Does Preferential Voting in Candidate-centered Systems Make a Difference?" European Journal of Political Research 45(5): 723-749.

Fraenkel, Jon & Bernard Grofman. 2004. "A Neo-Downsian Model of the "Alternative Vote as a Mechanism for Mitigating Ethnic Conflict in Plural

Societies." Public Choice 121: 487-506.

Germer, Matt. 2022. "Ranked Choice Voting Is Working in Alaska." https:// www.rstreet.org/2022/12/01/ranked-choice-voting-is-working-in-alaska (accessed 7 December 2022).

Hilman, Anne. 2022. "Why Alaska Uses Ranked Choice Voting and What We Know about How It Affects Elections." Alaska Public Media. September 15. https://alaskapublic.org/2022/09/15/why-alaska-uses-ranked-choice-voting-and-what-we-know-about-how-it-affects-elections/ (accessed 12 November 2022).

John, Sarah E., Haley Smith & Elizabeth Zack. 2018. "The Alternative Vote: Do Changes in Single-member Voting Systems Affect Descriptive Representation of Women and Minorities?" Electoral Studies 54: 90-102.

Juelich, Courtney L. & Joseph A. Coll. 2021. "Ranked Choice Voting and Youth Voter Turnout: The Roles of Campaign Civility and Candidate Contact." Politics and Governance 9(2): 319-331.

Kropf, Martha. 2021. "Using Campaign Communications to Analyze Civility in Ranked Choice Voting Elections." Politics and Governance 9(2): 280-292.

Maloy, J. S. & Matthew Ward. 2021. "The Impact of Input Rules and Ballot Options on Voting Error: An Experimental Analysis." Politics and Governance 9(2): 306-318.

Marsh, Michael. 2007. "Candidates or Parties? Objects of Electoral Choice in Ireland." Party Politics 13(4): 500-527.

McDaniel, Jason A. 2016. "Writing the Rules to Rank the Candidates: Examining the Impact of Instnat-Runoff Voting on Racial Group Turnout in San Francisco Mayoral Elections." Journal of Urban Affairs 38(3): 387-408.

_____. 2018. "Does More Choice Lead to Reduced Racially Polarized Voting? Assessing the Impact of Ranked-Choice Voting in Mayoral Elections." California Journal of Politics and Policy 10(2): 1-24.

Miragliotta, Narelle & Campbell Sharman. 2014. "Managing Midterm Vacancies: Institutional Design and Partisan Strategy in the Australian Parliament, 1901-2013." Australian Journal of Political Science 52(3): 351-366.

Neely, Francis & Corey Cook. 2008. "Whose Votes Count? Undervotes, Overvotes, and Ranking in San Francisco's Instant-runoff Elections." American Politics Research 36(4): 530-554.

Nielson, Lindsay. 2017. "Ranked Choice Voting and Attitudes toward Democracy in the United States: Results from a Survey Experiment." Politics & Policy 45(4): 535-570.

Norris, Pippa. 2004. Electoral Engineering: Voting Rules and Political Behavior. Cambridge: Cambridge University Press.

Peters, Jeremy W. 2022. "Sarah Palin Loses as the Party She Helped Transform Moves Past Her." The New York Times. Nov. 23.

Terrell, Cynthia Richie, Courtney Lamendola & Maura Reilly. 2021. "Election Reform and Women's Representation: Ranked Choice Voting in the U.S."

참고문헌

Politics and Governance 9(2): 332-343.

Tolbert, Caroline J. & Daria Kuznetsova. 2021. "Editor's Introduction: The Promise and Peril of Ranked Choice Voting." Politics and Governance 9(2): 265-270.

Vasilogambros, Matt. 2022. "Don't Vote for Just One: Ranked Choice Voting Is Gaining Ground." Originally on Stateline (The Pew Charitable Trusts). December 2. Re-published in Indiana Capital Chronicle. December 7. https://indianacapitalchronicle.com/2022/12/07/dont-vote-for-just-one-ranked-choice-voting-is-gaining-ground/ (accessed 9 December 2022).

중간선거 경합지역 사례분석과 정치적 함의

Ⅰ. 서론

Ⅱ. 사례 분석: 경합 주 상원의원, 주지사 선거 결과 비교

Ⅲ. 결론

중간선거 경합지역 사례분석과 정치적 함의

이종곤(이화여자대학교)

I. 서론

　2022년 미국 민주당은 상당한 정치·경제적 악재 속에 중간선거를 치러야 했다. 2019년 12월 코로나 팬데믹의 영향으로 경기가 침체하자 이를 극복하기 위해 시행했던 양적완화와 금리인하는 2022년 초엽부터 물가상승 압력으로 돌아왔다. 이에 더하여 2022년 2월 24일 러시아가 우크라이나 침공을 결정하자 물가상승의 주범인 유가(油價)는 더욱 크게 상승하며, 인플레이션을 부채질하였다. 전년 대비 미국 소비자 물가지수는 2022년 6월에 9.1%로 정점을 찍었으며, 선거 직전까지도 해당 수치는 8% 정도를 유지하였다. 정상적인 물가상승률이 2%대임을 감안하면 선거 시점까지 물가 상승 압력이 상당히 높았음을 알 수 있다. 물가를 낮추기 위해 미국 연방준비제도(Federal Reserve System)는 2022년 한 해 내내 지속적으로 기준금리를 올려, 2022년 초엽 0~0.25%이던 기준금리는 선거 시점에 3.75~4.0%까지 상승하였다. 이 같은 경제 악재에 바이든 대통령의 건강 이상설까지 겹치며 언론 매체와 일부 전문가들은 민주당이 2022년 중간선거에서 크게 패배할 것이라고 예상하였다(e.g., Dorn 2022).

　하지만 민주당은 2022년 중간선거에서 하원 다수당 지위를 잃었음에도 불구하고, 상원 다수는 유지하였다. 2022년 12월 6일 결선투표가 행해진 조지아(Georgia)를 포함하여 117대 의회의 모든 상원 의석을 수성(守城)하였을 뿐 아니라, 심지어 팻 투미(Pat Toomey; R-PA) 현역 상원의원이 불출마한 펜실베니아(Pennsylvania) 상원 의석까지 추가로 확보하며, 민주당 상원 의석을 1석 추가하였다. 주지사 선거에서는 네바다(Nevada) 현역 주지사인 스티브 시솔락(Steve Sisolak; D-NV)이 공화당의 조 롬바르도(Joe Lombardo; R-NV) 후보에게 1.5%p의 근소한 차이로 패했지만, 공화당 주지사가 있는 애리조나(Arizona), 매사추세츠(Massachusetts), 메리랜드(Maryland)에서 민주당 후보들이 승리하며 민주당 주지사 인원수를 기존의 22명에서 24명으로 늘렸다.

선거 결과가 공식화된 후, 민주당의 상원의원 및 주지사 선거 승리와 관련하여 두 정당의 주요 인사들은 선거 승리와 패배에 대한 각자의 의견들을 제시하였다. 조 바이든(Joe Biden) 대통령은 언론 매체와의 인터뷰에서 민주당 선거 승리는 민주당 후보자들의 훌륭한 자질을 반영한 결과라고 이야기하였다(Bose 2022).[1] 유사한 관점에서 민주당 상원 당대표인 척 슈머(Chuck Schumer; D-NY)는 트위터를 통해 공화당은 도널드 트럼프(Donald Trump) 전 대통령을 추종하는 극단적인 MAGA(Make America Great Again) 후보들을 공천한 반면, 민주당은 (입법 성과와 더불어) 강력한 후보자들을 공천했기에 선거 승리할 수 있었다고 평가하였다.[2]

반면 공화당에서는 친(親)트럼프 의원들과 반(反)트럼프 의원들이 서로에게 선거 패배 책임을 떠넘기려 하는 모습이 연출되었다. 친트럼프 진영에서는 트럼프 전 대통령이 아니라 공화당 지도부의 무능으로 인해 공화당이 상원 다수를 놓쳤다고 주장하였다. 대표적인 친트럼프 의원인 맷 게이츠(Matt Gaetz; R-FL)는 트위터를 통해 공화당 지도부 인사들을 "McFailure"라는 말로 한꺼번에 비판하였다(Loh 2022).[3] 하지만 반트럼프 공화당 인사들인 애덤 킨징거(Adam Kinzinger; R-IL), 리즈 체니(Liz Cheney; R-WY) 등의 트럼프 전 대통령 탄핵안에 찬성했던 의원들과 래리 호건(Larry Hogan; R-MD) 메리랜드 주지

---

1 원문은 다음과 같다: "I think it's a reflection of the quality of our candidates."

2 원문은 다음과 같다: "While SenateDems ran with strong candidates & a strong legislative record: Republicans ran with extreme MAGA candidates. ⋯ America rejected it and voted for SenateDems."

3 공화당 상원 당대표 미치 맥코넬(Mitch McConnell; R-KY), 하원 당대표 케빈 매카시(Kevin McCarthy; R-CA), 공화당 전국위원회 의장 론나 맥다니엘(Ronna McDaniel)을 일컫는다.

사 등 중도 성향 인사들은 트럼프 전 대통령이 선거 패배 책임을 져야 한다고 주장하였다. 그들은 트럼프 전 대통령이 경선 과정에 깊이 개입하여 정치 경력이 높은 후보들을 배제하고 자신을 극단적으로 추종하는 후보들만이 경선 승리하게끔 조력했으며, 그 결과 공화당 본선 성적에 부정적인 영향을 끼쳤다고 말하였다(Marley et al. 2022).

선거 결과에 대한 의견들 중 민주당 주요 정치인들과 공화당 반트럼프 의원들이 공통적으로 언급한 사항은 후보들의 정치적 자질 및 특성과 밀접하게 관련되어 있다. 그들은 트럼프 전 대통령의 경선 개입으로 인해 정치 경력이 높은 공화당 후보들이 은퇴하거나 경선 탈락했음에 반해, 민주당에서는 상대적으로 경쟁력 있는 후보들이 출마할 수 있었기에 민주당이 본선에서 선전할 수 있었다고 주장했다. 실제로 경선 개입을 최대한 자제했던 바이든 대통령에 비해 트럼프 전 대통령은 상원 경선에서 20여 명, 하원 경선에서는 150명에 이르는 이들에게 선거지지(endorsement)를 표명하였다. 그리고 이를 바탕으로 본선에 오른 상당수의 공화당 후보들은 선거 기간 내내 자질 논란에 휩싸였다.[4] 예를 들어 펜실베니아의 메멧 오즈(Mehmet Oz; R-PA), 조지아의 허쉘 워커(Herschel Walker; R-GA) 상원의원 후보들은 각각 전직 외과의사, 미식축구 선수였기에 정치 경력이 거의 전무하였다. 또한, 그들은 출마한 주에서 주요 경력을 쌓지도 않았기 때문에 선거 기간 동안 카펫배거(carpetbagger)라는 비판을 받았다. 그럼에도 두 후보들은 트럼프 전 대통령의 선거지지를 발판으로 공화당 공천을 받을 수 있었다. 하지만 결국 자질 문제들이 불거지기 시작하며 지지율이 하락하였고 본선에서 펜실베니아 부지사(lieutenant governor)인 존 페터만(John Fetterman; D-PA)과 현직 조지아 상원의원인 라파엘 워녹(Raphael Warnock; D-GA)에게 패배하였다.

이처럼 2022년 중간선거와 관련하여 후보들의 자질, 특히 정치 경력과 개인적 특성 같은 요소들이 본선 결과에 상당한 영향을 준 것으로 보인다. 해당 논의와 관련하여 본 장에서는 2022년 상원의원 선거와 주지사 선거를 중심

---

4 바이든 대통령은 경선 기간 중에 하원 후보 3명만을 선거지지하였고, 경선 이후 2명의 상원 후보들을 지지 표명하였다.

으로 민주당과 공화당 후보들의 정치적 자질들이 선거 결과에 어떠한 영향을 미쳤는지 경합 주 사례를 통해 분석하고자 한다.

II. 사례 분석: 경합 주 상원의원, 주지사 선거 결과 비교

미국 유권자들의 투표 행태를 설명함에 있어 가장 중요한 변수는 당연히 정당 일체감(party identification)이다(Converse 1964; Miller 1991; Rahn 1993). 하지만 정당 일체감만이 투표 행태에 영향을 미치는 유일한 변수는 아니며(Lau and Redlawsk 2001), 정치 경력과 후보-출마 지역 간 관계 등의 변수들도 투표 행태에 영향을 미칠 수 있다. 만약 정당 일체감이 투표 행태에 절대적인 영향을 미친다면 상원의원과 주지사 선거에서 승리한 정당이 모든 주에서 같아야 하지만, 2022년 중간선거에서는 〈그림 1〉과 같이 6개의 주에서 두 선거 결과가 다르게 나타났다. 즉, 단순히 특정 주의 정당 일체감뿐 아니라 유권자들의 정치 경험, 출생지, 인종 등의 요인들이 해당 결과의 원인이 되었음을 짐작할 수 있다. 이와 관련하여 상원과 주지사 선거 결과가 달랐던 경합 주 사례들을 중심으로 어떠한 요인들이 상원과 주지사 선거 결과의 차이점을 낳았는지 검토하고자 한다.

[그림 1] 상원과 주지사 선거 결과가 다른 주

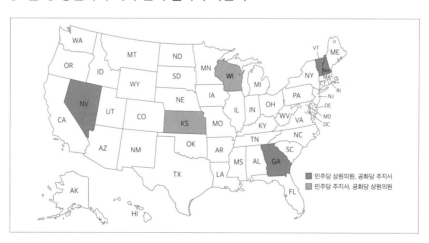

[표 1] 상원과 주지사 선거 결과가 다른 주 후보들의 현직 여부

주	상원의원 선거 후보자				주지사 선거 후보자			
	민주당		공화당		민주당		공화당	
	이름	경력	이름	경력	이름	경력	이름	경력
GA	Raphael Warnock	현직 상원의원	Herschel Walker	전직 미식 축구 선수	Stacey Abrams	전직 주하원 당대표	Brian Kemp	현직 주지사
NH	Maggie Hassan	현직 상원의원	Don Boldoc	전직 군인	Tom Sherman	현직 주 상원의원	Chris Sununu	현직 주지사
NV	Catherine Cortez Masto	현직 상원의원	Adam Laxalt	전직 NV 주법무 장관	Steve Sisolak	현직 주지사	Joe Lombardo	클라크 카운티 치안총감
WI	Mandela Barnes	현직 부지사	Ron Johnson	현직 상원의원	Tony Evers	현직 주지사	Tim Michels	사업가
KS	Mark Holland	전직 캔자스 시티 시장	Jerry Moran	현직 상원의원	Laura Kelly	현직 주지사	Derek Schmidt	KS 주법무 장관
VT	Peter Welch	현직 하원의원	Gerald Malloy	전직 군인	Brenda Siegel	거주, 마약 정책 활동가	Phil Scott	현직 주지사

Note: 음영으로 처리된 인물들이 2022년 선거 당선자

상원의원, 주지사 선거 결과가 다른 현상이 나타난 가장 직접적인 원인은 일단 현직 효과와 관련된 것으로 보인다. 〈표 1〉에서 나타난 것과 같이 상원의원, 주지사 선거 결과가 다른 6개의 주에서 행해진 12개의 선거 중 11개의 선거에서 현직자가 승리하였다. 특히 주지사 임기가 2년으로 다른 지역보다 짧은 버몬트(Vermont)와 뉴햄프셔(New Hampshire)에서는 현직 효과가 보다 명확하게 나타났다. 버몬트 주지사 선거에서는 공화당의 후보이자 현역 주지사인 필 스캇(Phil Scott; R-VT)이 특별한 정치적 경험이 없는 민주당의 브렌다 시겔(Brenda Siegel; D-VT)을 상대로 45%p 이상의 득표율 차이로 승리하였다. 특히 그가 2016년 최초로 주지사에 당선되었을 때 그와 민주당 후보와

미국 중간선거 분석

의 득표 차이는 8.7%p에 불과했지만, 2년 뒤에는 그 차이가 14.9%p로 커졌으며, 2020년에는 41.1%p, 2022년에는 45%p에 이르렀다. 즉, 현직으로 재임하며 현직 효과가 점차 강해진 것으로 보인다. 그리고 상원의원 선거에서는 현직 하원의원인 민주당의 피터 웰치(Peter Welch; D-VT) 후보가 전직 군인 출신으로 정치 경험이 거의 없는 공화당의 제럴드 말로이(Gerald Malloy; R-VT)를 40%p 이상의 득표율 차이로 이겼다.

이러한 강한 현직 효과는 뉴햄프셔에서도 나타났다. 뉴햄프셔의 공화당 현직 주지사인 크리스 수누누(Chris Sununu; R-NH)는 민주당의 톰 셔먼(Tom Sherman; D-NH) 후보를 15%p 이상의 득표율 차이로 이겼다. 상원의원 선거에서는 민주당 현역 상원의원인 매기 하산(Maggie Hassan; D-NH)이 공화당의 전직 군인 출신의 도널드 볼덕(Donald Bolduc; R-NH)을 9%p 이상의 득표율 차이로 누르고 당선되었다. 이러한 사례들을 통해 정당 일체감 못지않게 현직 효과가 득표율 결정에 상당히 큰 영향을 미친다는 것을 확인할 수 있다.

[표 2] 경합 주 상원의원, 주지사 선거 결과

상원/주지사 표 차이	주	현직 정당/상원의원 당선 정당 (득표차)	현직여부/주지사 당선 (득표차)	상원/주지사 선거 결과 다름
두 선거 모두 5%p 이내	AZ	민주/민주 (4.9%p)	현직 없음/민주 (0.6%p)	×
	NV	민주/민주 (0.9%p)	민주/공화 (1.5%p)	o
	WI	공화/공화 (0.5%p)	민주/민주 (3.4%p)	o
상원 선거만 5%p 이내	GA	민주 현직/민주 (0.9%p, Runoff: 2.8%p)	공화/공화 (7.5%p)	o
	PA	현직 없음/민주 (4.9%p)	현직 없음/민주 (14.8%p)	×
주지사 선거만 5%p 이내	KS	공화/공화 (23.2%p)	민주/민주 (2.1%p)	o
	OR	민주/민주 (14.6%p)	현직 없음/민주 (3.4%p)	×

Note: NC에서는 공화당 후보가 3.2%p 차이로 승리했으나, 주지사 선거가 없었기 때문에 표에서 제외하였다.

하지만 강한 현직 효과에도 불구하고 <표 1>에 나타난 것과 같이 네바다 현직 주지사인 스티브 시솔랙은 재선에 실패하였다. 또한, 현직 효과 이외의 정치 경험 등의 요인들도 득표율에 큰 영향을 미친다는 것을 버몬트와 뉴햄프셔의 예를 통해 짐작할 수 있다. 앞선 예의 버몬트와 뉴햄프셔는 현직자 출마, 선거 제도, 주의 규모와 위치 측면에서 상당히 유사하다. 하지만 버몬트 주지사 선거에 출마한 브렌다 시겔은 선출직 공무원 등의 경력이 전혀 없었던 반면, 뉴햄프셔 주지사 후보로 출마한 민주당의 톰 셔먼은 주하원의원과 주상원의원을 지내는 등 다양한 정치 경력을 쌓아온 인물이었다. 그리고 이를 반영하듯 버몬트와 뉴햄프셔 주지사 선거에서의 승자와 패자 간 득표율 격차는 각각 45%p, 15%p로 큰 차이를 보였다.

또한, 상원의원, 주지사 선거에서 같은 정당의 후보자가 당선된 경우에도 득표율에서 상당한 차이가 나타나는 경우도 많았다. 예를 들어, 뉴욕(New York)에서는 상원과 주지사 선거에 모두 민주당 현직자인 척 슈머와 케이시 호철(Kathy Hochul; D-NY)이 나서 승리했는데, 공화당 후보와의 득표 격차는 각각 13.2%p, 5.8%로 상당한 차이가 있었다. 펜실베니아에서는 현직자가 출마하지 않은(open seat) 상원의원 및 주지사 선거에서 모두 민주당 후보가 승리했으나, 공화당 후보와의 득표율 차이는 각각 4.9%p, 14.8%p로 상당한 격차를 보였다. 이러한 결과는 현직 효과 이외에도 후보자들의 출신지나 정치 경력이 투표 결과에 영향을 미쳤기 때문으로 여겨진다.

이와 관련하여 현직 효과, 정치 경력, 출생지, 인종 등의 변수들이 실제로 후보들의 득표율에 어떠한 영향을 주었는지 사례를 통해 보다 자세히 살펴보고자 한다. 정당 일체감과 현직 효과가 강하게 나타날 경우 해당 변수들의 효과를 경험적으로 관찰하기 힘들기 때문에, 정당 일체감과 현직 효과가 상대적으로 낮은 주의 사례들을 분석하려 한다. 정당 일체감이 상대적으로 낮은 주들을 선별하기 위해 <그림 1>, <표 1>에 제시한 상원의원 선거 결과와 주지사 선거 결과가 상이한 주들을 대상으로 하였다. 그리고 이 중에서도 현직자가 출마하였음에도 후보 간 득표율 차이가 작았던 주들을 선별하였다. <표 2>는 상원의원, 주지사 선거 결과가 5%p 미만인 경합 주들을 나타내고 있는데, 이들 중 조지아, 네바다, 캔자스(Kansas), 위스콘신(Wisconsin)에서는 상원의원, 주지사 선거 결과가 달랐다. 이 두 가지 기준에 의해 제시된 4개의 주들을 주요 사례로 선정하였다. 그리고 이에 더하여 애리조나 사례 역시 분석에 포함하였다. 애리조나는 상원의원, 주지사 선거에서 모두 민주당이 승리하였지만, 민주당과 공화당 후보들의 득표율 격차는 불과 5%p 미만이었으며, 특히 주지사 선거에서는 단 0.6%p에 불과했다. 그러므로 해당 주 역시 정당 일체감이 낮고, 현직 효과가 낮았던 주에 포함된다고 판단되어 애리조나까지 다섯 개의 주에 대한 사례 분석을 수행하였다. 해당 주들은 최근 민주당과 공화당의 정권 획득 관련 가장 중요한 주들이기도 하므로 사례 분석의 정치적 함의 또한 충분하다고 생각한다.

1. 애리조나 사례 분석

애리조나 지역에서 행해진 2022년 상원의원, 주지사 선거에서는 민주당 후보가 모두 승리를 거두었다. 상원의원 선거에서는 현직 상원의원인 마크 켈리(Mark Kelly; D-AZ)가 출마하여 공화당의 블레이크 마스터스(Blake Masters; R-AZ)를 4.9%p 차이로 이겼고, 주지사 선거는 현직자가 없는 상태로 치러져 민주당의 케이티 홉스(Katie Hobbs; D-AZ) 후보가 약 0.6%p 차이로 신승(辛勝)하였다. 즉, 두 선거에서 모두 민주당 후보가 5%p 이내의 아주 작은 득표율 차이로 승리하였지만, 현직자인 마크 켈리 후보의 득표율이 약 4%p 이상 높은 것을 생각할 때 애리조나에서도 현직 효과가 있었던 것으로 보인다. 특히 마크 켈리 후보의 득표수는 애리조나의 15개 카운티에서 모두 홉스 후보의 득표수보다 높았다. 즉, 두 선거에서의 득표율 격차는 기본적으로 현직 효과에 기인한 것으로 보인다.

[표 3] 애리조나 상원의원, 주지사 선거 결과

연도	상원의원 선거 (2016/2022)		주지사 선거 (2018/2022)	
	민주당	공화당	민주당	공화당
2016/2018	Ann Kirkpatrick 1,031,245 (40.8%)	John McCain 1,359,267 (53.7%)	David Garcia 999,341 (41.8%)	Doug Ducey 1,330,863 (56.0%)
	AZ 하원의원	AZ 상원의원	전 교육학자	AZ 주지사
2022	Mark Kelly 1,322,027 (51.4%)	Blake Masters 1,196,308 (46.5%)	Katie Hobbs 1,287,891 (50.3%)	Kari Lake 1,270,774 (49.7%)
	AZ 상원의원	전 벤처 캐피탈리스트	AZ 주무장관	전 뉴스 앵커

Note: 지도에서 푸른색으로 표시된 카운티는 민주당 후보가 승리한 지역이다.

[그림 2] 애리조나 카운티 및 주요 도시

하지만 2022년 선거 결과를 2016년의 상원의원 선거 및 2018년 주지사 선거와 비교할 때, 정치 경력에서 기인한 득표 효과를 발견할 수 있다. 애리조나의 상원의원, 주지사 선거에 출마한 민주당 후보 입장에서 선거에 가장 중요한 지역은 남서부, 특히 주도(州都)인 피닉스(Phoenix)가 위치하며 애리조나에서 가장 인구가 많은 마리코파(Maricopa) 카운티이다. 하지만 2016년 상원의원 선거에 출마했던 앤 커크패트릭(Ann Kirkpatrick; D-AZ)은 애리조나 북동부 아파치(Apache)와 나바조(Navajo) 카운티 사이에 위치한 맥나리(McNary) 출신으로, 해당 지역을 포함하는 AZ-01 지역구에서 연방하원의원으로 활동하였다. 즉, 그녀의 출생지 및 정치 경력을 쌓은 지역은 마리코파 카운티와 지리적으로 상당히 떨어져 있다. 이러한 이유로 인해 2016년 상원의원 선거에서 커크패트릭 후보는 마리코파 카운티가 대도시를 중심으로 하였음에도 불구하고, 해당 카운티에서 공화당 후보인 존 맥케인(John McCain; R-AZ)보다

낮은 득표를 하였다. 인구가 가장 많은 대도심 카운티에서 패한 커크패트릭 후보는 결국 본선에서 13%p에 가까운 격차로 낙선하였다. 2018년 주지사 선거에 나선 데이비드 가르시아(David Garcia; D-AZ)는 커크패트릭과 달리 피닉스 출신이기는 하였지만, 교육학자 출신으로 정치 경력이 거의 전무하였다. 결국 자신의 출생지가 위치한 마리코파 카운티에서조차 공화당 후보를 이기지 못하며 낙선하였다.

하지만 2022년에 애리조나에 출마한 마크 켈리, 케이티 홉스의 정치 경력은 2016년과 2018년에 출마한 커크패트릭, 가르시아의 경우와 달랐다. 민주당 상원의원 후보인 마크 켈리는 전직 우주비행사 출신으로 정치 경험이 높은 인물은 아니다. 하지만 그의 정치 경력 관련 이미지는 그의 아내인 가브리엘 기포즈(Gabrielle Giffords; D-AZ)와 연결되어 있다. 가브리엘 기포즈는 애리조나 남부의 피마(Pima) 카운티에 위치한 툭슨(Tucson) 출신이며, 마리코파 카운티 인근 지역구에서 주하원의원(2001-2003), 주상원의원(2003-2005)과 더불어 연방하원의원(2007-2012; AZ-08)까지 수행하였다. 즉, 마크 켈리 후보 자신은 마리코파 카운티와 관련한 정치 경력이 없지만, 아내인 기포즈 전 의원은 해당 지역에서 오랫동안 정치 경력을 쌓았다. 그리고 기포즈 전 의원이 테러를 당하며 정계를 은퇴한 뒤, 그녀의 남편인 마크 켈리는 마리코파 카운티를 정치 거점으로 하여 2020년 상원의원에 도전하여 당선되었다. 즉, 마크 켈리 후보는 2016년과 2018년의 민주당 후보들과 달리 마리코파 카운티와 관련하여 강한 정치 경력 이미지를 갖고 있었으며, 이를 기반으로 상원의원 선거에서도 승리한 것으로 보인다.

이와 달리 마크 켈리의 상대 후보인 공화당의 블레이크 마스터스는 콜로라도(Colorado) 출신이며, 어린 나이에 애리조나로 이주한 것은 사실이지만 그가 자란 지역은 마리코파 카운티가 아닌 피마 카운티의 툭슨이었다. 그리고 성년이 되고서는 애리조나를 떠나 캘리포니아 등지에서 대학 생활을 한 뒤, 샌프란시스코(San Francisco)에 위치한 티엘 캐피탈(Thiel Capital)에서 오랫동안 근무하였다. 즉, 그는 애리조나에 정치적 기반이 거의 없으며, 특히 마리코파 카운티와는 아무런 접점이 없다. 그 결과 해당 카운티에서 마크 켈리 후보와 블레이크 마스터스 후보의 득표 차이는 약 10만표에 이르렀다. 두 후보 간의 전체 표 격차가 12만표 정도에 불과함을 감안할 때, 마크 켈리·가브리엘 기포즈의 마리코파 카운티에서의 정치 경력이 애리조나 상원의원 선거에 얼마나 큰 영향을 끼쳤는지 짐작할 수 있다.

민주당 주지사 후보인 케이티 홉스(Katie Hobbs; D-AZ) 역시 피닉스 출신으로 피닉스 주변을 중심으로 한 주하원 15번째 지역구에서 주하원의원(2011-2013)으로 활동한 뒤, 피닉스 북부 근교의 주상원 24번째 지역구에서 주상원의원(2013-2019)으로 당선되었다. 즉, 케이티 홉스 후보 역시 마크 켈리·가브리엘 기포즈와 마찬가지로 마리코파 카운티에서 정치 경력을 쌓았다. 그리고 이를 바탕으로 마리코파 카운티에서 공화당의 카리 레이크(Kari Lake; R-AZ) 후보보다 약 37,000표 정도를 더 많이 획득하였다. 이는 애리조나 주지사 선거 전체 득표차인 약 10,000표의 3.7배에 해당하는 수치이다. 즉, 케이티 홉스 후보 역시 마리코파 지역에서의 정치 경력을 바탕으로 애리조나 주지사 선거에서 승리했다고 할 수 있다. 반면 공화당의 카리 레이크 후보는 애리조나가 아닌 일리노이(Illinois) 출신일 뿐만 아니라, 실질적으로 정치 경험이 거의 전무하였다. 물론 그녀는 피닉스에 위치한 KSAZ-TV 방송사 앵커로 활동하기는 했으나, 이러한 비정치적인 경력으로 마리코파 카운티에서 주하원의원과 주상원의원을 지낸 케이티 홉스 후보보다 높은 득표력을 보이는 것은 쉽지 않았다. 그러므로 2022년 선거 당시 애리조나의 보수화가 상당히 진행되었음에도 불구하고, 상원의원 및 주지사 선거에서 민주당 후보들이 마리코파 카운티에서의 선전을 바탕으로 승리할 수 있었다고 생각된다.

물론 애리조나의 선거 결과는 현직 효과와 부분적으로 관련되어 있다. 하지만 2016년, 2018년 선거 결과와 관련하여 생각할 때, 2022년 선거에 출마한 민주당 후보들의 마리코파 카운티에서의 정치 경력이 이들의 승리에 크게 기여한 것으로 보인다.

2. 조지아 사례 분석

조지아 상원의원 선거에서는 민주당의 라파엘 워녹 현직 상원의원이 전 미식축구 선수인 허쉘 워커에 승리한 반면, 주지사 선거에서는 민주당의 스테이시 에이브람스(Stacey Abrams; D-GA) 후보는 현직자인 브라이언 켐프(Brian Kemp; R-GA)에게 패배하였다. 이러한 결과는 현직 효과를 고려할 때, 당연한 결과이지만, 에이브람스 후보가 민주당에서 차기 대권주자로까지 언급될 정도로 인지도가 높음을 감안할 때, 워녹 후보가 어떻게 스테이시 에이브람스 후보에 비해 상대적으로 높은 득표를 할 수 있었는지 살펴볼 필요가 있다.

2022년의 조지아 상원의원, 주지사 선거 결과를 카운티별로 나누어 비교할 때, 워녹 후보는 에이브람스 후보가 패배한 제퍼슨(Jefferson), 섬터(Sumter), 클레이(Clay) 카운티에서 승리하였다(<그림 3> 참조). 하지만 해당 카운티는 소규모이기 때문에 워녹과 에이브람스, 두 후보의 표 격차는 세 카운티의 결과를 모두 합해도 400표가 채 되지 않는다. 출생지와 관련해서는 에이브람스 후보는 위스콘신 출신임에 반해, 워녹 후보는 조지아 사바나(Savannah) 출신이며, 해당 도시가 위치한 채텀(Chatham) 카운티에서 워녹 후보는 에이브람스 후보보다 4,000표 정도를 추가로 득표하였다. 하지만 해당 격차 역시 크지 않아 출생지 효과로 인해 워녹 후보와 에이브람스 후보의 선거 결과가 달라졌다고 말하기 힘들다. 그보다 친민주당 성향의 도심지에서 두 후보의 득표력이 어땠는지 공화당 후보들의 정치 경력과 더불어 살펴볼 필요가 있다.

[표 4] 조지아 상원의원, 주지사 선거 결과

연도	상원의원 선거 (2016/2022)		주지사 선거 (2018/2022)	
	민주당	공화당	민주당	공화당
2016/2018	Jim Barksdale 1,599,726 (41.0%)	Johnny Isakson 2,135,806 (54.8%)	Stacey Abrams 1,923,685 (48.8%)	Brian Kemp 1,978,408 (50.2%)
	사업가	GA 상원의원	전 GA 주하원의원	GA 주무장관
2022	Raphael Warnock 1,946,117 (49.4%)	Herschel Walker 1,908,442 (48.5%)	Stacey Abrams 1,813,673 (45.9%)	Brian Kemp 2,111,572 (53.4%)
	GA 상원의원	전 미식축구 선수	전 GA 주하원의원	GA 주지사

Note: 지도에서 푸른색으로 표시된 카운티는 민주당 후보가 승리한 지역이다.

[그림 3] 조지아 카운티 및 주요 도시

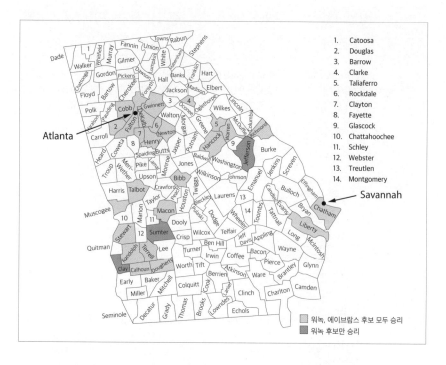

1. Catoosa
2. Douglas
3. Barrow
4. Clarke
5. Taliaferro
6. Rockdale
7. Clayton
8. Fayette
9. Glascock
10. Chattahoochee
11. Schley
12. Webster
13. Treutlen
14. Montgomery

■ 워녹, 에이브람스 후보 모두 승리
■ 워녹 후보만 승리

에이브람스 후보는 조지아 주하원 84번째 지역구와 89번째 지역구에서 오랫동안 주하원의원(2007-2017) 생활을 하였으며, 후에는 당대표(2011-2017) 까지 역임하였다. 그녀의 지역구는 애틀랜타(Atlanta) 근처의 풀턴(Fulton)과 디칼브(DeKalb) 카운티에 걸쳐 있기 때문에 해당 지역에서 높은 득표력을 가질 수 있었다. 라파엘 워녹 후보 역시 같은 지역에 위치한 에벤즈 침례교회 (Ebenezer Baptist Church)에서 2005년부터 선임 목사(Senior Pastor)로 근무하였고 현재까지도 애틀랜타에서 거주하고 있다. 즉, 두 민주당 후보는 모두 풀턴과 디칼브 카운티에서 경력을 쌓았으며, 두 후보 모두 해당 카운티에서 공화당 후보보다 많은 득표를 하였다.

하지만 에이브람스 후보가 상대한 공화당의 브라이언 켐프 후보는 애틀랜타와 그리 멀지 않은 클라크(Clarke) 카운티의 애틴즈(Athens) 출신일 뿐 아니라, 해당 지역을 포괄하는 조지아 주상원 46번째 지역구에서 주상원의원으로 2007년까지 재직한 뒤, 조지아 주무장관과 주지사로 선출된 인물이다. 즉, 켐프 후보는 풀턴과 디칼브 카운티 근교에서 정치 활동을 한 이력뿐 아니라 행정 경험까지 있다. 반면 공화당 상원의원 후보로 나선 허쉘 워커 후보는 카 펫 배거(carpet bagger)라는 비판을 받았을 뿐 아니라, 애틀랜타 지역을 포함 하여 조지아에서 정치 활동을 한 경험이 전혀 없다. 이러한 상대 후보의 정치 경력 차이를 반영하듯, 풀턴과 디칼브 지역에서의 라파엘 워녹 후보와 허쉘 워커 후보와의 득표차는 스테이시 에이브람스 후보와 브라이언 켐프 후보 간 의 득표차보다 약 65,000표나 더 많다. 즉, 조지아 주의 상반된 상원의원, 주 지사 선거 결과는 공화당 후보들의 정치 경력에 큰 영향을 받은 것으로 여겨 진다.

3. 캔자스 사례 분석

　〈표 5〉를 통해 캔자스의 상원의원 선거와 주지사 선거를 비교할 때, 민 주당의 로라 켈리(Laura Kelly; D-KS) 주지사 후보는 상원의원 선거 결과와는 달리 캔자스 주 북동부 지역 일부와 중남부 일부에서 승리했음을 알 수 있 다. 전통적으로 민주당 후보자들은 캔자스 시티(Kansas City) 근처의 와이언덧 (Wyandotte), 더글라스(Douglas), 존슨(Johnson) 카운티 등에서 높은 득표력을 보여왔다. 하지만 2016년, 2022년 상원의원 선거 결과와 같이 캔자스 시티 주변 카운티에서의 승리만으로는 주 전체에서 승리하는 것은 거의 불가능하 다. 그리고 이러한 사실은 2022년 중간선거에서 로라 켈리 주지사 후보와 마 크 홀랜드(Mark Holland; D-KS) 상원의원 후보의 선거 결과가 다른 이유와도 관련되어 있다. 마크 홀랜드 후보는 앞서 언급한 세 개의 카운티를 제외하고 모든 카운티에서 패배했음에 반해, 로라 켈리 후보는 캔자스 시티 인근의 세 카운티를 포함하여 캔자스 최대 도시들인 위치타(Wichita)와 토피카(Topeka) 가 각각 위치한 세지윅(Sedgwick), 쇼니(Shawnee) 카운티에서도 승리하였다. 그리고 이러한 차이가 캔자스의 상원의원, 주지사 선거 결과 격차로 이어졌 다고 할 수 있다.

[표 5] 캔자스 상원의원, 주지사 선거 결과

연도	상원의원 선거 (2016/2022)		주지사 선거 (2018/2022)	
	민주당	공화당	민주당	공화당
2016/ 2018	Patrick Wiesner 379,740 (32.2%) 세무사/공인회계사	Jerry Moran 732,376 (62.2%) KS 상원의원	Laura Kelly 506,727 (48.0%) KS 주상원의원	Kris Kobach 453,645 (43.0%) KS 주무장관
2022	Mark Holland 372,214 (37.0%) 전 캔자스 시티 시장	Jerry Moran 602,976 (60.0%) KS 상원의원	Laura Kelly 499,849 (49.5%) 현역 주지사	Derek Schmidt 477,591 (47.3%) KS 주상원의원

Note: 지도에서 푸른색으로 표시된 카운티는 민주당 후보가 승리한 지역이다.

[그림 4] 캔자스 카운티 및 주요 도시

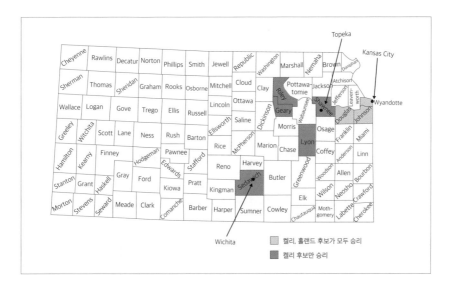

2022년 민주당 상원의원 후보였던 마크 홀랜드는 캔자스 시티 출신으로 2013년부터 2018년까지 캔자스 시티 시장을 역임한 경력을 가지고 있다. 그렇기 때문에 해당 시가 위치한 와이언덧 카운티를 비롯한 주변 카운티에서 낮지 않은 득표력을 보였다. 하지만 위치타, 토피카가 위치한 세지윅, 쇼니 카운티에서는 특별한 정치 경력이 없는 탓에 해당 지역이 도시 인접지임에도 불구하고 공화당 후보보다 높은 득표력을 보이지 못했다. 반면 로라 켈리 후보는 2018년 주지사 선거에 도전할 당시 캔자스 주상원 18번째 지역구에서 주상원의원으로 재임하고 있었는데, 해당 지역구는 토피카 도시 북부에 위치하며 쇼니 카운티를 포함하고 있다. 이러한 경력을 바탕으로 쇼니 카운티에서 로라 켈리의 득표율은 59.5%에 달하며, 상대 후보의 득표율인 37.8%를 크게 앞질렀다. 이는 14,000표 이상의 득표 차이에 해당한다. 또한, 그녀는 쇼니 카운티에 인접한 더글라스 카운티에서도 24,000표 이상의 차이로 승리하였다. 더글라스 카운티에서는 민주당 상원의원 후보였던 마크 홀랜드도 승리하였으나, 그의 득표 차이는 16,000표 정도에 불과했음에 반해 로라 켈리는 훨씬 높은 득표율을 보였다. 뿐만 아니라 토피카를 중심으로 70번 국도와

335번 국도를 따라 이어지는 라일리(Riley), 기어리(Geary), 라이언(Lyon) 카운티 등에서도 승리하며, 공화당 후보와의 차이를 벌렸다.

또한, 로라 켈리는 2018년 선거에서는 세지윅 카운티와 더불어 하비(Harvey) 카운티에서도 승리하였는데, 해당 승리는 로라 켈리 후보보다 그녀의 러닝 메이트(running mate)의 정치 경력에서 원인을 찾을 수 있다. 2018년 선거 당시 켈리 후보의 러닝 메이트는 린 로저스(Lynn Rogers; D-KS) 캔자스 주상원의원이었으며, 그의 지역구는 위치타가 위치한 세지윅 카운티를 중심으로 하였다. 그리고 러닝 메이트의 정치 경력 영향으로 세지윅 카운티에서 로라 켈리 후보가 상원의원 후보에 비해 높은 득표력을 보인 것으로 여겨진다. 하지만 로저스 부지사가 2021년 재무장관으로 자리를 옮기며 2022년 주지사 선거에서는 러닝 메이트가 세지윅 지역에서의 정치 경력이 없는 데이비드 톨랜드(David Toland; D-KS)로 교체되었는데, 이러한 이유로 인해 해당 지역에서의 로라 켈리 후보의 득표력이 2022년 선거에서는 이전 선거에 비해 감소하여 하비 카운티에서 승리하지 못한 것으로 생각된다.

그리고 로라 켈리에 맞서는 2022년 공화당 주지사 후보는 데렉 슈미트(Derek Schmidt; R-KS)로 캔자스 주상원 15번째 지역구에서 주상원의원(2001-2011)을 하였으며, 2011년부터 선거 당시까지는 캔자스 주법무장관(Attorney General)을 역임한 인물이다. 즉, 다양한 정치 경력을 바탕으로 주지사 선거에서 상당한 득표력을 과시하였다. 하지만 그가 재임했던 캔자스 주상원 15번째 지역구는 네오쇼(Neosho), 라벳(Labette), 몽고메리(Montgomery) 카운티들과 인접한 캔자스 남동부 지역이다. 즉, 그의 정치적 영향력은 로라 켈리 후보의 근거지인 위치타, 토피카에 미치기 힘들다. 그렇기 때문에 데렉 슈미트 후보는 다양한 정치 경력을 가지고 있음에도 불구하고, 위치타와 토피카 주변에서의 로라 켈리 후보의 득표력을 낮추기 쉽지 않았다. 물론 남서부에서의 슈미트 후보의 득표력은 높은 수준이었으나, 해당 카운티들은 전통적으로 공화당 후보를 지지하는 지역이었으므로, 로라 켈리 후보의 북동부에서의 득표력을 뒤엎는 데에는 실패했다고 여겨진다.

4. 네바다 사례 분석

네바다는 사례 분석의 다른 주들과는 달리 상원과 주지사 모두 민주당 현직자가 출마하였으나, 상원의원 후보로 나선 캐서린 코테즈 마스토가 승리한 반면, 현직 주지사인 스티브 시솔랙은 패하였다. 〈표 6〉을 통해 해당 선거를 카운티 기준으로 판단할 때, 코테즈 마스토 후보와 스티브 시솔랙 후보가 승리한 카운티들은 모두 동일하다. 하지만 앞선 조지아 사례와 같이 도심지에서의 공화당 후보 대비 두 후보의 득표력은 같지 않았다. 조지아의 애틀랜타 중심의 풀턴, 디칼브 카운티들과 유사하게 네바다 최대의 도심지는 라스베가스(Las Vegas)가 위치한 남동부의 클라크(Clark) 카운티이다. 즉, 해당 카운티에서 민주당 후보들이 얼마나 표를 획득할 수 있는지에 따라 투표 결과가 달라질 수 있다. 〈표 7〉에서 보는 것과 같이 코테즈 마스토 후보는 2016년 상원의원 선거 당시 클라크 카운티를 제외하고 모든 카운티에서 공화당 후보에게 패했으나, 본선에서는 승리하였다. 반대로 2022년 시솔랙 후보는 클라크 카운티와 클라크 카운티와 더불어 북서부의 와슈(Washoe) 카운티에서도 승리하였으나, 결국 본선에서는 패배하였다. 실제로 2022년 선거에서 코테즈 마스토 후보는 클라크 카운티에서만 시솔랙 후보보다 10,000표 가까이 추가로 득표하였다. 해당 선거에서 두 후보의 본선 득표 차이가 약 16,000표 정도에 불과한 것을 생각하면 해당 지역에서의 득표력의 차이가 선거 결과를 갈랐음을 짐작할 수 있다.

[표 6] 네바다 상원의원, 주지사 선거 결과

연도	상원의원 선거 (2016/2022)		주지사 선거 (2018/2022)	
	민주당	공화당	민주당	공화당
2016/2018	Catherine Cortez Masto 521,994 (47.1%)	Joe Heck 495,079 (44.7%)	Steve Sisolak 480,007 (49.3%)	Adam Laxalt 440,320 (45.3%)
	전 NV 주법무장관	NV 하원의원	Clark County Commission 의장	NV 주법무장관
2022	Catherine Cortez Masto 498,316 (48.8%)	Adam Laxalt 490,388 (48.0%)	Steve Sisolak 481,991 (47.3%)	Joe Lombardo 497,377 (48.8%)
	NV 상원의원	전 NV 주법무장관	NV 주지사	Clark 카운티 치안총감

Note: 지도에서 푸른색으로 표시된 카운티는 민주당 후보가 승리한 지역이다.

[그림 5] 네바다 카운티 및 주요 도시

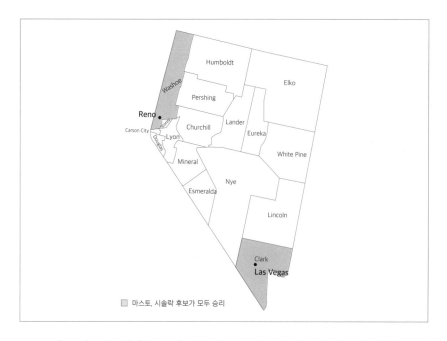

코테즈 마스토 의원은 네바다 출신으로 라스베가스 출생이며, 클라크 카운티의 부관리자(Assistant County Manager)로 일한 경험을 가지고 있다. 이후 그녀는 해당 경력을 바탕으로 네바다 주법무장관으로 선출되었다. 즉, 클라크 카운티에서의 정치 경험이 높은 인물이다. 반대로 상대 후보인 아담 라살트(Adam Laxalt; R-NV)는 네바다 서부의 와슈(Washoe) 카운티의 리노(Reno) 출신이다. 그의 할아버지는 1960-80년대 네바다 주지사와 상원의원을 번갈아 지낸 폴 라살트(Paul Laxalt; R-NV)로 그 역시 리노 출생이며, 주지사 재임 전 리노 근교의 옴스비(Ormsby) 카운티에서 지방검사(District Attorney)로 봉직하였다. 즉, 두 후보는 지역적 기반을 달리한다.

반면 시솔랙 후보는 네바다가 아닌 위스콘신 출신이며, 학부를 졸업할 때까지는 위스콘신에 거주하였다. 이후 그는 라스베가스로 이주하여, 클라크 카운티 운영 위원회 위원장(Commission Chair)을 맡기도 하는 등 해당 지역에서 정치 경험을 높였다. 실제로 그는 이를 바탕으로 2018년에는 (2022년에 상원의원 선거에 나선) 아담 라살트를 맞아 클라크 카운티에서 크게 승리하였고, 4%p 정도의 득표 차이로 당선되었다. 하지만 2022년의 공화당 주지사 후보인 조 롬바르도(Joe Lombardo; R-NV)는 아담 라살트와 달리 클라크 카운티에서 행정 경험을 쌓은 인물이었다. 그는 네바다 출신은 아니지만 성인이 되기 전 라스베가스로 이주한 뒤, 해당 지역에서 대학(University of Nevada, Las Vegas)을 졸업한 뒤, 라스베가스 경찰로 26년간 근무하였으며, 2014년에는 클라크 카운티 치안총감(sheriff)으로 당선되었다. 즉, 롬바르도 후보는 클라크 카운티에서 상당한 행정 경력을 쌓은 인물이었기 때문에, 해당 지역에서 시슬랙 후보의 득표력은 상당 부분 낮출 수 있었다. 그리고 이러한 차이가 네바다 상원의원 선거와 주지사 선거의 결과 차이를 가져온 것으로 보인다.

5. 위스콘신 사례 분석

위스콘신은 2022년 상원의원 선거와 주지사 선거에서 모두 5%p 이내의 승부가 났으며, 현역 공화당 상원의원과 현역 민주당 주지사가 박빙의 승부를 끝에 승리한 지역이다. <표 8>을 통해 알 수 있듯 민주당 후보 관점에서 민주당 주지사인 토니 에버스(Tony Evers; D-WI) 후보가 민주당 상원의원 후보인 만델라 반즈(Mandela Barnes; D-WI) 후보보다 약 48,000표 정도 많이 획득하였다. 해당 격차는 부분적으로는 버논(Vernon), 콜롬비아(Columbia), 도어(Door) 카운티에서 에버스 후보는 승리했으나 반즈 후보는 패배한 것과 관련되어 있다. 하지만 해당 카운티들은 인구가 많지 않기 때문에 세 카운티에서 에버스 후보가 반즈 후보보다 많이 획득한 투표수는 1,500표 정도에 불과하다. 즉, 캔자스 사례와는 달리 특정 카운티에서 에버스 후보가 승리했기 때문에 반즈 후보와는 다른 결과가 나왔다고 생각하기 힘들다. 그보다는 에버스 주지사와 론 존슨(Ron Johnson; R-WI) 상원의원의 현직 효과가 강하게 나타났다고 보는 것이 합리적이다. 실제로 위스콘신의 모든 카운티에서 에버스 후보의 득표수는 반즈 후보보다 높았다. 하지만 반즈 후보는 위스콘신의 상원의원, 주지사 선거에 출마한 다른 세 후보와는 달리 유일하게 선출직(주하원의원) 경험이 있었고, 현직 부지사이기도 했다. 그럼에도 불구하고 그가 모

든 위스콘신 카운티에서 에버스 후보보다 낮은 득표율을 보였다는 것은 현직
효과 이외의 다른 요인이 위스콘신 유권자들의 투표 행태에 영향을 미쳤을
가능성을 있음을 시사한다.

[표 7] 위스콘신 상원의원, 주지사 선거 결과

	상원의원 선거 (2016/2022)		주지사 선거 (2018/2022)	
	민주당	공화당	민주당	공화당
2016/ 2018	Russ Feingold 1,380,335 (46.8%)	Ron Johnson 1,479,471 (50.2%)	Tony Evers 1,324,307 (49.5%)	Scott Walker 1,295,080 (48.4%)
	전 WI 상원의원	WI 상원의원	WI 교육감	WI 주지사
2022	Mandela Barnes 1,310,467 (49.4%)	Ron Johnson 1,337,185 (50.4%)	Tony Evers 1,358,774 (51.2%)	Tim Michels 1,268,535 (47.8%)
	WI 부지사	WI 상원의원	WI 주지사	사업가

Note: 지도에서 푸른색으로 표시된 카운티는 민주당 후보가 승리한 지역이다.

[그림 6] 위스콘신 카운티 및 주요 도시

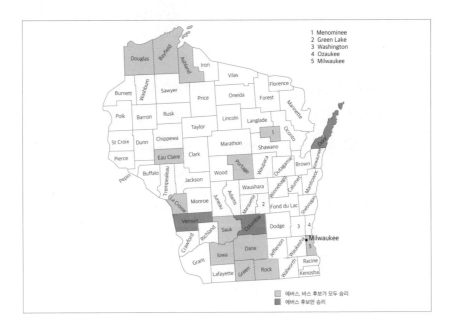

위스콘신 선거와 관련하여 살펴볼 사항 중 하나는 위스콘신의 다른 상원의원, 주지사 후보들과 달리 만델라 반스 후보만이 흑인이었으며, 위스콘신의 백인 비율은 85% 이상으로 상당히 높다는 점이다. 심지어 흑인 비율이 꽤 높다고 알려진 밀워키(Milwaukee) 카운티에서도 2020년 인구조사에 따르면 흑인은 26.2%임에 반해 백인 비율은 52%에 이른다. 그렇기 때문에 만델라 반스 후보는 인종 투표 측면에서 득표에 불리함이 있었을 수 있다. 실제로 토니 에버스 후보와 만델라 반스 후보의 득표율 차이는 약 1.8%p 정도였으나, 밀워키 카운티에서 두 후보 간 차이는 약 0.8%p로 상당히 낮았다. 이를 통계적으로 재확인하기 위해 위스콘신의 모든 카운티를 대상으로 흑인 인구 비율과 에버스 주지사의 득표율에서 반스 후보의 득표율을 차감한 값을 상관분석한 결과 5% 유의수준에서 흑인 인구 비율이 높을수록 두 후보 간 득표율 격차가 줄어드는 결과가 나왔다(Pearson r=-.2811; p-value: .017). 이러한 사항들을 종합할 때, 현직효과와 인종 투표 영향으로 만델라 반스 후보는 토니 에버스 후보에 비해 높은 득표력을 보이지 못하였으며, 그 결과 본선에서 패배한 것으로 보인다.

III. 결론

본 장에서는 상원의원, 주지사 선거 경합 주들을 중심으로 한 사례분석을 통해 현직 효과, 정치 경험, 출생지, 인종 등의 변수들의 상대적 중요성이 후보자들과 주·카운티의 특성에 따라 달리 나타날 수 있음도 확인하였다.

물론 본 장에서 제시한 주요 변수들은 정당 일체감이 강하여 하나의 정당이 강한 우세를 보이는 주에서는 큰 의미가 없을 수 있다. 하지만 정당 일체감이 강한 주에서도 현직 효과를 비롯한 다른 요인들 역시 득표에 큰 영향을 미칠 수 있다. 예를 들어, 버몬트는 쿡 정치 리포트(The Cook Political Report)의 정당 투표 지수(Cook Partisan Voting Index)가 무려 D+16에 이를 정도로 상당히 진보적인 주이다. 그렇기 때문에 민주당과 관련한 강한 정당 일체감으로 다수의 선거에서 민주당 후보들이 쉽게 승리하곤 하였다. 그럼에도 불구하고 2022년 주지사 선거에서는 강한 현직 효과를 바탕으로 필 스캇 현역 주지사가 선거에서 승리하였다. 또한, 현직 효과가 선거 결과를 결정짓는 중요한 요소이기는 하지만, 항상 현직자가 승리할 수 있는 것 역시 아니다. 특히 경합 주에서는 정치 경력, 출생지 효과, 인종 투표 등에 의한 득표력 차이가 승리 후보자를 가름할 수 있다. 네바다의 공화당 주지사 후보인 조 롬바르도는 클라크 카운티에서의 행정 경험을 바탕으로 해당 카운티에서의 스티브 시솔랙 주지사의 득표를 상당히 낮출 수 있었으며, 이를 바탕으로 현역 주지사를 꺾고 선거에서 승리하였다.

물론 제시된 변수들의 효과가 모든 주와 카운티에 있어 동일한 것은 아니다. 예를 들어, 2022년 버몬트의 주지사인 필 스캇이 상대 후보를 45%p 차이로 이길 수 있었던 이유는 그가 단순히 현직자이었기 때문만이 아니라 '유능한' 현직자이었기 때문이다. 그는 주지사 재직 기간 동안 코로나 방역 등을 포함한 행정 업무에 있어 높은 평가를 받았다. 그리고 이러한 그의 성과가 높은 득표로 이어진 것이라 할 수 있다. 마찬가지로 정치 경력, 출생지, 인종 등의 변수들도 모든 주와 카운티에서 동일한 효과를 갖지는 않을 것이다. 당연히 정치 경력을 높이는 과정에서 좋은 입법 성과를 거둘수록, 단순히 출생한 것을 넘어 오랜 기간 동안 해당 지역에서 거주했을수록 득표력이 높아질 것이다. 그럼에도 불구하고 본 장에서 제시한 사례 분석을 살펴볼 때, 현직 효과, 정치 경험, 출생지, 인종 투표 등의 변수들은 후보들의 득표력에 일반적으로 긍정적인 영향을 미치는 것으로 보인다.

또한, 제시한 변수들의 중요성은 앞으로도 점점 커지리라 생각한다. 오늘날 미국은 민주당과 공화당이 의회 의석을 거의 같은 비율로 양분하고 있다. 실제로 117대 의회에서는 두 정당이 상원 의석을 50석씩 나눠 가졌으며, 118대 의회에서도 51 대 49의 박빙 승부를 하였다. 그렇기 때문에 정국의 주도권을 결정하는 선거는 푸른주(blue state)와 붉은주(red state)가 아니라 의회 다수를 결정 짓는 경합 주에서 이루어진다. 이러한 관점에서 경합 주 선거 결과에 결정적인 영향을 미칠 수 있는 현직 효과, 정치 경력, 출생지, 인종 투표 등의 요인들은 앞으로도 정치적 중요성을 더할 것이라 생각한다.

미국 중간선거 분석

참고문헌

Ansolabehere, S. and Snyder, J. M. 2002. "The Incumbency Advantage in U.S. Elections: An Analysis of State and Federal Offices, 1942-2000." Election Law Journal: Rules, Politics, and Policy, 1(3): 315-338.

Atkeson, L. R. and Partin, R. W. 1995. "Economic and Referendum Voting: A Comparison of Gubernatorial and Senatorial Elections." American Political Science Review, 89(1): 99-107.

Baumann, Z. D., et al. 2020. "What Are Friends for? The Effect of Geographic Proximity on Primary Turnout in Gubernatorial Elections." Political Research Quarterly, 74(2): 317-331.

Bond, J. R., Covington, C. and Fleisher, R. 1985. "Explaining Challenger Quality in Congressional Elections." The Journal of Politics, 47(2): 510-529.

Bose, N. 2022. Biden Pleased with Election Turnout, Says Reflects Quality of Party's Candidates. Reuters, 13 Nov, 2022.

Boudreau, C., Elmendorf, C. S. and MacKenzie, S. A. 2019. "Racial or Spatial Voting? The Effects of Candidate Ethnicity and Ethnic Group Endorsements in Local Elections." American Journal of Political Science, 63(1): 5-20.

Cain, B. E., Ferejohn, J. A. and Fiorina, M. P. 1984. "The Constituency Service Basis of the Personal Vote for U.S. Representatives and British Members of Parliament." American Political Science Review, 78(1): 110-125.

Campbell, R. and Cowley, P. 2014. "What Voters Want: Reactions to

Candidate Characteristics in a Survey Experiment." Political Studies, 62(4): 745-765.

Campbell, R., et al. 2019. "Why Friends and Neighbors? Explaining the Electoral Appeal of Local Roots." The Journal of Politics, 81(3): 937-951.

Carsey, T. M. and Wright, G. C. 1998. "State and National Factors in Gubernatorial and Senatorial Elections." American Journal of Political Science, 42(3): 994-1002.

Carson, J. L., Engstrom, E. J. and Roberts, J. M. 2007. "Candidate Quality, the Personal Vote, and the Incumbency Advantage in Congress." American Political Science Review, 101(2): 289-301.

Carson, J. L. and Sievert, J. 2017. "Congressional Candidates in the Era of Party Ballots." The Journal of Politics, 79(2): 534-545.

Carson, J. L., Sievert, J. and Williamson, R. D. 2019. "Nationalization and the Incumbency Advantage." Political Research Quarterly, 73(1): 156-168.

Converse, P. E. 1964. The Nature of Belief Systems in Mass Publics. In: Apter, D. ed. Ideology and Discontent. New York: Free Press, 202-261.

Dorn, S. 2022. Senate Forecasts Now Predict Republican Takeover-Here's Where The GOP Has Gained The Edge. Forbes, Nov 4, 2022.

Duquette, C. Mixon, F. G. and Cebula, R. J. 2017. "Candidate quality and US Senate elections." Applied Economics Letters, 24(3): 193-197.

Erikson, R. S. 2017. The Congressional Incumbency Advantage over Sixty

참고문헌

Years: Measurement, Trends, and Implications. In: Gerber, A. S. and Schickler, E. eds. Governing in a Polarized Age. New York: Cambridge University Press: 65-89.

Feinstein, B. D. 2010. "The Dynasty Advantage: Family Ties in Congressional Elections." Legislative Studies Quarterly, 35(4): 571-598.

Fiva, J. H. and Smith, D. M. 2018. "Political Dynasties and the Incumbency Advantage in Party-Centered Environments." American Political Science Review, 112(3): 706-712.

Fording, R. C. and Schram, S. 2020. Hard White: The Mainstreaming of Racism in American Politics. New Yrok: Oxford University Press.

Gimpel, J. G., et al. 2020. "The Urban-Rural Gulf in American Political Behavior." Political Behavior, 42(4): 1343-1368.

Grossman, M. and Hopkins, D. 2016. Asymmetric Politics: Ideological Republicans and Group Interest Democrats. Oxford: Oxford University Press.

Hall, A. B. and Snyder, J. M. 2015. "How Much of the Incumbency Advantage is Due to Scare-Off?" Political Science Research and Methods, 3(3): 493-514.

Hutchings, V. L. and Valentino, N. A. 2004. "The Centrality of Race in American Politics." Annual Review of Political Science, 7(1): 383-408.

Jacobson, G. C. 2015. "It's Nothing Personal: The Decline of the Incumbency Advantage in US House Elections." The Journal of Politics, 77(3): 861-873.

Key, V. O., 1949. Southern Politics. New York: Knopf.

Krasno, J. S. and Green, D. P. 1988. "Preempting Quality Challengers in House Elections." The Journal of Politics, 50(4): 920-936.

Lau, R. R. and Redlawsk, D. P. 2001. "Advantages and Disadvantages of Cognitive Heuristics in Political Decision Making." American Journal of Political Science, 45(4): 951-971.

Lewis-Beck, M. S. and Nadeau, R. 2011. "Economic Voting Theory: Testing Mew Dimensions." Electoral Studies, 30(2): 288-294.

Loh, M. 2022. Matt Gaetz Mocked GOP Leadership over the Midterms, Dubbing Mitch McConnell, Kevin McCarthy, and Ronna McDaniel a 'McFailure'. Insider, Nov 11, 2022.

Marley, P. Wang, A. B. and Zeitchik, S. 2022. Trump Blame Continues for Midterm Losses as Ex-president Readies to Announce Bid. The Washington Post, Nov 13, 2022.

Mayhew, D. R. 1974. Congress: The Electoral Connection. New Haven: Yale University Press.

Meredith, M. 2013. "Exploiting Friends-and-Neighbors to Estimate Coattail Effects." American Political Science Review, 107(4): 742-765.

Meyer, C. B. 2021. "Amateur hour: the impact of background on the ideology of members of congress." The Journal of Legislative Studies, 27(4): 595-607.

Miller, W. E. 1991. "Party Identification, Realignment, and Party Voting: Back to the Basics." American Political Science Review, 85(2): 557-568.

참고문헌

Panagopoulos, C., Leighley, J. E. and Hamel, B. T. 2017. "Are Voters Mobilized by a 'Friend-and-Neighbor' on the Ballot? Evidence from a Field Experiment." Political Behavior, 39(4): 865-882.

Rahn, W. M. 1993. "The Role of Partisan Stereotypes in Information Processing about Political Candidates." American Journal of Political Science, 37(2): 472-496.

Rice, T. W. and Macht, A. A. 1987. "Friends and Neighbors Voting in Statewide General Elections." American Journal of Political Science, 31(2): 448-452.

Sievert, J. and McKee, S. C. 2019. "Nationalization in U.S. Senate and Gubernatorial Elections." American Politics Research, 47(5): 1055-1080.

Snyder, James M. and Strömberg, D. 2010. "Press Coverage and Political Accountability." Journal of Political Economy, 118(2): 355-408.

Squire, P. and Fastnow, C. 1994. "Comparing Gubernatorial and Senatorial Elections." Political Research Quarterly, 47(3): 705-720.

Van Dunk, E. 1997. "Challenger Quality in State Legislative Elections." Political Research Quarterly, 50(4): 793-807.

선거구 재획정, 게리맨더링, 인종 대표성

Ⅰ. 서론

Ⅱ. 미국의 선거구 재획정

Ⅲ. 2020년 인구 센서스와 선거구 재획정 과정

Ⅳ. 선거구 재획정이 2022년 중간선거 결과에
    미친 영향

Ⅴ. 결론

05 선거구 재획정, 게리맨더링, 인종 대표성: 2022년 미국 중간선거*

이병재(연세대학교)

I. 서론

2012년 미국 하원의원 선거에서 민주당은 펜실베니아 주에서 2,793,538 표(50.28%)를 얻어서 과반의 득표를 했다. 공화당이 얻은 표는 2,710,070표 (48.77%)에 그쳤다. 하지만 이 양당이 선거 결과로 얻은 하원 의석은 민주당 5석, 공화당 13석이었다.[1] 민주당은 전체 유권자 투표의 과반을 얻었지만, 실제 얻은 의석은 1/4을 겨우 넘는 데 그친 것이다. 2012년 실시된 하원의원 선거에서 펜실베니아 주만이 아니라, 애리조나 주, 미시건 주, 노스캐롤라이나 주, 위스컨신 주에서 과반의 득표를 한 정당이 절반 이하의 의석을 얻었다 (Wang 2013). 2016년 노스캐롤라이나 주에서 공화당의 후보들이 얻은 득표는 53%에 불과했지만, 연방하원 의석 13석 중 10석을 차지했다. 이러한 득표율과 의석의 불일치는 2022년의 중간선거를 포함하여 선거 때마다 제기되고 있다(Wang 2022). 왜 이런 득표율과 의석의 불일치가 발생하며, 이러한 불일치는 어떻게 조정되는가? 본 장에서는 미국에서 10년마다 진행되는 인구 센서스와 선거구 재획정 문제를 2022년 중간선거 결과에 미친 영향을 중심으로 살펴본다.

---

* 이 장은 다음의 학술논문의 내용을 수정 및 보완한 내용입니다. "선거구 재획정과 2022년 미국 중간선거," 『미국학』 46(1): 65-98.

1 https://en.wikipedia.org/wiki/2012_United_States_House_of_Representatives_ elections_in_Pennsylvania(검색일: 2023년 3월 17일).

선거구 재획정(redistricting)은 대표를 결정할 단위인 선거구(district)의 경계를 구획하는 작업이다. 미국에서 연방상원의원은 주별로 선출되지만, 연방하원의원, 주의회 의원 및 타운 및 카운티 의회의 대표들은 각각의 선거구에서 선출된다. 50개 주 정부는 비교적 연방정부의 개입으로부터 자유롭게 선거구의 경계를 획정하는데, 이 작업을 관할하는 기관은 주에 따라 천차만별이다. 선거구 재획정은 정당과 현직 의원은 물론 소수자 투표권 관련 시민 단체 등도 주도적인 역할을 하는 매우 복잡한 정치적 과정이다(Bickerstaff 2017; Brunell 2008; Bullock 2021; Miller and Walling 2015).

선거구 재획정의 필요성은 무엇보다도 인구의 변화에 기인한다. 인구 변화는 같은 주 내에서도 불균등하게 이루어지며 인구수에 따른 선거구의 재조정이 필요해진다. 선거구 조정은 연방하원은 물론 주의회의 상원과 하원에도 적용된다. 일부 주에서는 인구에 비례해서 숫자를 정하기보다는 각 카운티를 대표하는 방식으로 주 의회 상원 지역구를 정하기도 하지만 대부분의 주에서는 인구수에 따라 재조정된다. 따라서 선거구 재획정은 연방정부 및 지방정부의 모든 수준에 관련되는 중요한 정치적인 작업이다. 선거구 재획정은 지리적, 정치적, 제도적인 모든 제한적인 조건들 내에서 이루어지는 작업이며, 시브룩(Seabrook)은 이런 의미에서 선거구 재획정을 "제약된 재획정(constrained redistricting)"으로 본다(Seabrook 2017, 2022).

때로는 정치적 이해관계 때문에 재획정이 이루어지지 않기도 한다. 1901년에서 1961년까지 테네시 주의회는 선거구를 재획정해야 한다는 주헌법 조항을 무시하기도 했으며, 1962년의 Baker v. Carr 판결 이후 60년 만에 재획정이 이루어졌다. 장기간 재획정이 이루어지지 않는 경우 선거구 간의 인구수에 있어서 심각한 불균형이 발생한다. 극단적인 예로 1960년대에 캘리포니아 주의 가장 큰 지역구였던 로스엔젤레스 카운티에는 가장 작은 카운티에 비해 422배나 많은 인구가 살기도 했는데, 캘리포니아 주 상원의원은 각 카운티에서 한 명만을 선출했기 때문에 가장 작은 카운티의 유권자는 422배 더 많이 대표되는 셈이었다.[2]

---

2   https://www.cd4-mngop.com/redistricting.html(검색일: 2023년 4월 15일).

2020년에 실시된 10년 단위 인구 센서스(decennial census)의 결과 미국의 각 주는 선거구 재획정 절차에 돌입하였으며, 이 작업은 COVID-19로 인해 예년보다 늦은 2022년 6월경에 종료되었다. 인구 센서스 직후에 실시되는 중간선거는 재획정된 선거구에서 실시되기 때문에 많은 현역 의원들이 자신의 지역구를 바꾸거나 다수의 현역의원이 하나의 지역구에 출마하는 경우도 발생한다. 따라서 예상치 못한 선거 결과가 나오는 경우도 많다.

본 장에서는 미국의 선거구 획정의 목적과 과정을 살펴보고, 2020년 센서스 이후 실시된 선거구 재획정 과정에 나타난 특징과 2022년 중간선거에 미친 영향을 살펴보고자 한다. 본 장의 진행은 다음과 같다. 제2절은 미국 선거구 재획정의 목적, 기준, 절차 및 효과에 관한 논의이다. 제3절은 2020년 미국 센서스와 재획정 과정에 관한 논의이며, 제4절은 선거구 재획정이 2022년 중간선거 결과에 미친 영향에 대한 분석이다. 제5절은 결론이다.

II. 미국의 선거구 재획정

1. 선거구 재획정의 목적

유권자의 표는 선거 제도를 통해 집적되어 정치적 결과로 나타난다. 유권자의 표를 집적하는 데는 무수히 많은 방법이 있지만, 소선거구제에서는 여타 선거제도에 비해 의석수가 왜곡되는 경향이 강하게 나타난다. 이러한 경향은 소수 정당에 불리하게 작동하는 경향이 있다(Duverger 1959; Lijphart 1999). 선거구 재획정을 주도하는 사람들은 게리맨더링(gerrymandering)이라는 방법을 통해 자신들에게 유리한 방식으로 선거구를 재획정하기도 하는데, 이런 경멸적인 표현은 1812년의 매사추세츠 주지사였던 엘브리지 게리(Elbridge Gerry)에 의해 도입된 주의회의 지역구의 모습이 특이(salamander)해서 생긴 단어이다(Cox and Katz 2002). 물론, 이 이름이 붙여진 것은 1812년이지만 지역구의 변형은 이전에도 존재했다. 패트릭 헨리(Patrick Henry)는 제임스 매디슨(Jamse Madison)의 연방하원의원 당선을 막기 위해 선거구 재획정을 제안하기도 했다(McDonald 2011; Weber 1998).

정당에 의해 진행되는 게리맨더링의 기본적인 작동원리는 다음과 같다. 미국의 선거제도인 소선거구제 단기 비이양식(single non-transferable vote)의 경우만을 보자. 어떤 특정 선거구의 선거 결과는 그 지역구에 존재하는 정당 지지자들의 수를 조정하는 방식으로 간단히 조작될 수 있다.[3] 하지만 전체 주의 선거구 재획정을 생각해 보면 문제는 복잡해진다. 이론적으로는 양당제하에서 한 정당이 절반 정도의 지역구에 정확히 유권자의 절반을 약간 넘는 지지자들을 할당할 수 있다면 1/4 정도의 유권자의 지지로 절반의 의석을 가져갈 수 있다(이 경우 다른 당은 3/4에 약간 못 미치는 유권자 지지로 절반의 의석을 가져간다). 따라서 실제로는 최적의 게리맨더링이란 지리적인 제한 조건하에서 자당이 승리할 수 있을 만큼만 효율적으로 정당지지자들을 분포시키는 것이라고 하겠다(Cain 1985; Owen and Grofman 1988). 마찬가지로 최적의 선거구 재획정은 상대 정당에게는 당선이 매우 확실한 지역구에서 압도적인 득표율로 당선되도록 함으로써 표가 낭비되도록 하는 것이다. 이런 방식으로 자신의 정당은 경쟁당보다 적은 표를 얻더라도 많은 의석을 얻을 수 있게 된다.

선거구 획정과 밀접한 관련성이 있는 개념이 선거구 배분(apportionment)이다. 이 둘은 밀접한 관련이 있기는 하지만 동일한 것은 아니다(Grofman and Brunel 2010). 선거구 배분은 주어진 정치적 단위가 의회에서 인구수에 얼마나 걸맞은 의석수를 차지할 것인지에 관한 것이기 때문이다. 10년마다 실시되는 인구조사 결과가 나오면 미국의 50개 주는 각각 1석씩의 연방하원 의석을 얻게 되고 인구 비례에 따라 주별로 의석의 수가 늘어나서 인구수에 따라 주별로 몇 석을 얻게 될 것인지 결정된다(apportionment). 이후 각 주는 주어진 의석을 주 내에서 어떻게 배분할 것인지를 결정하기 위해 획정(districting) 과정을 거친다.

미국 헌법에는 선거구 획정에 대한 명확한 규정이 없다. 다만, 1960년대 중반 연방대법원은 일련의 판결을 통해 선거구 재획정에 대한 규칙을 제시했다. 연방대법원은 1964년 Reynolds v. Sims 판결에서 "미국 헌법의 동등 보

---

3 물론 여기서 드는 간단한 예시에서 제3당 또는 무소속 후보의 존재, 후보자의 질, 외적인 상황 변화, 스캔들, 유권자의 지지 성향 변화 등이 발생할 가능성은 배제된다.

호 조항(Equal Protection Clause)은 모든 인종과 모든 지역에서 모든 시민들이 과소대표되지 않을 것을 요구한다"라고 판결하였다.[4] 이후로는 만약 한 주의 최대 선거구와 최소 선거구의 인구의 차이가 10퍼센트를 넘지 말아야 한다는 것이 하나의 규칙이 되었다.

1960년대 이전에는 의원과 유권자 간의 관계를 훼손시킬 수 있다는 이유로 재획정을 꺼리는 경향이 강했지만, 오랜 기간 동안 재획정의 부재는 빠르게 성장하는 도시 지역의 상대적인 과소대표 현상을 초래하였다. 1962년의 Baker v. Carr 판결에서 연방대법원은 재획정이 사법부의 권한을 벗어나는 정치적 문제가 아니며 주의회에서 투표 등가성 문제를 해결하지 않으면 사법부가 개입하겠다는 원칙을 천명하였다. 실제로 이러한 개입이 1964년 Wesberry v. Sanders 판결에서 이루어졌다(Grofman and Brunell 2010; McDonald 2011). 이후 선거구 재획정은 10년마다 이루어지는 정례 인구 조사 후에 의무적으로 이루어지는 작업이 된 것이다.

선거구 획정에 대한 기존 연구의 주요 쟁점은 선거구 획정이 현직 이점과 인종 대표성에 미치는 효과이다(Ansolabehere and Snyder 2012). 현직 효과는 재획정에 의해서 심각하게 축소될 수 있다. 예컨대, 같은 정당 소속 두 명의 현직 의원을 같은 지역구에 위치하도록 재획정을 할 수도 있으며, 선거구의 경계를 극적으로 변경해서 전혀 새로운 유권자들이 지역구에 대거 포함되도록 할 수도 있다. 새롭게 유입된 유권자들은 상대적으로 낮은 투표율을 보이며 지역구 현직 의원에 대한 지지도 낮게 나타난다. 선거구 재획정 후 지지세가 약화된 현역 의원에 대항하여 강력한 상대 후보가 지역구에 등장하는 현상이 나타나기도 한다. 각 정당이 선거구 재획정을 통해 자당이 우세한 지역구의 경쟁도를 약화시키려 노력하지만, 이 과정에서 현역 의원의 낙선으로 연결되는 경우도 많다(Bullock 2021; McDonald 2011).

재획정은 현역 의원의 재선 가능성을 높이는 수단으로 사용될 수도 있는데, 이는 현직 의원에 우호적이지 않은 유권자들을 지역구에서 배제시킴으로써 가능하다. 이런 식으로 양당이 자당의 재선 가능성을 높이기 위한 방법으

---

4 https://www.oyez.org/cases/1963/23(검색일: 2023년 3월 17일).

로 선거구 재획정을 통한 맞교환을 하기도 한다. 심각한 인구변화가 발생하여 의석을 잃거나 얻는 경우 선거구의 경계는 선거구 내의 인구수를 비슷하게 맞추기 위해 변화되는데, 이 경우 현역 의원 보호도 역시 고려사항 중 하나이다.

재획정의 다른 효과는 소수인종 집단의 대표성과 관련된다. 1965년 연방정부는 선거권법(Voting Rights Act)을 통해 소수인종의 투표권을 보호하는 법을 통과시켰다. 기존 연구에 따르면 선거권법이 연방정부는 물론 지방 정부 차원에서도 소수인종이 선호하는 후보를 공직에 당선시키는 데 성공적이었다는 평가가 지배적이다(Cameron, Epstein, and O'Halloran 1996; Cox and Katz 2002). 하지만 사법부에서 제시하는 "65퍼센트 규칙(균등화 비율, equalization percentage)"[5]이 소수인종 집단이 선호하는 후보가 선출되기 위한 최소의 조건인지, 서로 다른 인종 집단의 선거 연합이 형성되는지 등에 대해서는 많은 이견이 존재한다(Cameron, Epstein, and O'Halloran 1996; Lublin 1999). 소수인종-과반 선거구(minority-majority district, 소수인종이 과반인 선거구)는 쿠바계 미국인이 다수인 플로리다의 일부 지역구를 제외하고는 민주당 우세 지역구인 경우가 많다. 따라서 민주당의 입장에서 게리맨더링을 고려한다면 소수인종-과반 선거구는 비효율적이라고 볼 수 있다(Canon 1999). 하지만 소수인종-과반 선거구의 존재는 민주당 당선 가능성이 높은 의석을 많이 만들게 됨으로써 공화당 주도의 게리맨더링을 제약하는 효과를 가진다는 주장도 있다(Clayton 2000). 또한, 소수인종-과반 선거구가 소수인종의 정책적 이익에 과연 도움이 되는가에 대해서도 많은 이견이 존재한다(Clayton 2000; Canon 1999, 2022).

---

[5] 소수인종 집단에 자신들이 선호하는 후보가 당선될 기회를 부여하기 위해서는 지역구 인구의 절반이 소수인종이지만, 다양한 요인으로 인해 실제로는 해당 지역구의 대략 2/3 정도 되어야 당선 가능성이 있다는 규칙을 지칭한다(Brace et al. 1988).

2. 선거구 재획정의 절차

선거구 재획정의 절차에 관해서 미국 헌법은 명확한 가이드라인을 제시하지 않으며 주의회에 일임하고 있다. 미국 연방 헌법의 1조 4항은 연방상하원의 선거 시기, 장소, 방법을 결정할 권한을 다음과 같이 주의회에 부여하고 있다.

> 상원의원과 하원의원을 선거할 시기, 장소 및 방법은 각 주에서 그 주의 회가 정한다. 그러나 합중국 의회는 언제든지 법률에 의하여 그러한 규정을 제정 또는 개정할 수 있다. 다만, 상원의원의 선거 장소에 관하여는 예외로 한다(The Times, Places and Manner of holding Elections for Senators and Representatives, shall be prescribed in each State by the Legislature thereof; but the Congress may at any time by Law make or alter such Regulations, except as to the Places of chusing Senators. US Const. art. 1, §4).

주마다 재획정을 주도하는 기구 및 방식에 차이가 있으며 동일한 주에서도 연방하원 선거와 주의회 선거구 획정에는 차이가 있다(Butler and Cain 1992; Levitt 2008; McDonald 2004). 본 장에서는 연방하원의 경우를 주로 논의한다. 첫 번째로 가장 널리 사용되는 방법은 의회에 의한 재획정이다. 단일 선거구라서 재획정이 필요 없는 7개 주(알래스카 주, 델라웨어 주, 몬태나 주,[6] 노스다코타 주, 사우스다코타 주, 버몬트 주, 와이오밍 주)를 제외한 43개 중 33개의 주에서 온전히 의회 절차에 따라 선거구 재획정을 해왔다. 이 주들의 헌법에는 의회 재획정 절차에 대해 명확히 규정되어 있지 않기 때문에 대부분 의회 차원의 절차가 사용되지만, 주마다 차이가 있다. 예를 들어, 노스캐롤라이나 주의 헌법은 의회에 독자적인 권한을 부여하며 주지사는 비토 권한이 없다. 메릴랜드 주의 경우 헌법은 주지사가 재획정안을 만들어 의회의 동의를 얻도록 하고 있다(Bullock 2021; Grofman and Brunell 2010; McDonald 2004).

두 번째는 초당적인 위원회(bi-partisan commission)를 구성하는 방법이다. 현재 많은 주에서 위원회를 구성하여 재획정 권한을 위임받지만 형태는 약간

---

6 몬태나 주는 2022년 중간선거에서부터 하원 2석으로 증가하였다.

씩 다르다(McDonald 2004, 2011). 아이오와 주, 메인 주, 뉴욕 주, 오하이오 주 및 로드아일랜드 주의 경우 자문위원회에서 주의회에 획정안을 제시한다. 인디애나 주의 경우에는 주의회에서 교착상태에 빠질 경우에만 예비 위원회를 설치한다. 이 자문 및 예비 위원회 중에서 메인 주의 자문위원회만이 주 헌법에 명시되어 있고, 다른 주에서는 헌법이 아닌 법률이나 결의안에 의해서 존재가 규정되어 있다. 주의회의 입장에서는 주의 법률에 의해 존재한다고 하더라도 헌법에 규정되지 않은 위원회를 반드시 사용할 의무는 없다(O'Lear v. Miller).[7] 일반적으로 주의회는 자문위원회를 가지고 있기는 한데 그 형식은 의회 내에서 재획정을 담당하는 위원회(committee)인 경우가 많다. 코네티컷 주의 경우 헌법에서 자문위원회와 필요할 경우 예비위원회를 규정하고 있다. 애리조나 주, 캘리포이나 주, 하와이 주, 아이오와 주, 몬태나 주, 뉴저지 주 및 워싱턴 주의 헌법은 위원회에 재획정 관련 모든 권한을 부여하고 있다.[8]

세 번째 방법은 사법부에 의한 재획정이다(Kurry 2018; McGann 2016). 재획정의 최종 단계에서 사법부가 중요한 역할을 한다. 각 선거구가 동등한 수의 인구로 구성되어야 한다는 연방법원의 1962년 Baker v. Carr 판결에 따라 각 주에서 재획정안을 결정하지 못한다면 사법부가 최종 결정을 내릴 수 있다. 또한, 재획정 기준에 위헌적 요소가 있다면 사법부의 개입이 가능하다.[9]

재획정의 주도권을 누가 가지고 있는가에 따라 어느 정당에게 유리한 결과가 초래될 것인지는 어느 정도 예측 가능하다. 의회 주도형의 경우 한 정당이 의회를 주도한다면 정파적 게리맨더링이 초래될 가능성이 높으며, 분점 정부인 경우에는 현역의원을 보호하는 초당적인 게리맨더링 또는 사법부에 의한 결정이 초래될 가능성이 높다. 사법부는 중립적인 중재자이기는 하지만, 양당이 제시한 안 중에서 하나를 선택하는 경우가 많기 때문이다(Kurry 2018).

---

7 https://law.justia.com/cases/federal/district-courts/FSupp2/222/862/2305487/(검색일: 2022년 11월 20일).

8 https://ballotpedia.org/Redistricting(검색일: 2022년 11월 20일).

9 2013년 Shelby v. Holder 판결에 의해 선거권법 5조에 규정되어 있는 주들, 즉 등록된 소수인종 유권자가 인구의 50% 이하인 주들은 법무부나 워싱턴 디시의 지방법원에 의해 소수인종의 투표권이 침해되지 않았는지에 대해 재획정안에 대한 동의를 얻어야 한다는 규정은 무효화되었다.

이러한 이유 때문에 양당 간의 재획정 관련 협상 과정에서 자신들의 입장만이 아니라, 사법부가 검토하는 시나리오를 항상 염두에 두게 된다. 물론 다른 정치적 고려나 옵션이 있다면 상황이 더욱 복잡해진다. 2000년 이후 캘리포니아의 경우 주의회는 민주당이 다수였지만, 공화당은 재획정 개혁 법안을 주민투표에 부치겠다고 위협하여 초당적 수준의 게리맨더링 합의를 끌어내기도 했다(Donald 2012; Fan et al. 2015).

위원회의 구성방식을 통한 결과의 예측도 가능하다. 정당에 의해 임명되는 위원들로 구성된 위원회에서 단순과반 투표로 재획정이 이루어진다면 한 정당에 유리한 게리맨더링이 초래될 가능성이 높다. 만약 초다수결의(supermajority)로 투표가 이루어진다면 한 정당이 위원회의 초다수를 차지하고 있지 않는 한 초당적 합의가 이루어질 가능성이 높다. 각 정당에서 동일한 수의 추천 위원들이 참여하는 상황에서 단순과반투표가 이루어지는 곳에서는 위원들은 동률일 경우 결정권을 가지는 의장을 초다수결의로 선출하거나 타이 브레이커를 임명하도록 한다(McDonald 2011). 전자의 경우 초당적인 타협은 위원회에 의한 동률일 시 결정자의 선택이 포함되어 있는 것이며, 후자의 경우에는 임명 권위체(주로 주 대법원)에서 선호하는 후보자에 대한 기대가 협상과정을 결정하며 대개는 정파적인 게리맨더링으로 연결된다. 자문위원회가 사용되는 경우 의회에서 단순과반 또는 초다수과반 투표로 획정안을 받아들인다(McDonald 2004, 2011; Bullock 2021).

3. 선거구 재획정 기준

연방정부는 헌법 1조 4항에 규정된 감시 권한을 활용하여 재획정에 일련의 기준을 부과한다. 이 연방정부의 조건은 주에서 설정하는 조건에 우선한다. 모든 주가 각 주의회 선거구에 대해서는 나름의 규정을 가지고 있는데, 연방하원 선거구에 대해서는 34개의 주만이 조건을 규정하고 있다. 재획정 위원회를 가지고 있는 거의 모든 주에서는 위원회 활동에 대한 공식적인 기준을 가지고 있다(Grofman and Brunell 2010; McDonald 2004, 2011).

재획정 기준은 대개는 게리맨더링을 방지하기 위해서 사용하는데, 이는 크게 절차 중심의 기준과 결과 중심의 기준으로 분류할 수 있다. 절차 중심의 기준은 동일한 인구 및 기존의 지리적, 행정적 경계에 대한 존중 등이다. 이 밖에도 다음의 요인들이 고려된다(Grofman and Brunell 2010).[10]

인접성(contiguity): 한 선거구의 모든 지역이 지리적으로 연결되어 있어야 한다는 원칙이다. 네바다 주를 제외한 49개 주에서 주의회(상원, 하원 또는 양원) 선거구 획정에서, 34개 주에서 하원 선거구획정에서 지리적 인접성의 원칙을 요구하고 있다.[11]

밀집성(compactness): 한 선거구의 유권자들이 다른 유권자들과 가능한 한 가깝게 거주하고 있어야 한다는 원칙이다. 37개 주에서 주의회에 거주의 밀집성 요건을 가지고 규정하고 있으며, 18개 주에서는 하원 선거구에도 이 조건을 제시하고 있다.

이익 공동체(community of interest): 이익 공동체란 특정 지역이나 인근 지역 등과 같이 정치, 사회 또는 경제적 공동이익을 공유하는 지리적 지역 내의 인구 집단으로 정의된다. 24개 주에서 주의회 선거구 획정에서 이익 공동체가 고려되어야 한다고 규정하고 있으며, 13개 주에서 연방 의회 획정에도 동일한 원칙을 요구하고 있다.

행정구역 존중: 총 42개 주에서 시, 카운티, 타운 등의 행정구역을 따라서 획정하도록 규정하고 있다. 19개 주에서는 연방의회 선거에서도 행정구역에 대한 고려를 규정하고 있다.

결과 중심 기준은 명시적으로 정치적인 목적을 달성하고자 하는 것인데, 선거권법(Voting Rights Act), 정치적 공정성 및 경쟁성이 포함된다(Bullock 2021; Grofman and Brunell 2010; Medvic 2021). 정치적 목적이 명확히 규정되면 그 실행 과정은 절차 중심 기준과 비슷하다. 결과 중심 기준은 지역구의 인종적 구성에 있어서 특정한 목표를 달성하기 위한 것인데, 이는 절차 중심 기준

---

10 https://ballotpedia.org/Redistricting(검색일: 2022년 11월 20일).

11 https://crsreports.congress.gov/product/pdf/IN/IN11618(검색일: 2023년 2월 4일).

과 달리 정교한 적용이 어렵다.[12] 왜냐하면 미래 선거의 결과는 예측하기 어렵고 획정 과정은 과거 인구 센서스와 과거의 선거 결과에 바탕을 두기 때문이다. 대규모 인구이동이 발생할 수도 있고, 경제 상황의 변화, 자연재해, 여론의 급격한 변화, 스캔들 등의 예상치 않은 요인이 작용할 수 있다. 지역구의 정치적, 인구 구성과 후보자의 거주지의 위치 등을 제외하고는 선거구 획정과정에서 미리 알 수 없는 정보이기 때문이다.

결과 중심 기준 중에서 널리 알려진 것은 1965년 제정된 선거권법(Voting Rights Act)이다. 이는 소수인종 공동체가 자신이 선택하는 후보자를 선택하도록 하기 위해 지역구를 조정하는 가이드라인이다. 선거권법 2조에서는 충족시켜야 하는 세 개의 기준을 제시하고 있다. 이는 소위 Thornburg v. Gingles 판결(1986)에서 언급된 바 있어서 깅글스 테스트(Gingles Test)로 불리기도 한다.[13] 첫째, 소수인종 공동체가 선거 지역구를 형성할 만큼 규모가 커야 한다. 둘째, 소수인종 공동체가 충분히 밀집되어 거주해야 한다. 셋째, 지역구 내에서 인종적으로 양극화된 투표 성향이 나타나야 한다. 하지만 개인의 투표 선택을 검증하는 것은 불가능하며, 집합수준에서의 투표결과를 통해 인종별 투표를 추론하는 방법이 사용될 수밖에 없다. 실제로는 이 추정치를 기반으로 소수인종이 선호하는 후보를 선출하기 위해 필요한 소수인종의 수가 계산된다(King 1997).

앞서 논의한 소수인종-과반 선거구(minority-majority district)는 1965년 선거권법 2조에 근거를 두고 소수인종의 선출직 진출을 늘리기 위해서 유권자의 다수가 소수인종인 의회 선거구를 만들어 내는 것을 지칭한다. 1992년 소수인종의 대표성을 높이기 위한 재획정이 도입되었는데, 흑인 대표성을 높이기 위해 15개의 연방하원 지역구, 라티노의 대표성을 높이기 위해 10개의 선

---

12 "A redistricting plan violates the Voting Rights Act if it simply has a discriminatory result."(John R. Dunne, Assistant Attorney General, Civil Rights Division, speech presented to the National Conference of State Legislators, Orlando, FL, August 13, Bullock 2021에서 재인용).

13 https://www.oyez.org/cases/1985/83-1968(검색일: 2022년 12월 10일); https://supreme.justia.com/cases/federal/us/478/30/(검색일: 2022년 12월 10일).

거구가 새롭게 탄생하였다(McDonald 2011; Canon 2022). 1992년 선거 결과 흑인과 라티노 하원의원이 37명에서 56명으로 51% 증가하였는데, 이는 미의회 역사에서 소수인종 출신의 의원들이 가장 많이 유입된 선거였다. 117대 의회에서 소수인종-과반 선거구는 138개 지역구에 달한다.[14]

이러한 선거구가 인종적 대표성에 미치는 효과에 대해서는 다양한 형태의 찬반론이 존재한다. 찬성하는 입장에서는 특정 인종의 유권자들이 여러 지역구에 분산되어서 있어서 대표성이 떨어지는 현상을 막기 위해서 소수-다수 선거구가 필요하다고 주장한다(Cameron et al. 1996; Canon 1999, 2022). 또한, 이러한 지역구의 존재는 주의회와 연방 의회에서 소수인종 집단의 대표성을 높이는 역할을 한다고 주장한다. 하지만 반대 주장도 만만치 않다. 이러한 선거구의 창출은 주변의 선거구에서 소수인종들을 흡수함으로써 주변 선거구에서 백인들의 인구비율이 높아지는 결과를 초래하며, 주변 지역구들의 공화당 지지자들의 숫자가 늘어나는 결과가 초래된다는 것이다(McDonald 2011).

4. 선거구 재획정의 역사적 추이

선거구 재획정은 어느 정당이 주의회의 주도권을 가지는가에 많은 영향을 받지만, 최근 경향은 초당적 위원회의 증가가 두드러지게 나타난다. 1960년 센서스 이후의 재획정 과정에서의 주도권의 변화를 살펴보자.[15] 각 정당의 주도권은 단점과 분점으로 분리할 수 있다. 단점은 주지사와 주 상하원을 같은 정당에서 장악하고 있는 경우를 지칭하며, 분점은 분할되어 있는 경우를 지칭한다.

1961년의 재획정 과정에서는 17개 주가 분점하에 있었다(의석수 149석). 공화당은 7개 주(51석)에서 주도권을 가지고 있었고, 민주당은 21개 주(220석)에서 주도권을 가지고 있었다. 1961년에는 5개 주(알래스카 주, 네바다 주, 와이오밍 주, 버몬트 주, 델라웨어 주)가 단일 선거구였다.

---

14 https://ballotpedia.org/Majority-minority_districts(검색일: 2022년 12월 3일).

15 1960년 이후 각 연도별, 주별 재획정 주도권과 하원 의석수의 변화는 https://thearp.org/maps 참조.

1971년의 재획정 과정에서는 분점이 증가하였으며, 22개 주(217석)에서 분점이었다. 공화당이 6개 주(67석)에서 단점으로 재획정을 주도하였다. 민주당은 16개 주(145석)에서 재획정 주도권을 가지고 있었다.

1980년 센서스 후 실시된 재획정에서는 민주당이 16개 주(164석)에서 단점 상태였기 때문에 재획정 과정을 주도하였다. 공화당이 5개 주(50석)에서 주도권을 가지고 있었으며, 32개 주(213석)는 분점 상태였다. 주목할 만한 점은 하와이(2석)에서 최초로 재획정 위원회가 등장하였으며, 6개 주가 단일 선거구(알래스카 주, 와이오밍 주, 노스다코타 주, 사우스다코타 주, 버몬트 주, 델라웨어 주)였다는 점이다. 민주당이 1980년대에 걸쳐 의회를 장악했다.

1990년 센서스 후 실시된 재획정 과정의 특징은 워싱턴 주에서 위원회의 설립이다. 이는 하와이 주에 이어 역사상 두 번째로 등장한 선거구 획정 위원회였다. 몬태나 주는 1990년 센서스 결과 인구의 감소로 인해 1석을 잃어 단일 선거구가 되었다. 이로 인해 주 단일 선거구는 7개가 되었다. 공화당은 유타 주와 뉴햄프셔 주(합계: 5석)에서만 단독 주도권을 가지고 있었지만, 민주당은 21개 주(172석)에서 주도권을 가지고 있었다. 나머지 절반 이상의 선거구는 분점인 주에 속해 있었다(240석). 민주당은 1992년 선거에서 258석을 얻어 다수당을 지켰으나, 1994년 중간선거에서 공화당이 230석(민주당 204석)을 얻었으며, 1990년대 내내 공화당 우위가 하원에서 지속되었다.

2001년 재획정 과정에는 애리조나 주, 아이다호 주, 뉴저지 주 등에서 위원회를 도입하였으나, 여전히 5개 주 34석에 불과했다. 공화당은 8개 주(98석)에서 단점을, 민주당은 12개 주(1235석)에서 단점 상태였다. 18개 주에서만이 분점이었으며, 161석을 차지했다. 단일 선거구인 주는 7개였다. 공화당은 2002년, 2004년 선거에서 각각 229석, 232석을 얻어서 다수당을 차지했으나, 2006년 선거에서 202석(민주당 233석)을 얻어 다수당의 자리를 내주었다. 공화당은 2010년 선거에서 242석을 얻어 다수당의 자리를 탈환했다.

2011년 재획정 당시에는 공화당은 17개 주(200석)에서 단점을, 민주당은 6개 주(44석)에 주도권을 가지고 있었다. 14개 주에서 분점인 상태였으며, 7개 주에서 단일 선거구였다. 캘리포니아 주에서 2000년대 중반에 위원회를 도입하였으며, 위원회를 도입한 주는 6개(88석)로 증가했다. 공화당은 2012년,

2014년, 2016년 하원 선거에서 234석, 247석, 241석을 얻어 다수당을 차지했지만, 2018년 선거에서 200석을 얻어 다수당의 자리를 민주당에 내주었다.

2021년 재획정 당시에는 위원회 유형의 급격한 증가가 두드러진다. 6개에서 11개 주로 늘어났으며, 총 의석은 147석에 달했다. 몬태나 주, 콜로라도 주, 미시건 주, 버지니아 주, 뉴욕 주 등에서 위원회가 등장하였다. 2021년부터 2022년까지 재획정이 이루어질 시기에 공화당이 20개 주(187석)에서 단점이었으며, 민주당은 7개 주(49석)에서 단점이었다. 몬태나 주의 의석이 증가하였으며, 단일 선거구인 주는 이제 6개로 감소하였다. 분점인 주는 6개(46석)로 급격히 감소하였다.

〈그림 1〉과 〈그림 2〉는 1960년 이후의 의회 회기별, 정당별 연방하원의원 의석수와 재획정 주도권 유형에 따른 변화를 보여준다. 두드러진 특징은 1990년 이후 공화당 의석수의 증가와 민주당 의석수의 감소이다. 또한, 선거구 획정 주도권 유형에 있어서는 공화당 주도 유형의 증가, 민주당 주도의 감소, 분점의 증가, 위원회 유형의 급격한 증가가 두드러진다.

[그림 1] 정당별 연방하원의원 의석수, 1959-2023

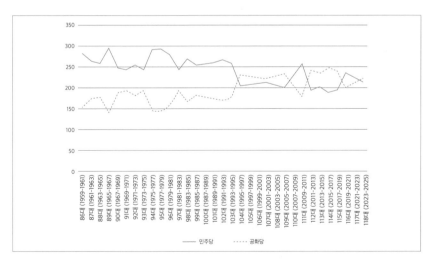

출처: https://history.house.gov/Institution/Election-Statistics/Election-Statistics/ 데이터를 바탕으로 저자 작성

[그림 2] 재획정 주도권 유형에 따른 의석수 변화, 1961-2021

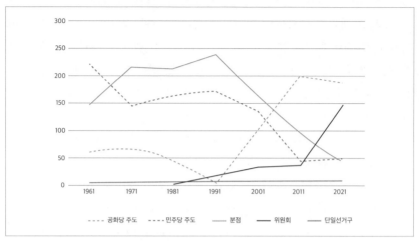

출처: https://thearp.org/maps 데이터를 바탕으로 저자 작성

III. 2020년 인구 센서스와 선거구 재획정 과정

1. 인구 센서스에서 선거구 재획정으로

　선거구 재획정은 인구 센서스 데이터의 공개와 더불어 시작된다. 센서스는 미국 내에 거주하는 모든 인구를 조사하며 10년마다 실시된다. 센서스 결과를 바탕으로 어떤 주의 하원의원 수가 늘어나며 어떤 주에서 줄어드는지 결정된다(Ketzer and Arel 2002; Bouk 2022). 각 주의 인구는 센서스가 실시되는 해의 연말까지 보고된다. 따라서 2020년 센서스는 2020년 12월 31일까지 보고되어야 했으나 코로나 팬데믹으로 인해 2021년 4월까지로 연기되었다. 이 결과를 바탕으로 2021년 8월 12일 미국 인구통계국에서 블록별 인구수를 발표했다.[16] 10년마다 구획되는 센서스 블록은 선로, 도로 혹은 소유권의 경계에 따라 정해지는 지리적인 특성과 비가시적인 경계로 결정된다. 이 블록에

---

16 https://www.census.gov/newsroom/press-releases/2021/population-changes-nations-diversity.html(검색일: 2022년 11월 10일).

따라 지난 10년간의 인구 변화를 결정할 수 있게 된다.[17]

센서스 결과를 바탕으로 각 주는 10년마다 선거구의 경계를 재획정하는데, 10년이 되기 전에 사법부는 선거구를 무효화하거나 새로운 경계를 획정할 수 있으며, 의회에 재획정 작업을 요청할 수도 있다. 지난 10년간 플로리다 주, 노스캐롤라이나 주, 버지니아 주 그리고 펜실베니아 주 등에서 비정기적 재획정이 발생했다(Dixon 2015; fivethirtyeight 2022).

센서스의 작업이 종료되면 인구증가에 따라 각 주별 하원 의석이 결정되는데, 대부분의 주는 같은 의석수를 유지한다. 하지만 선거구 조정을 통해 몇 개의 주는 하원에서 의석을 얻기도, 잃기도 한다.

선거구 재획정의 절차는 다음과 같이 진행된다.[18] 첫째, 인구통계국에서 주의 전체 인구데이터를 각 주에 전달한다. 둘째, 인구통계국에서 세부적인, 블록별 인구를 주에 전달한다. 셋째, 각 주에서 정해진 절차에 따라 선거구 재획정 절차를 시작한다. 하지만 앞서 말한 바와 같이 각 선거구의 인구는 대략 비슷하도록 법률로 정해져 있다.

2. 선거구 재획정의 주도권 양상

중간선거 이전의 하원의 의석 분포는 2021년 117대 의회가 시작되는 시점에 민주당 222석, 공화당 211석, 공석 2석였다. 2022년 중간선거 직전 민주당 220석, 공화당 213석, 공석 2석으로 양당 간의 의석 차이가 매우 적었기 때문에 몇 석의 차이로 118대 의회의 균형추가 옮겨질 수 있는 상황이었다.

2020년 센서스 결과 텍사스 주가 가장 많은 2석을 얻었으며, 캘리포니아 주는 1석을 잃었다. 이 밖에 콜로라도 주, 플로리다 주, 몬태나 주, 노스캐롤라이나 주, 오리건 주가 1석씩을 얻었으며, 일리노이 주, 미시건 주, 뉴욕 주, 오하이오 주, 펜실베니아 주, 웨스트버지니아 주가 1석씩을 잃었다.[19]

---

17 https://www2.census.gov/geo/pdfs/reference/GARM/Ch11GARM.pdf(검색일: 2022년 11월 10일).

18 https://www.census.gov/programs-surveys/decennial-census/about/rdo.html(검색일: 2022년 12월 5일).

19 https://www2.census.gov/programs-surveys/decennial/2020/data/apportionment/ apportionment-2020-tableD.pdf(검색일: 2022년 12월 7일).

[그림 3] 2011년과 2021년 주별 선거구 획정의 주도권 변화

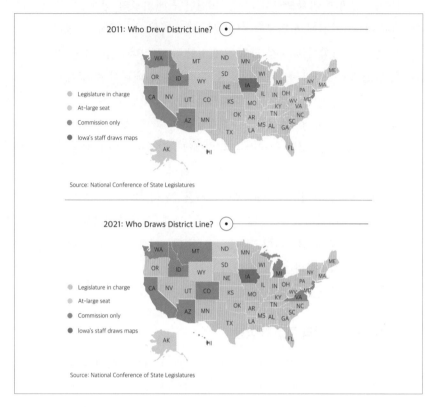

출처: https://about.bgov.com/brief/who-draws-congressional-districts/

　　2011년과 2021년의 선거구 획정에서 정당별 주도권을 비교하면 버지니아 주, 미시건 주, 콜로라도 주, 몬태나 주에서 변화가 있었다. 버지니아 주, 미시건 주, 콜로라도 주에서 선거구 획정을 담당하는 기관이 주의회에서 위원회로 바뀌었으며, 몬태나 주는 단일 선거구에서 2인 선거구로 의석수가 증가해 선거구 재획정의 필요성이 발생하였으며, 위원회 방식을 도입하였다.[20] 여전히 많은 주에서 주의회가 선거구 획정 권한을 가지고 있지만, 점차로 더 많은 주에서 의회로부터 위원회로 재획정 주체가 변화하고 있다(<그림 3>과 <표 1> 참조).

20　https://www.cookpolitical.com/redistricting(검색일: 2022년 12월 6일).

[표 1] 각 주의 하원 의석수, 10년간(2012-2022) 증감 및 재획정 방식

주	의석수	의석수 변화 (2010-2020)	재획정 주도권
앨러배마	7		공화당
알래스카	1		단일선거구
애리조나	9		위원회
아칸소	4		공화당
캘리포니아	52	-1	위원회
콜로라도	8	1	위원회
코네티컷	5		분점
델라웨어	1		단일선거구
플로리다	28	1	공화당
조지아	14		공화당
하와이	2		위원회
아이다호	2		위원회
일리노이	17	-1	민주당
인디애나	9		공화당
아이오와	4		위원회/공화당
캔자스	4		공화당
켄터키	6		공화당
루이지애나	6		분점
메인	2		분점
메릴랜드	8		민주당
매사추세츠	9		민주당
미시건	13	-1	위원회

미네소타	8		분점
미시시피	4		공화당
미주리	8		공화당
몬태나	2	1	위원회
네브라스카	3		공화당
네바다	4		민주당
뉴햄프셔	2		공화당
뉴저지	12		위원회
뉴멕시코	3		위원회
뉴욕	26	-1	위원회/민주당
노스캐롤라이나	14	1	공화당
노스다코타	1		단일선거구
오하이오	15	-1	위원회/공화당
오클라호마	5		공화당
오리건	6	1	민주당
펜실베니아	17	-1	분점
로드아일랜드	2		민주당
사우스캐롤라이나	7		공화당
사우스다코타	1		단일선거구
테네시	9		공화당
텍사스	38	2	공화당
유타	4		위원회/공화당
버몬트	1		단일선거구
버지니아	11		위원회

미국 중간선거 분석

워싱턴	10		위원회
웨스트버지니아	2	-1	공화당
위스컨신	8		분점
와이오밍	1		단일선거구

출처: https://www.cookpolitical.com/redistricting

영구할당법(The Permanent Apportionment Act, 1929)에 의해 하원의 의석은 435명으로 고정되어 있기 때문에 선거구 재조정은 제로섬 게임이다. 2020년 4월 1일 기준 미국의 인구는 331,108,434명이었으며, 하원 선거구의 평균 인구는 761,169명이었는데, 이는 2010년의 710,767명에 비해 증가한 것이다.[21]

선거구 재획정 과정에서 공화당은 민주당보다 더 많은 지역에서 영향력을 가지고 있었으며(<표 1 참조>), 단순히 숫자로만 본다면 재획정에서는 유리한 고지를 점한 것으로 볼 수 있다. 20개 주에서 공화당이 최종적인 결정권을 가지고 있지만, 민주당은 8개 주에서만 결정권을 가지고 있었다. 선거구 재획정을 통해 공화당은 상당수의 자당 현역의원을 안전지대에 배치할 수 있었으며, 2022년 중간선거에서 약진이 기대되었다.

IV. 선거구 재획정이 2022년 중간선거 결과에 미친 영향

1. 선거구 재획정 주도권 유형별 선거 결과

중간선거 결과를 주별 선거구 재획정 유형에 따라서 살펴보면 선거 이전의 기대와는 다른 양상이 나타난다.[22] 첫 번째 유형은 공화당이 주도하는 의회형이다. 공화당은 18개 주에서 선거구 재획정 과정에서 주의회를 통해 주도적인 역할을 하였다. 공화당은 플로리다 주에서 가장 많은 의석수의 약진(4석)을

---

21 https://www.census.gov/library/stories/2021/04/2020-census-data-release.html(검색일: 2022년 11월 20일).

22 선거 결과는 다음의 자료를 참조하여 재작성하였음. https://www.politico.com/2022-election/results/redistricting/(검색일: 2023년 2월 10일).

보였으며, 조지아 주, 인디애나 주, 테네시 주에서 1석씩을 더 얻었다. 텍사스 주의 경우는 재획정의 결과 2석이 증가하였으며, 민주당과 공화당이 각각 1석을 가져갔다. 전체적으로 민주당은 2석을 잃고, 공화당은 5석을 더 얻은 것으로 나타났다. 이 유형에 속한 선거구에서는 민주당이 42석, 공화당이 131석을 얻었다.

두 번째 유형은 민주당이 의회를 통해 주도적으로 선거구를 재획정한 경우이다. 이 유형에 속하는 일리노이 주에서는 의석이 1석 감소하였다. 민주당은 1석을 더 얻었으며 공화당은 2석을 잃었다. 뉴멕시코 주에서는 민주당이, 오리건 주에서는 공화당이 1석을 더 얻었다. 전체적으로 이 유형에 속한 주에서는 민주당이 74석, 공화당이 40석을 얻었고, 선거 이전과 비교하여 민주당이 2석을 더 얻었으며, 공화당은 2석을 잃은 것으로 나타났다.

세 번째 유형은 독립적인 위원회가 재획정 과정을 관장한 경우이다. 10개 주가 이 유형에 해당하는데, 이 유형에 속한 주 중에서는 애리조나 주 2석, 아이오와 주, 몬태나 주, 뉴저지 주에서 1석씩 공화당의 의석이 증가했다. 결과적으로 민주당이 74석, 공화당이 40석을 얻었으며, 선거 이전과 비교하면 민주당이 4석을 잃고, 공화당이 4석을 더 얻은 것으로 나타났다.

네 번째 유형은 법원에 의해서 결정된 경우이다. 전체적으로 민주당은 57석, 공화당은 42석을 얻었으며, 선거 전과 비교하여 민주당은 4석을 잃었고 공화당은 3석을 더 얻었다. 뉴욕 주에서 공화당이 3석, 버지니아 주와 위스컨신 주에서 각각 1석을 더 얻었으며, 민주당은 노스캐롤라이나 주에서만 2석을 더 얻었다.

종합하면, 민주당은 자신들이 의회 주도권을 가진 유형에서 2석을 더 얻었지만, 공화당 의회 주도형에서 2석, 위원회형에서 4석, 사법부 주도형에서 4석을 잃은 것으로 나타났다(〈표 2〉 참조).

[표 2] 각 주별 선거구 획정 유형, 정당별 의석 및 변화(2022년 중간선거 결과)

유형	주	민주당 의석	공화당 의석	민주당 의석 변화	공화당 의석 변화
의회 (공화당 주도)	앨라배마	1	6	-2	5
	아칸소	0	4	0	0
	플로리다	8	2	0	0
	조지아	5	9	-2	4
	인디애나	2	7	-1	1
	캔자스	1	3	0	1
	켄터키	1	5	0	0
	루이지애나	1	5	0	0
	미시시피	1	3	0	0
	미주리	2	6	0	0
	네브라스카	0	3	0	0
	오하이오	5	10	1	-2
	오클라호마	0	5	0	0
	사우스 캐롤라이나	1	6	0	0
	테네시	1	8	-1	1
	텍사스	13	25	1	1
	유타	0	4	0	0
	웨스트 버지니아	0	2	0	-1
독립 위원회	애리조나	3	6	-2	2
	캘리포니아	40	12	-2	1
	콜로라도	5	3	1	0

	하와이	2	0	0	0
	아이다호	0	2	0	0
	아이오와	0	4	-1	1
	미시건	7	6	0	-1
	몬태나	0	2	0	1
	뉴저지	9	3	-1	1
	워싱턴	8	2	1	-1
	일리노이	14	3	1	-2
	메인	2	0	0	0
	매사추세츠	9	0	0	0
의회 (민주당 주도)	네바다	3	1	0	0
	뉴멕시코	3	0	1	-1
	오리건	4	2	0	1
	로드 아일랜드	2	0	0	0
	코네티컷	5	0	0	0
	메릴랜드	7	1	0	0
	미네소타	4	4	0	0
	뉴햄프셔	2	0	0	0
사법부	뉴욕	15	11	-4	3
	노스 캐롤라이나	7	7	2	-1
	펜실베니아	9	8	0	-1
	버지니아	6	5	-1	1
	위스컨신	2	6	-1	1

출처: https://www.politico.com/2022-election/results/redistricting/
데이터를 바탕으로 저자 작성

미국 중간선거 분석

2. 경합 선거구의 선거 결과에 미친 영향

미국 선거에서 중간선거는 현직 대통령에 대한 중간 평가의 성격을 띤다. 대체적으로 투표율이 매우 낮으며, 대통령이 소속된 정당이 승리하는 것은 매우 드문 현상이다(Campbell 1960; Campbell 1987). 2022년 선거 직전의 상황도 비슷하였으며, 많은 전문가들은 과거의 선례를 보면 공화당이 최소 20석 이상은 더 얻을 것이라고 예상하였다(Wooley 2022). 결과적으로 공화당은 222석을 얻어 간신히 과반을 달성하였지만, 선거 전의 예상과는 큰 차이가 있는 결과였다. 이는 3개의 지역구에서 몇천 표만 민주당에게 갔으면 민주당이 하원다수당을 유지할 수 있었을 것을 의미한다. 그렇다면 박빙의 차이로 승패가 갈린 선거구에서는 선거구 획정을 누가 주도하였을까?

[표 3] 박빙 승부처 30개 선거구 결과

선거구	재획정 결정 방식	득표율 격차(% 포인트)	승리 후보 소속 정당
CO-03	위원회	0.20	공화당
CA-13	위원회	0.40	공화당
MI-10	위원회	0.50	공화당
NY-17	사법부	0.60	공화당
IA-03	의회(공화당 다수)	0.70	공화당
NM-02	의회(민주당 다수)	0.70	민주당
CO-08	위원회	0.70	민주당
CT-05	사법부	0.80	민주당
WA-03	위원회	0.80	민주당
AZ-01	위원회	0.90	공화당
NY-22	사법부	1.00	공화당
NY-18	사법부	1.40	민주당
AZ-06	위원회	1.50	공화당

NY-19	사법부	1.60	공화당
PA-07	사법부	2.00	민주당
OR-05	의회(민주당 다수)	2.10	공화당
PA-08	사법부	2.40	민주당
OR-06	의회(민주당 다수)	2.50	민주당
NE-02	의회(공화당 다수)	2.70	공화당
NJ-07	위원회	2.80	공화당
CA-22	위원회	3.10	공화당
NC-13	사법부	3.20	민주당
MT-01	위원회	3.30	공화당
VA-02	사법부	3.40	공화당
CA-47	위원회	3.40	민주당
NY-04	사법부	3.60	공화당
WI-03	사법부	3.70	공화당
RI-02	의회(민주당 다수)	3.80	민주당
IL-17	의회(민주당 다수)	4.00	민주당
NV-03	의회(민주당 다수)	4.00	민주당

출처: www.nytimes.com

〈표 3〉은 4% 포인트 이내의 차이로 승리가 결정된 30개 선거구의 결과이다. 이 중에서 의회 결정형은 8개(공화당 다수 2, 민주당 다수 6), 위원회형 11개, 사법부 결정 11개이다. 〈표 4〉는 선거구 재획정 유형과 주도권 및 1위 득표 후보와 2위 득표 후보 간의 득표율 격차를 나타낸 것이다.

[표 4] 선거구 획정 방식과 경합도(하원 단일선거구와 메인 주 제외)

획정 방식	전체 의석	4% 포인트 이하	4% 포인트 ~ 8% 포인트	8% 포인트 ~ 15% 포인트	15% 포인트 이상
공화당 주도	177	2	5	18	152
민주당 주도	49	6	3	8	32
위원회	110	11	8	15	76
사법부	91	11	7	15	59
합계	427	30	23	56	319

출처: https://www.brennancenter.org/ 데이터를 바탕으로 저자 작성

전체 하원 선거구 중에서 위원회와 사법부가 재획정을 담당한 것은 201개 선거구로 대략 절반 정도이다. 하지만 경합 선거구로 제한하여 보면, 4% 포인트 이하의 득표율 차이로 당락이 결정된 선거구 30개 중 위원회나 사법부가 재획정을 담당한 곳이 22개로서 이는 3/4에 해당한다. 8% 포인트 이하로 당락이 결정된 선거구로 확장하면 이 두 유형의 재획정이 실시된 선거구가 2/3에 해당한다. 반면, 민주당의 경우 30개의 경합 선거구 중에서 6개, 공화당은 2개의 선거구에서만 재획정에 영향력을 가지고 있었다(Leaverton 2022).

공화당이 재획정에 권한을 가지고 있는 선거구는 177개로 전체 선거구의 40%가 넘지만, 선거 결과를 보면 대부분은 경합지역이 아니었다. 177개 선거구 중 86%의 선거구에서 15% 포인트 이상의 득표율 차이로 공화당 후보가 승리를 거두었으며, 4% 정도의 선거구만이 8% 포인트 이내의 격차로 승리를 거두었다. 초박빙 지역으로 볼 수 있는 4% 포인트 이내의 차이로 승부가 갈린 선거구는 선거구의 1%에 불과하였다. 민주당이 재획정에 주도권을 가진 선거구는 49개에 불과했지만, 여기에는 4% 포인트 이내의 득표율 차이로 승부가 결정된 박빙 지역이 포함되어 있다. 민주당은 65% 이상의 선거구에서 15% 포인트 이상의 격차로 승리를 거두었지만, 4% 포인트 이내의 격차로 승리를 거둔 선거구도 12%에 달했다. 4% 포인트 이내의 박빙 승부가 펼쳐졌던

지역으로 제한하면 사법부 주도(34%), 위원회 주도(38%), 민주당 주도(21%), 공화당 주도(7%)로 사법부와 위원회형이 절반 이상이었다.[23]

종합하면 2020년 센서스 결과 이루어진 선거구 재획정에서 공화당이 많은 주에서 주도권을 가졌지만, 이 선거구는 대부분 경합 주가 아니라 공화당이 우세인 지역이었다. 따라서 선거 결과만으로 선거구 재획정이 공화당에 유리하게 작용했다는 평가를 내리기는 어렵다. 오히려 경합지역에서는 민주당이 선거구 재획정에서 주도권을 쥔 선거구가 많았다. 하지만 다수를 점하는 것은 사법부 결정형과 위원회형이었다.

3. 주별 선거 결과 분석

다음으로 중간선거 이전부터 주목을 끌었던 주인 애리조나 주, 플로리다 주, 뉴욕 주, 뉴멕시코 주 및 오리건 주의 선거 결과를 살펴본다.

애리조나 주

애리조나 주에서 공화당은 주지사와 연방상원의원 선거에서는 패배했지만, 2번과 6번 선거구에서 하원의원을 당선시켰다. 독립기구인 위원회에서 2021년에 만장일치로 통과시킨 재획정안이 결과적으로 공화당에 유리하게 작용한 것으로 볼 수 있지만, 공화당 지역구에서 승리를 거둔 지역에서 민주당 후보와의 격차가 이전보다 감소하였다. 즉, 재획정의 결과 상당수의 지역구가 안정적인 지역구에서 경쟁적인 지역구로 변화한 것이다.[24] 예컨대, 1번 선거구의 슈와이커트(David Schweikert-R) 의원의 경우 2020년 선거에서 5% 포인트의 차이로 승리(52.2% vs 47.8%)를 거두었지만, 2020년 중간선거에서는 0.88% 포인트 차이의 신승을 거두었다(50.4% vs 49.6%). 종합적으로 볼 때 전체 9석 중 공화당이 6석, 민주당이 3석을 차지했다.

---

23 소수점 이하의 숫자는 반올림하였다.

24 https://projects.fivethirtyeight.com/redistricting-2022-maps/arizona/ (검색일: 2023년 1월 20일).

플로리다 주

급격하게 공화당 성향으로 변화하고 있는 플로리다 주는 2022년 중간선거에서도 공화당의 약진이 두드러졌다. 플로리다 주에서 공화당의 약진은 공화당 주도 의회에 의한 게리맨더링에 힘입은 바 크다. 2022년 4월 디산티스 주지사는 재획정안을 여러 차례 거부한 후 공화당에 유리한 재획정안을 성공적으로 통과시켰다. 민주당 의원들은 이 안이 공화당에 지나치게 유리하다면서 반대하였지만, 주의회에서 68 대 38로 통과되었다. 시민단체들이 새로운 재획정안에 대해 위헌 소송을 제기하였지만, 몇 번의 판결을 거치면서 플로리다 법원은 디산티스의 재획정안을 2022년 중간선거에서 허용하였다.[25] 하지만 2022년 11월 중간선거에서 사용된 재획정안이 "의도적으로 인종적 차별(intentionally racially discriminatory)"을 하고 있다는 민주당의 주장에 대해 연방 법원 판사들이 2 대 1로 손을 들어 줌으로써 향후에 위헌으로 판결될 여지가 남아있기는 하다(WUFS 2022). 결과적으로 공화당이 20석을 얻었으며, 민주당은 8석을 얻음으로써 공화당이 4석을 추가하였다.

뉴욕 주

뉴욕 주 의회는 민주당이 주도하고 있지만, 민주당 주도의 게리맨더링 재획정안이 주 대법원에 의해 기각되었다. 2022년 4월 뉴욕 주 법원은 민주당 주도의 주의회에서 제출한 재획정안이 민주당에 유리하게 작성되었으며 위헌이라고 판결하였다. 대신 뉴욕 주 항소법원은 재획정 권한을 특별 임명된 전문가에 위임했으며 민주당 안에 비해 균형잡힌 안을 제안하였다. 결과적으로 재획정안은 공화당에 유리하게 결정되었다(2022년 5월 20일).[26] 중간선거 후 공화당은 4석을 더 얻었다. 이 4석에는 민주당의 거물 민주당 하원 선거위원회 의장인 멀로니(Sean Patrick Maloney) 선거구인 17번 선거구에서 로울러(Michael Lawler)의 승리도 포함된다. 결과적으로 민주당 15석, 공화당 11석을 얻었다.

---

25 https://projects.fivethirtyeight.com/redistricting-2022-maps/florida/ (검색일: 2023년 1월 20일).

26 https://projects.fivethirtyeight.com/redistricting-2022-maps/new-york/ (검색일: 2023년 1월 20일).

뉴멕시코 주

뉴멕시코 주 2번 선거구에서 공화당 현직 헤럴(Yvette Herrell)이 0.7%p 차이로 바스케즈(Gabriel Vasquez)에 패배함으로써 3석의 하원의원을 모두 공화당이 차지하게 되었다. 뉴멕시코 주의 주의회는 민주당이 장악하고 있으며, 2021년 12월 민주당 주도의 주의회에서 재획정안을 통과시켰다. 이 재획정안은 기존 현역 민주당 의원 지역구의 경쟁도를 약간 높이기는 했지만, 헤럴의 지역구에서의 경쟁도도 상승시켰다.[27] 공화당을 비롯한 몇몇 단체에서 재획정안에 대해서 소송을 제기하였으며 뉴멕시코 주정부에서 1월에 심리를 시작하여 2023년 상반기 현재 진행 중이다(Fisher 2023). 결과적으로 민주당이 3석을 모두 가져갔으며, 1석을 추가한 셈이다.

오리건 주

오리건 주의 선거구 재획정 결과는 민주당에 유리하게 보였다. 6석 중 3석은 안정적인 민주당 선거구, 1석은 안정적인 공화당 선거구, 1석은 민주당 성향, 나머지 1석은 경합 선거구로 분류되었다. 오리건은 2020년의 인구조사 결과 1석이 증가하였는데, 새롭게 만들어진 지역구는 2008년 이래 민주당의 슈레이더(Kurt Schrader)가 지키고 있던 지역이었으며, 민주당 우세로 알려진 지역이었다. 결과적으로 민주당 4석, 공화당 2석을 얻어서 공화당이 1석 약진하였다.

4. 소수인종 대표성에 미친 영향

2022년 중간선거에서 주지사, 하원의원, 주 법무장관, 국무장관 등의 선거에서 소수인종 대표성이라는 관점에서 몇 가지 주목할 만한 결과가 나왔다. 우선 흑인 당선자를 중심으로 살펴보자면, 메릴랜드 주에서 무어(Wes Moore)가 주지사로 당선되어, 메릴랜드 주 역사상 첫 흑인 주지사가 되었다. 플로리다 주 10번 선거구에서 당선된 프로스트(Maxwell Alejandro Frost)는 선

---

[27] https://projects.fivethirtyeight.com/redistricting-2022-maps/new-mexico/ (검색일: 2023년 1월 20일).

거일 기준 25세의 나이로 연방하원의원에 당선된 첫 Z세대가 되었다(Thakker 2022). 이 밖에 메릴랜드의 브라운(Anthony Brown)은 흑인 최초로 주 법무장관에 당선되었으며, 매사추세츠의 캠벨(Andrea Campbell)은 주 역사상 법무장관에 당선된 최초의 흑인 여성이다. 펜실베니아의 리(Summer Lee)는 연방하원에 당선된 첫 번째 흑인 여성이며, 러셀(Ertick Russell)은 코네티컷의 주 재무장관으로 당선되어 주 단위 선출직 공직에 당선된 최초의 흑인 LGBT 후보가 되었다. 또한 토마스(Stephanie Thomas)는 코네티컷 주 국무장관으로 당선되어 코네티컷 주 최초의 흑인 여성 국무장관이 되었다.

2022년 선거에서 처음 당선된 라티노/라티나 후보자는 12명으로 파악된다(Acevedo 2022). 라티노는 미국의 50개 주 중에서 44개 주에서 출마하였다. 오리건 주에서 살리나스(Andrea Salinas-D)가 6번 선거구에서 차베스-드레머(Lori Chavez-DeRemer)가 5번 선거구에서 승리를 거둠으로써 연방하원에 처음 진출하게 되었다. 애리조나 주에서는 시스코마니(Juan Ciscomani)가 6번 선거구에서 민주당의 엥겔(Kirsten Engel)을 상대로 승리를 거두어 애리조나 주 최초의 라티노 공화당 연방하원의원이 되었다. 콜로라도 주에서는 카라베오(Yadira Caraveo)가 새롭게 만들어진 선거구인 8번 선거구에서 당선되어 콜로라도 주의 첫 번째 라티나 연방하원의원이 되었다. 플로리다 주에서 공화당의 루나(Anna Paulina Luna)가 당선되어 플로리다 주의 첫 번째 멕시코계 여성 연방하원의원이 되었으며, 앞서 말한 프로스트(Maxwell Alejandro Frost)는 연방 의회에 진출한 첫 번째 Z세대 정치인이다. 캘리포니아 주에서 민주당의 가르시아(Robert Garcia)는 42번 선거구에서 승리함으로써 연방의회에 진출한 첫 번째 LGBTQ 이민자(페루 출신) 정치인이 되었다. 파디야(Alex Padilla)는 캘리포니아에서 처음으로 당선된 라티노(남성) 상원의원이 되었다. 일리노이 주에서 민주당의 라미레즈(Delia Ramirez)가 3번 선거구에서 승리를 거둠으로써 일리노이 주 출신의 첫 라티나(여성) 연방의원이 되었다. 뉴욕 주에서는 공석이었던 3번 선거구에서 공화당의 산토스(George Santos)가 당선되어 라티노(브라질)이자 LGBTQ인 유일한 공화당 연방하원의원이 되었다. 이 외에도 델가도(Antonio Delgado)는 뉴욕 주 역사상 첫 라티노 부지사이며, 로드아일랜드의 마토스(Sabina Matos)는 부지사에 당선됨으로써 최초의 라티나(도미니카 공화국 출신) 부지사가 되었다.[28]

아시아계의 경우에도 두드러진 결과가 있었다(Cole 2022). 로스앤젤레스에서 메지아(Kenneth Mejia)가 시 감사(city controller)에 당선되어 최초의 시단위 업무를 관할하는 선출직에 당선된 아시아계 미국인이 되었을 뿐 아니라, 시에서 최초로 선출직에 진출한 필리핀계 미국인이 되었다. 일리노이 주 주의회의 51번째 선거구에서 당선된 시에드(Nebeela Syed)는 23세로 최연소이며 인도계 무슬림 미국인이다. 이 밖에 메릴랜드 주의 밀러(Aruna Miller)는 1972년에 미국으로 이민하여 2000년에 시민권을 획득하였으며, 2022년 부지사(lieutenant governor)에 당선되어 미국 역사상 최초의 남아시아 출신 부지사가 되었다(Kaur 2022). 캘리포니아 주의 오렌지 카운티에서는 스틸(Michelle Steel)이 45번 선거구에서 첸(Jay Chen)을 상대로 승리를 거두었다.

〈그림 4〉는 2001년-2023년(107대-118대)의 미국 의회의 상하원의원의 인종별 분포를 나타낸다. 이 기간 동안 소수인종 의원의 수도 급격히 증가하였으며, 흑인은 물론 아시아계, 라티노 및 아메리칸 인디언과 알래스카 원주민 후보자의 의회 진출에 증가가 두드러진다. 2023년에 시작된 118대 의회의 소수인종 구성을 보면 흑인(60석), 라티노(54석), 아시아계(18석), 아메리카 인디언 및 태평양 도서 지역 출신(5석)의 합계 137석으로 117대에 비해서는 9석이 늘어났으며, 107대(63석)와 비교한다면 74석이 증가하여 2배 이상 증가한 것으로 나타난다. 각 인종별 증가를 보면 모든 인종에 걸쳐서 증가하지만, 최근에는 라티노 의원의 수의 증가가 두드러진다. 이는 급증하는 라티노 인구, 특히 유권자의 증가를 반영한다고 볼 수 있다.

---

28 로드아일랜드 주에서는 부지사도 별도의 선거를 통해 선출된다.

[그림 4] 미국 상하원 소수인종별 분포, 2001-2023

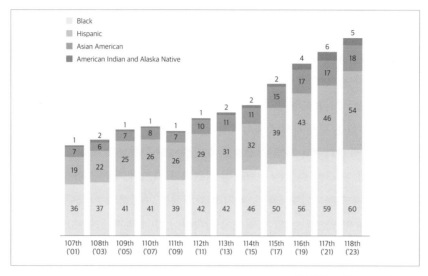

출처: Pew Research Center

V. 결론

2022년 중간선거는 끝났지만, 선거구 재획정 관련 논의는 현재 진행형이다. 2023년 6월 8일 미국 연방대법원은 앨라배마 주의회에서 공화당 주도로 작성된 재획정안이 선거권법을 위반하여 소수인종의 투표권을 침해했다고 판결하였다(Liptak 2023). 앨라배마 주는 2024년 선거 이전에 새로운 선거구 재획정안을 마련하여야 하는 상황에 처하였다. 또한, 현재 연방법원에 계류 중인 재획정 관련 사례 63건 중 31건이 소수인종의 투표권 침해에 관련된다(Greenberg and Selzer 2023). 2022년 선거구 재획정을 둘러싼 정치적 과정은 현재 진행형이다.

본 장에서는 선거구 재획정을 둘러싼 쟁점들을 살펴보고 2022년 중간선거 결과를 선거구 재획정과 관련하여 살펴보았다. 선거구 재획정은 인구 센서스의 결과가 확정된 후 기술적으로 진행되는 절차이지만 그 과정은 매우 정치적이다. 이러한 정치적 동학은 주마다 다른 제도로 인해 더 복잡한 양상을 띤다.

2020년 센서스 이후 진행된 선거구 재획정이 전반적으로 공화당에 유리하게 진행되었다는 주장이 많았다. 이러한 주장은 공화당이 주도하는 주의회가 공화당에 유리하게 선거구 재획정을 했다는 가정에 입각해 있다. 하지만 어느 정당에 유리하게 진행되었는가를 보기 위해서는 주의회의 정당별 구성만이 아니라 각 선거구별 경합도를 고려하여야 한다. 선거 결과를 살펴볼 때 재획정이 반드시 공화당에 유리하게 진행된 것은 아니었다.

선거구 획정 과정에서 주목할 만한 점은 위원회형과 사법부 결정 유형의 증가이다. 위원회형과 사법부 결정형의 경우에는 공화당에 유리한 결과가 산출되었는데, 이러한 현상은 독립적인 위원회가 재획정 과정을 관장하는 경우에 두드러지게 나타났다. 물론, 재획정 과정에는 주의회의 의석수 분포와 위원회의 성향이 반영되어 있기 때문에 재획정이 선거 결과에 영향을 미쳤다는 해석을 할 수는 있지만, 이러한 논의는 본 장의 범위를 넘어선다.

인구 센서스와 선거구 재획정이 선거에 미치는 영향에 대한 연구는 선거 연구에서 주요 주제는 아니었다. 하지만 10년마다 이루어지는 선거구 재획정은 매우 정치적으로 복잡한 과정이며 선거구 재획정의 결과는 선거 결과에 중요한 영향을 미치기도 한다. 특히, 경합 주의 경합 선거구의 경우에는 더욱 그렇다. 양극화의 심화로 인해 대부분의 선거구에서는 이미 승자가 결정되어 있는 경우가 많다. 하지만 경합 선거구의 경우에는 선거구 재획정이 승패를 갈라놓을 수 있다.

2022년 중간선거 결과 소수인종의 의회 진출이 증가하였다는 점은 주목할 만하며, 라티노와 아시아계의 진출이 두드러진다. 본 연구에서는 데이터의 한계로 각 인종 소수-다수 선거구에서의 소수인종 당선자와 여타 지역구에서의 소수인종 당선자에 대한 구체적인 분석을 진행하지 못하였다. 또한, 본 연구에서는 연방하원 선거에만 초점을 맞추었다. 또한, 본 연구에서는 각 주의 위원회의 구성을 둘러싼 정치화 과정에 대한 논의의 심층적인 분석은 이루어지지 못했다. 즉, 선거구 재획정 과정의 사법화나 위원회의 구성이 선거 결과에 미치는 영향도 중요하지만, 이 과정 자체가 이미 정치화되어 있으며 해당 주의 경합 상황을 반영하는 것으로 볼 수 있다는 점에서 각 주별 위원회의 정파적 구성 과정은 물론 각 주 의회 구성 및 선거 과정에 대한 더욱 심도 있는 연구가 필요하다.

참고문헌

Ballotpedia. n. d. "Majority-minority districts." https://ballotpedia.org/
Majority-minority_districts.

_____. n. d. "Redistricting." https://ballotpedia.org/Redistricting.

Bickerstaff, Steve. 2007. Lines in the Sand: Congressional Redistricting in
Texas ans the Downfall of Tom DeLay. Austin, TX: University of Texas
Press.

Bouk, Dan. 2022. Democracy's Data: The Hidden Stories in the U.S. Census
and How to Read Them. New York: Farrar, Straus and Giroux.

Brace, Kimball, Bernard N. Grofman, Lisa R. Handley, and Richard G. Niemi.
1988. "Minority Voting Equality: The 65 Percent Rule in Theory and
Practice." Law & Policy 10(1): 43-62.

Brunell, Thomas L. 2008. Redistricting and Representation: Why Competitive
Electios are Bad for America. New York: Routledge.

Bullock, Charles S., III. 2021. Redistricting: The Most Political Activity in
America. 2nd ed. Lanham, MD: Rowman & Littlefield,.

Butler, David and Bruce Cain. 1992. Congressional Redistricting:
Comparative and Theoretical Perspectives. New York: Macmillan,.

Cain, Bruce. 1985. "Assessing Partisan Effect of Redistricting." American
Political Science Review 79(2): 320-33.

Cameron, Colin, David Epstein and Sharin O'Halloran. 1996. "Do Majority-
minority Districts Maximize Substantive Black Representation in
Congress." American Political Science Review 90(4): 794-812.

Campbell, Angus. 1960. "Surge and Decline: A Study of Electoral Change."

The Public Opinion Quartely 24(3): 397-418.

_____, James. 1987. "The Revised Theory of Surge and Decline." American Journal of Political Science 31(4): 965-979.

Canon, David. 1999. Race, Redistricting, and Representation: The Unintended Consequences of Black Majority Districts. Chicago, IL: The University of Chicago Press.

_____, David. 2022. "Race and Redistricting." Annual Review of Political Science 25: 509-28.

Clayton, Dewey M. 2000. African Americans and the Politics of Congressional Redistricting. New York: Garland.

Cole, Travis. 2022. "Asian Americans Shine During the 2022 Midterm Elections." Asia Matters for America Matters for Asia, East Asia Center. (https://asiamattersforamerica.org/articles/asian-americans-shine-during-the-2022-midterm-elections.

Congressional Research Service. 2021. "Congressional Redistricting Criteria and Considerations." https://crsreports.congress.gov/product/pdf/IN/IN11618.

Cox, Gary and Jonathan Katz. 2002. Elbridge Gerry's Salamander: The Electoral Consequences of Apportionment Revolution. Cambridge, MA: Cambridge University Press.

Dixon, Matt. 2018. "New Draft Redistricting Map in Florida Cuts up Murphy's Seat, boots GOP." Politico. https://www.politico.com/states/florida/story/2021/11/29/new-draft-redistricting-map-in-florida-cuts-up-murphys-

참고문헌

seat-boosts-gop-1396060.

Donald, Karin Mac. 2012. "Adventures in Redistricting: A Look at California Redistricting Commission." Election Law Journal 11(4): 472-489.

Duchin, Moon and Olivia Walch, eds. 2022. Political Geography: Rethinking Redistricing in the US with Math, Law, and Everything in Between. Basel, Switzerland: Birkhäuser.

Duverger, Maurice. 1959. Political Parties: Their Organization and Activity in the Modern State. London: Methuen and Company.

Fan, Chao, Wenwen Li, Levi J. Wolf and Soe W. Myint. 2015. "A Spationtemporal Compactness Pattern Analysis of Congressional Districts to Assess Partisan Gerrymandering: A Case Study with California and North Carolina." Annals of the Association of American Geographers 105(4): 736-753.

Fisher, Justin. 2023. "New Mexico Supreme Court Hears Arguments on Whether it can Weigh Redistcting Lawsuit." SourceNM. https://sourcenm. com/2023/01/10/new-mexico-supreme-court-hears-arguments-on-whether-it-can-weigh-redistricting-lawsuit/.

Fivethirtyeight. 2022. "What Redistricting Looks Like in Every State." https://projects.fivethirtyeight.com/redistricting-2022-maps/.

Greenberg, Madeleine and Rachel Selzer. 2023. "How the Supreme Court's Decision in Allen v. Mulligan Will Impact Ongoing Redistricting Litigation." Democracy Docket.

Grofman, Bernad and Thomas Brunell. 2010. "Redistricting." The Oxford

Handbook of American Elections and Political Behavior, edited by Jan Leighley, 649-666. New York: Oxford University Press.

Justia US Law. n.d. "O'Lear v. Miller, 222 F. Supp. 2d 862 (E.D. Mich 2002)." https://law.justia.com/cases/federal/district-courts/FSupp2/222/862/2305487/.

Justia US Supreme Court. n.d. "Thornburg v. Gingles, 478 U.S. 30 (1986)." https://supreme.justia.com/cases/federal/us/478/30/.

Kaur, Brhmjot. 2022. "Aruna Miller Makes History as First South Asian Woman Elctected Lieutenant Governor in US." NBC News. https://www.nbcnews.com/news/asian-america/aruna-miller-makes-history-1st-south-asian-woman-lieutenant-governor-u-rcna56468.

Ketzer, David and Dominique Arel. 2002. "Censuses, Identity Formation, and the Struggle for Political Power." Census and Identity: The Politics of Race, Ethnicity, and Language in National Censuses, edited by David Ketzer and Dominique Arel, 1-42. New York: Cambridge University Press.

King. Gary. 1997. A Solution to the Ecological Inference Problem. Princeton, NJ: Princeton University Press.

Kury, Franklin L. 2018. Gerrymandering: Guide to Congressional Redistricting, Dark Money, and the U.S. Supreme Court. Lanham, MD: Hamilton Books.

Leaverton, Chris. 2023. "Three Takeaways of Redistricgting and Competition in the 2022 Midterms." Brennan Center for Justice. https://www.brennancenter.org/our-work/analysis-opinion/three-takeaways-redistricting-and-competition-2022-midterms.

참고문헌

Levitt, Justin. 2010. A Citizen's Guide to Redistricting. New York: The Brennan Center for Justice at New York University School of Law.

Lijphart, Arend. 1999. Patterns of Democracy: Government Forms nand Performance in Thirty-Six Countries. New Haven, CT: Yale University Press.

Liptak, Adam. 2023. "Supreme Court Rejects Voting Map That Diluted Black Voters' Power." New York Times. https://www.nytimes.com/2023/06/08/us/supreme-court-voting-rights-act-alabama.html.

Lublin, David. 1999. The Paradox of Representation. Princeton, NJ: Princeton University Press.

McDonald, Michael. 2004. "A Comparative Analysis of U.S. State Redistricting Institutions." State Politics and Policy Quarterly 53(3): 666-80.

_____. 2011. "Congressional Redistricting." The Oxford Handbook of the American Congress, edited by Eric Schickler and Frances Lee, 193-214. New York: Oxford University Press.

McGann, Anthony J. 2016. Charles Anthony Smith, Michael Latne, and Alex Keena. Gerrymandering in America: The House of Representatives, the Supreme Court, and the Future of Popular Sovereignty. New York: Cambridge University Press.

Medvic, Stephen. 2021. Gerrymandering: The Politics of Redistricting in the United States. Medford, MA: Polity.

Miller, William an Jeremy Walling, eds. 2015. The Political Battle over Congressional Redistricting. Lanham, MD: Lexington Books.

Owen, Guillermo and Bernard Grofman. 1988. "Optimal Partisan Gerrymandering." Political Geography Quarterly 7(1): 5-22.

Oyez. "Reynold v. Sims." https://www.oyez.org/cases/1963/23.

_____. "Thornburg v. Gingles." https://www.oyez.org/cases/1985/83-1968.

Politico. 2022. "How Redistricting Shaped the Midterms." https://www.politico.com/2022-election/results/redistricting/.

Seabrook, Nicholas R. 2017. Drawing the Lines: Constraints on Partisan Gerrymandering in the U.S. Politics. Ithaka, NY: Cornell University Press.

_____, Nicholas R. 2022. One Person, One Vote: A Surprising History of Gerrymandering in America. New York: Pantheon Books.

Thakker, Prem. 2022. "Maxwell Frost Wins, Becomes First Gen. Z and Afro-Cuban Member of Congress." The New Republic. https://newrepublic.com/post/168631/maxwell-frost-wins-becomes-first-gen-z-afro-cuban-member-congress-florida.

The Cook Political Report. n.d. "Redistricting." https://www.cookpolitical.com/redistricting.

The Republican Party of Minnesota. n.d. "Redistricting 2022." https://www.cd4-mngop.com/redistricting.html.

United States Census Bureau. 2021. "2020 Census Statistics Hightlight Local Population Changes and Nation's Racial and Ethnic Diversity." https://www.census.gov/newsroom/press-releases/2021/population-changes-nations-diversity.html.

참고문헌

United States Census Bureau. 2021. "Number of Seats Gained and Lost in U.S. Hours of Representatives by State: 2020 Census." https://www2. census.gov/programs-surveys/decennial/2020/data/apportionment/ apportionment-2020-tableD.pdf.

_____. 2021. "U.S. Census Bureau Today Delivers State Population Totals for Congressional Apportionment." https:// www.census.gov/library/stories/2021/04/2020-census-data-release. html.

_____. n.d. "Redistricting Data Program." https://www. census.gov/programs-surveys/decennial-census/about/rdo.html.

United States Census Bureau. n.d. Geographic Areas Reference Manual. https://www2.census.gov/geo/pdfs/reference/GARM/Ch11GARM.pdf.

United States House of Representatives. n.d. "Election Statistics: 1920-present." United States House of Representatives: History, Art & Archives. https:// history.house.gov/Institution/Election-Statistics/Election-Statistics/.

Wang, Sam. 2013. "The Great Gerrymander of 2012." New York Times. https://www.nytimes.com/2013/02/03/opinion/sunday/the-great-gerrymander-of-2012.html.

_____. 2022. "Did Republicans Gerrymander their Way to Victory?" Atlantic Daily. https://www.theatlantic.com/ideas/archive/2022/11/ midterm-house-elections-2022-gerrymandering-new-york/672145/.

Weber, Paul. 1998. "Madison's Opposition to a Second Convention." Polity 20(3): 489-517.

Wikipedia. n.d. "2012 United States House of Representative Elections in Pennsylvania." https://en.wikipedia.org/wiki/2012_United_States_House_of_Representatives_elections_in_Pennsylvania.

Wooley, John. 2022. "The 2022 Midterm Elections: What the Historical Data Suggest." The American Presidency Project, August 30, 2022. https://www.presidency.ucsb.edu/analyses/the-2022-midterm-elections-what-the-historical-data-suggest.

WUFS. 2022. "A Federal Panel Clears the Way for a Lawsuit Challenging Florida's Congressional redistricting Map." WUFS Public Media.

낙태 이슈와 2022년 미국 중간선거

Ⅰ. 서론

Ⅱ. 미국의 주요 낙태 관련 판결과 로 대 웨이드
   판결 무력화

Ⅲ. 낙태 이슈와 미국 정치

Ⅳ. 2022 중간선거와 낙태 이슈

Ⅴ. 결론

낙태 이슈와 2022년 미국 중간선거[*]

이소영(대구대학교)

I. 서론

공화당이 크게 이길 것이라는 예상을 뒤집고 2022년 미국 중간선거에서 민주당이 사실상 승리했다고 평가되고 있다. 민주당은 하원 선거에서 9석을 잃어 213석 대 222석으로 공화당에 다수당 자리를 내줬지만 기대 이상으로 선전했으며, 상원 선거에서도 치열한 접전 끝에 51석(민주당 성향 무소속 2석 포함)을 얻어 49석을 얻는 데 그친 공화당의 양원 장악을 막아냈다.

일반적으로 중간선거는 대통령 지지율이 하락하는 시점에 대통령의 국정 운영에 대한 중간평가적인 성격으로 치러지기 때문에 집권당에 매우 불리한 선거이다.[1] 평균적으로 집권당은 중간선거에서 하원 26석, 상원 4석을 잃은 것으로 집계되고 있다. 더구나 대통령의 국정운영 지지도가 40% 초중반 대를 넘기지 못했던 경우에 집권당은 매우 큰 패배를 경험해 왔다. 2006년 부시 집권기 공화당은 하원에서 30석을 잃었고, 2010년 오바마 집권기 민주당은 하원 63석을, 2018년 트럼프 집권기 공화당은 하원 40석을 잃은 바 있다.

2022년은 40년 만에 최악의 인플레이션 상황을 맞아 대통령의 국정운영

---

[*] 이 장은 대한정치학회보 31권 1호(2023)에 게재된 이소영의 "미국의 낙태이슈와 2022년 중간선거"를 일부 수정·보완하였다.

[1] 실제로 미국의 하원뿐 아니라 상원까지 유권자가 직접 선출하게 된 1913년 이래로 중간선거에서 집권당이 상하원 모두에서 의석수를 확대한 경우는 프랭클린 루스벨트 집권기 첫 번째 중간선거였던 1934년과 9.11 이후 치러진 2002년뿐이었으며, 집권당이 하원 또는 상원 중 하나에서 기존보다 더 많은 의석을 확보한 경우도 8번밖에 되지 않는다.

지지도가 40%대 초중반을 밑돌았을 뿐 아니라, 선거구 재획정 및 의원직 은 퇴로 인한 공석 등이 공화당에 유리한 조건으로 평가되고 있었기 때문에 민주당이 승리하기는 어려운 환경이었다. 특히 미국인들이 인플레이션을 다른 이슈들보다 훨씬 중요하게 생각하고 있다는 여론조사 결과는 이번 선거가 정부의 경제정책에 대한 회고적 평가가 될 것이라고 예측하기에 충분했다. 그런데 예상과 달리 민주당이 상원의 승리와 함께 크게 선전한 선거가 되었다. 많은 언론과 평론가들이 이 민주당 선전의 이면에는 6월 이후 급부상한 낙태 이슈가 자리하고 있다고 평가하고 있다.

선거 캠페인이 본격화되던 2022년 6월 24일 미국 연방대법원은 '돕스 대 잭슨여성보건기구(Dobbs v. Jackson Women's Helath Organization)' 판결에서 49년 전 여성의 낙태권을 헌법적 권리로 보장한 '로 대 웨이드(Roe v. Wade)' 판결을 뒤집고 여성의 낙태를 헌법적 권리로 보기 어렵다고 판결하였다. 이 판결로 인해 개별 주들이 낙태를 금지할 수 있는 법적 근거가 마련되자, 미국 전역에서 이 판결에 대한 찬반 시위와 논쟁이 불붙었다. 이 판결은 무엇보다 여성과 젊은 층 유권자의 투표 참여와 민주당 후보 지지에 큰 영향을 미친 것으로 평가되고 있으며, 특히 주요 경합지역에서 중요한 투표 선택 요인이 되었던 것으로 보인다.

1970년대 이래 미국 정치의 주요 쟁점이 되어 온 낙태 이슈는 이후 우파 기독교를 중심으로 한 사회적 보수주의의 부상과 더불어 미국 사회 이념적 양극화의 주요 요인이 되었다. 그러나 이번 중간선거처럼 투표 선택의 핵심 요인이 될 정도로 낙태 이슈가 큰 역할을 한 선거는 거의 없었다. 이번 선거에서 유권자들은 극심한 인플레이션 상황에도 불구하고 후보자를 선택하는 데 있어서 인플레이션과 거의 맞먹는 수준으로 낙태 문제를 중요시하였다.

이 연구는 2022년 미국 중간선거에서 낙태 이슈가 어떻게 후보자 선택의 핵심 요인이 되었는지 그리고 선거 결과에 어떠한 영향을 미쳤는지를 논의한다. 이를 위해 먼저 낙태를 정치적 이슈로 만든 대법원 판례를 비롯한 주요 사건들을 중심으로 그간 낙태 이슈가 어떻게 정치화되어 왔는지를 살펴봄으로써, 미국 사회에 오랫동안 내재되어 온 쟁점이 2022년 연방대법원 판결을 기점으로 어떻게 폭발하게 되었는지를 이해하고자 한다. 이와 더불어, 낙태 이슈가 미국의 정치적 양극화에 어떤 영향을 미쳤으며, 미국인들이 낙태 이슈를 중심으로 어떠한 갈등 구조를 형성하고 있는지에 대한 기존 논의를 살펴본다. 이어서 낙태 이슈를 둘러싼 이러한 갈등구조가 2022년 중간선거에 어떻게 작용하였는지를 탐구해 보고, 마지막으로 경합 주들에서 낙태 이슈가 선거 결과에 어떠한 영향을 미쳤는지를 살펴봄으로써 이번 중간선거에서 낙태 이슈의 역할에 대해 논의해 보고자 한다.

II. 미국의 주요 낙태 관련 판결과 로 대 웨이드 판결무력화

1. 미국의 주요 낙태 판결[2]

1) 로 대 웨이드(Roe vs. Wade, 1973)

제인 로(Jane Roe)라는 가명을 쓰는 텍사스 주의 여성이 원치 않은 임신을 한 상황이었으나 주의 규정 때문에 낙태시술을 받을 수 없자 1970년 3월 달라스 지방검찰관 웨이드(Wade)를 상대로 소송을 제기하였다. 이 사건에서 연방대법원은 낙태권이 수정헌법 14조의 사생활 권리에 포함되는 근본적인 권리이므로 주 정부가 이에 대한 개입이나 규제를 할 수 없다고 판단하고 원고 승소 판결을 내렸다. 그러나 다른 한편, 낙태권은 여성의 건강과 태아의 생명 보호를 위해 낙태를 규제해야 하는 주의 이익과 균형을 이루어야 하는 권리라고 밝히고, 임신의 전 기간을 3분기로 나누어 낙태가 허용되는 시기와 제한되어야 하는 시기를 명시하였다. 이에 따르면, 임신 1분기는 여성의 독자적 판단으로 낙태가 가능하고, 2분기는 임산부의 건강이 위험할 때만 낙태가 가능하며, 마지막 3분기는 태아가 자궁 밖에서 독자적으로 생존가능하므로 주 정부가 낙태를 금지·제한할 수 있다.

로 대 웨이드 판결은 여성의 낙태 결정이 근본적 권리임을 규정하여 주 정부의 일방적 개입을 제한한 첫 번째 판결로서, 이 판결 이후 낙태를 제한하거나 금지한 연방 및 주의 법들이 폐지되면서 낙태권이 미국 정치의 핵심적

---

2 JUSTIA, US Supreme Court, https://supreme.justia.com/cases/federal/; 나달숙. 2008. "미국에서의 낙태에 관한 법적 논쟁," 『법학논총』, 32(2); 그 외 Wikipedia, Embryo Project Encyclopedia(embryo.asu.edu) 등 참조하였다.

이슈로 부상하게 되었다. 특히 이 판결 이후 생명우선(pro-life) 집단의 목소리가 커지게 되었는데, 이들은 판결의 무효화를 위해 주 정부에 다양한 조치를 촉구하였고, 많은 주들이 실제로 이러한 조치들을 시도하였다.

2) 웹스터 대 출산보건서비스(Webster v. Reproductive Health Services, 1989)

1986년 미주리 주 의회가 통과시킨 주법은 모든 인간의 생명은 수태 시부터 시작되며 태아의 생명과 건강 및 복지는 보호되어야 하는 이익이라고 규정하고, 낙태를 위해 주의 기금이나 시설 및 주 공무원을 활용하는 것을 제한하고 있었다. 이 법에 대해 미주리 '출산보건서비스'가 주 법무장관인 웹스터(Webster)를 상대로 제기한 위헌 소송에서 1989년 연방대법원은 5 대 4로 합헌 판결을 내렸다. 연방대법원은 인간의 생명이 수태 시부터 시작된다는 것과 낙태를 위해 주의 공무원과 주의 시설을 사용할 수 없다는 미주리 낙태법의 규정이 여성의 낙태권을 직접 제한하지는 않으므로 위헌이 아니라고 판단하였다. 이 판결은 낙태권의 축소를 가지고 왔다는 비판을 받으면서 낙태 이슈를 전국적 이슈로 만들었고, 이듬해 실시된 중간선거에 영향을 미쳤다.

3) 가족계획연맹 대 케이시(Planned Parenthood v. Casey, 1992)

펜실베니아 '가족계획연맹'이 1982년의 펜실베니아 주 낙태규제법에 대해 주지사였던 케이시(Casey)를 상대로 제기한 소송에서 연방대법원이 5 대 4로 위헌 판결을 내린 사건이다. 연방대법원은 로 대 웨이드 판결의 태아 생존가능 기준(임신 28주)이 현실에 부합하지 않는다고 판단하고 엄격한 3분기법 기준 대신에 '부당한 부담(undue burden)'을 기준으로 제시하였다. 이 판결에 의하면, 임신 24주 이내의 생존 능력이 없는 태아에 대한 낙태를 규제하는 펜실베니아 주법은 낙태선택권에 부당한 부담을 지우는 것이므로 위헌이다. 이 판결은 로 대 웨이드 판결의 낙태권을 재확정했다는 의미도 있지만, 동시에 전국 단위의 동일한 기준을 삭제함으로써 개별 주 단위에서 낙태에 대한 통제가 가능할 수 있는 계기를 만들고, 실질적으로 낙태권의 제한을 가지고 온 판결로 평가되고 있기도 하다.

4) 전여성보건 대 헬러스테트(Whole Woman's Health v. Hellerstedt, 2016)

2013년 텍사스 주 의회가 임신 20주 이후의 낙태를 금지하고 낙태시술 기관에 대한 과도한 의무사항을 부과하자 '전여성보건'이 제기한 위헌 소송에서 연방대법원은 텍사스 주법에 대해 5 대 4로 위헌 판결을 내렸다. 연방대법원은 텍사스 주의 의무조항들이 안전하고 합법적인 낙태에 대한 접근에 '부당한 부담'을 부과하였기 때문에 위헌이라고 판결하였다. 연방대법원은 낙태 제한을 위한 규제들은 주의 이익을 증진하는 동시에 낙태를 원하는 여성들이 받는 혜택이 부담보다 더 클 때만 합헌적이라고 보았다. 2010년 이후 미국의 각 주에서는 낙태시술 기관을 규제함으로써 낙태를 제한하고자 하는 다양한 법률들이 제정되었는데(Andaya 2022), 이 판결 후 유사한 낙태 규제를 시행하고자 했던 주들의 시도가 좌절되었고, 많은 주들에서 유사한 법률이 폐지되었다(Planned Parenthood).

2. 로 대 웨이드 판결 무력화

1) 로 대 웨이드 판결 무력화 과정

낙태 합법화 이슈는 로 대 웨이드 판결 이후 지속적으로 미국 정치의 중심에 있었지만, 특히 트럼프 시대에 미국 정치의 핵심적 논쟁으로 부상하였다. 2016년 대선 당시 TV토론에서 클린턴과 트럼프는 낙태 이슈에 대해 강하게 부딪혔다. 클린턴은 로 대 웨이드 판결에 대한 강한 지지를 언급하면서 정부가 가장 개인적인 일에 관여해서는 안 된다고 주장하였다. 반면, 트럼프는 당선되면 생명우선(pro-life) 대법관을 임명할 것이므로 자동적으로 로 대 웨이드는 폐기될 것이라고 단언하였고(Carmon 2016), 실제로 낙태에 강하게 반대하는 보수 대법관을 임명하였다. 2018년 7월에는 앤서니 케네디(Anthony Kennedy) 연방대법관의 후임으로 강한 보수 성향의 브렛 캐버노(Brett Kavanaugh) 판사를 지명하였고, 2020년에는 세상을 떠난 진보 성향 루스 긴즈버그(Ruth Ginsburg) 대법관 후임으로 강성 낙태반대론자인 에이미 배럿(Amy Barrett)을 지명하였다. 이에 따라 연방대법원은 6 대 3으로 보수 절대 우위의 성향을 보이게 되었다.

이 시기 개별 주들에서 낙태제한을 위한 법 제정 움직임이 활발해졌다. 2019년 5월 앨라배마 주에서는 여성의 건강이 심각히 위험에 처했을 때를 제외하고는 성폭행 피해나 근친상간으로 인한 임신에도 예외 없이 낙태를 금지하고 시술 의사를 최고 99년형에 처할 수 있게 한 강력한 낙태금지법이 통과되어 낙태 논쟁에 불을 붙였다. 이 법은 연방대법원에서 합헌 판결을 받아 로 대 웨이드 판결을 무력화시키는 데 그 의도가 있다고 알려졌다(Elliot and Wamsley 2016). 비슷한 의도로 많은 보수성향 주들에서 낙태금지 법안이 마련되고 있었다.

2021년 5월에는 텍사스 주 주지사가 임신 6주부터 낙태를 금지하는 이른바 '심장박동법(Heartbeat Act)'에 서명하였다. 이 법으로 텍사스 주에서는 사실상 낙태가 완전히 금지되었다. 이 법은 시술의사뿐 아니라 택시기사 등 낙태를 도운 것으로 추정되는 사람들에게 개인이 누구나 소송을 제기할 수 있도록 규정함으로써 정부뿐 아니라 개인 모두에게 낙태규제를 집행하는 집행자 역할을 부여하고 있다(Najmabadi 2021). 로 대 웨이드 판결을 완전히 뒤집은 이 법이 시행되자 연방법무부는 법의 시행을 막아달라는 가처분 소송을 즉각 제기하였다. 그러나 2021년 12월 연방대법원은 텍사스 주의 낙태제한법 집행을 막을 수 없다고 판단했다. 대신 낙태 시술자들이 하급법원에 이의를 제기할 수 있도록 했다. 이후 여러 주에서 유사한 법 제정 움직임이 활발해졌고, 동시에 낙태제한법 철회를 위한 시위 또한 더욱 활발히 전개되었다.

2) 돕스 대 잭슨 여성보건기구
(Dobbs v. Jackson Women's Health Organization, 2022)

2022년 6월 연방대법원은 낙태에 관한 또 하나의 역사적인 판결을 내린다. 2018년부터 시행된 미시시피 주법은 임신 15주 이후의 낙태를 금지하고 있었다. 로 및 케이시 판결에서 제시한 낙태 금지 시기보다 훨씬 전 시기부터 낙태를 금지하고 있는 이 법에 대해 낙태시술 기관인 '잭슨 여성보건기구'가 주 보건담당관인 돕스(Dobbs)를 상대로 위헌 소송을 제기하였다.

그러나 연방대법원은 미시시피 낙태제한법의 시행을 막은 하급법원의 판결을 뒤집고 이 법에 대해 6 대 3으로 합헌 판결을 내렸다. 또한 합헌 의견을 제시한 6명 중 로버츠(Roberts) 대법원장이 빠진 5명의 의견으로 수정헌법 14조가 낙태권에 대한 보장을 포함하고 있지 않기 때문에 낙태권을 헌법적 권리로 간주할 수 없다고 판결하였다. 이로써 개별 주들은 낙태를 규제할 권한을 가지게 되었다. 이 판결에 의해 로 대 웨이드 판결 이후 약 50년간 이어져온 낙태에 대한 연방정부의 기준이 공식적으로 폐기되었다(de Vogue et al. 2022).

돕스 판결은 텍사스 심장박동법과 더불어 미국정치와 사회를 찬반 양편으로 갈라 수많은 시민들을 거리로 나서게 만들었다. 그 결과, 낙태는 중간선거의 핵심 이슈로 부상하였고, 여론 동향에도 크게 영향을 미쳤다. 판결 후 퓨리서치센터의 조사에 의하면, 미국인의 약 57%가 연방대법원의 판결에 반대하며, 특히 43%는 매우 강하게 반대하는 것으로 나타났다. 판결 찬성 여론은 41%(강한 찬성 25%)에 그쳤다(Blazina 2022). 〈그림 1〉에서는 낙태에 대한 유권자들의 찬반 비율의 격차가 최근 들어 크게 벌어지고 있음을 알 수 있다. 특히, 낙태 합법화를 원하는 공화당 지지자들의 비율은 장기적으로 큰 변화가 없는 반면, 낙태합법화에 찬성하는 민주당 지지자들의 비율은 15년 전에 비해 21%p나 증가하였다. 이 결과는 최근 미국의 낙태 제한 움직임이 낙태 합법화를 원하는 유권자들, 무엇보다 민주당 지지자들에게 큰 영향을 미치고 있다는 것을 시사한다.

[그림 1] 낙태에 대한 여론 변화 추이

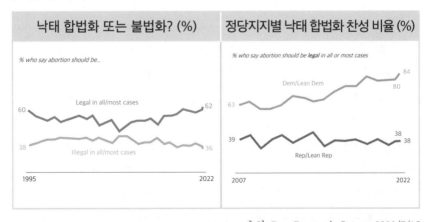

출처: Pew Research Center, 2022/7/15

III. 낙태 이슈와 미국 정치

1. 낙태 이슈와 미국의 정치적 양극화

미국인의 낙태에 대한 태도가 정당에 따라 배열되기 시작한 것은 1980년 대부터라고 알려져 있다. 기존 연구들에 의하면, 1980년대 기독교 우파와 보수적 가톨릭교도들이 낙태 반대 목소리를 크게 내면서 정치에 참여하기 시작하였고, 이후 양 정당의 입장 차가 커지자 대중들 사이에서도 이 이슈에 대한 명확한 균열이 일어났다. 낙태에 대한 엘리트 차원의 양극화가 대중 차원의 양극화로 이어지게 되었다는 것이다.

쟁점 이슈가 정당의 정책 입장에 점진적인 변화를 이끌고 결국 정당체계의 변화를 초래한다는 이슈진화이론(Carmines and Stimson 1989)에 근거해서 낙태 이슈를 분석한 아담스(Adams)는 1980년대 이후 낙태에 대해 양당 의원들이 명확히 다른 입장을 보임에 따라 민주당은 선택우선(pro-choice) 정당으로, 공화당은 생명우선(pro-life) 정당으로 자리매김하게 되었으며, 그것이 대중 차원의 양극화로 이어졌다고 주장한다(Adams 1997). 이슈진화론을 주창한 카민스(Carmines) 등에 의하면, 1970년대부터 시작된 낙태 이슈를 둘러싼 정당 엘리트의 양극화는 1980년대 정당 활동가들의 양극화로 나타났고, 1990년대 초에 이르러서는 대중 차원의 양극화로 나타나게 되었다(Carmines et al. 2010). 낙태에 대한 정치엘리트들의 포지션이 명확해지면서 대중에게 어느 정당이 어떤 입장을 가지는지에 대한 시그널을 확실하게 준 결과 미국인들의 낙태에 대한 입장이 정당 지지에 따라 배열되었다는 것이다.

애브라모위츠와 선더스(Abramowitz and Saunders)도 1980년 대선에서 낙태에 대한 규제를 약속한 레이건 이후 민주당과 공화당이 선명한 이념적 차이를 보이게 되었고, 유권자들이 정당의 정책에 기반하여 정당을 선택할 수 있게 되었으며, 이에 따라 주요 이슈들에 대해서 양당 지지자들 간에 명확한 차이점이 존재하게 되었다고 주장한다(Abramowitz and Saunders 1998).

다른 한편에서는 경험적 분석에 근거하여 미국인들의 실제 양극화 수준은 언급되는 정도보다 약하다는 피오리나(Fiorina) 등의 의견도 있지만(Fiorina et al. 2006; 2008; Fiorina 2017), 미국 대중이 낙태와 같은 사회적 이슈들에 대해 강한 정파적 경향을 보인다는 주장을 약화시키지는 못했다. 피오리나 등의 주장에 대해 애브라모위츠와 선더스는 1990년대 이후 미국 대중은 낙태 이슈를 포함한 여러 이슈에 대해 정당 지지, 거주하는 주 그리고 종교의 유무에 따라 확연하게 다른 입장을 일관되게 보이고 있어 대중 차원에서도 정치적 양극화가 고착되었다고 반박한다(Abramowitz and Saunders 2008). 디마지오(DiMaggio) 등은 미국인들이 다양한 이슈에 대해 입장이 명확히 나누어지기 전에도 낙태에 대한 태도는 정당에 따라 이미 나누어져 양극화되고 있었다는 것을 보여준다(DiMaggio 1996). 그만큼 낙태 이슈는 미국인들의 정치적 양극화의 핵심적인 이슈로서 역할을 해 왔다고 볼 수 있겠다.

2. 낙태 이슈의 복합적 정체성

낙태 이슈는 정당정체성과 결합하여 정파적 태도를 형성 또는 강화하면서 미국 정치에 영향을 미쳐 왔다. 그러나 다른 한편에서 낙태 이슈는 정파성만으로는 설명되지 않는 복잡한 이슈이다. 특히 종교, 젠더, 이념 등은 정당정체성 외 낙태에 대한 태도를 설명하는 중요한 변수들이다. 다양한 사회적, 이념적 정체성이 강하게 결합하고 있다는 점은 낙태 이슈를 단순히 공화-민주 양당의 정파적 라인으로만 설명하기 힘든 이유가 된다.

헌터(Hunter)는 미국사회에 도덕적 진리에 대한 관점이 다른 두 개의 그룹 사이에 제도와 시스템을 둘러싼 '문화전쟁'이 일어나고 있다고 보았다(Hunter 1991). 헌터에 의하면, 이 전쟁에서는 도덕성에 대한 비전과 가치에 있어 양 집단 간 차이가 크기 때문에 타협과 해결책을 찾기가 힘들다(Hunter 1996). 도덕성이나 가치 갈등의 관점에서 종교는 문화적 이슈에 대한 태도를 결정하는 매우 중요한 요인이다. 호프먼과 밀러(Hoffman and Miller)는 종교 집단 간에 보수-진보의 이념적 스펙트럼이 명확히 존재하며, 로 판결 이후 20여 년간 종교적 정체성에 따라 미국인의 낙태에 대한 입장 차가 매우 커졌다는 것을 보여준다(Hoffman and Miller 1997). 애브라모위츠와 선더스도 종교적 정체성과 종교의 유무가 문화적 쟁점에 대한 태도의 양극화로 직결된다고 보았다(Abramowitz and Saunders 2008).

캐슬과 스텝(Castle and Stepp)의 최근 연구에서도 낙태와 같은 문화적 이슈의 양극화에는 여전히 종교의 영향이 매우 큰 것으로 나타나고 있으며(Castle and Stepp 2021), 2001년부터 2016년 사이에 발표된 116개의 낙태 이슈 관련 논문을 리뷰한 아담칙(Adamczyk) 등 또한 15년간 미국인의 낙태에 대한 태도를 형성한 가장 핵심적이고 의미 있는 변수는 종교라고 주장한다(Adamczyk et al. 2020). 특히, 낙태에 대한 태도에 있어서 종교의 영향은 인종 집단에 따라 달리 나타나고 있는데(Bartkowski et al. 2012), 에반스(Evans)는 1972년부터 1998년까지 주류 기독교 집단과 기독교 우파 집단 간 차이와 흑인 기독교인들과 가톨릭 및 백인 기독교 우파 간의 차이가 점차 커져 왔다는 사실을 지적한다(Evans 2002).

다음으로, 젠더 또한 낙태에 대한 태도에 의미 있는 영향을 미치는 요인이다. 기존 연구들은 여성이 남성보다 낙태에 대해 더 자유주의적인 태도를 보이는 것은 아니라는 것을 보여준다. 낙태에 대한 태도에 있어서 남녀 간 주목할 만한 차이는 남성에 비해 여성이 집단 내부의 동질성이 훨씬 떨어진다는 점이다. 후트(Hout) 등의 연구에 의하면, 직업이 있는 여성은 직업이 없는 여성에 비해 그리고 미혼 여성은 기혼 여성에 비해 낙태 찬성 비율이 매우 높게 나타났다. 후트 등은 로 대 웨이드 판결 직후에 여성들 사이에서 낙태에 대한 입장의 균열이 시작되었고, 1980년대에 이념에 따라 찬반이 나뉘면서 여성들이 정치적으로 조직되었다고 말한다. 정치적으로 조직된 여성들은 남성에 비해 더 높은 수준으로 정치화된 것으로 나타났다. 즉, 보수주의 여성들은 보수주의 남성보다 낙태에 훨씬 강하게 반대하고, 자유주의 여성들은 자유주의 남성보다 낙태에 훨씬 강하게 찬성하는 경향이 있다는 것이다(Hout et al. 2022).

마지막으로, 낙태에 대한 태도가 정치적으로 중요성을 띠게 된 것은 미국인들이 낙태 이슈에 대해 이념적으로 나뉘게 되면서부터이다. 후트 등은 1974년 이래 남녀 모두 자유주의자들과 보수주의자들의 낙태에 대한 태도가 크게 차이 나기 시작했으며, '웹스터 대 미주리 출산보건서비스' 판결이 있었던 1989년 이후부터 1992년 사이에 그 차이는 특히 커졌다는 것을 보여준다(Hout et al. 2022). 후트 등에 의하면, 1990년대까지는 낙태에 대한 태도에서 민주당 지지자와 공화당 지지자 간 차이보다는 자유주의자와 보수주의자 간의 차이가 더 컸던 것으로 분석된다. 이들의 연구는 최근 미국인들의 낙태에 대한 태도는 1970년대에 비해 훨씬 더 이념적 정체성에 따라 배열되고 있다는 것을 보여준다(Hout et al. 2022).

요약하자면, 기존 연구들은 낙태 이슈가 정당정체성과 결합하여 미국의 정치적 양극화에 중요한 영향을 미치고 있다는 것을 보여준다. 동시에 낙태에 대한 태도는 정당정체성 외에 인구학적, 사회적, 이념적 정체성과도 깊이 관련되어 있기 때문에, 낙태 이슈의 정치적 영향력은 정당정체성과 더불어 종교, 인종, 젠더, 이념 등 보다 다양한 정체성과 복합적으로 연관되어 나타난다는 점도 함께 시사한다. 이는 정당이 낙태 이슈를 통해 기존 정당 지지자들을 효과적으로 결집시킬 수 있을 뿐 아니라, 입장을 공유하는 다양한 유권자들에게 호소하기 위한 전략적 이슈로 낙태 이슈를 용이하게 활용할 수 있음을 의미한다. 2022년 중간선거는 미국사회에서 나타나는 낙태 이슈의 성격과 전략적 가능성 및 정치적 영향력을 잘 보여주는 선거였다.

미국에서는 '웹스터 대 미주리 출산보건서비스' 판결(1989) 이후에 실시된 1990년 중간선거에서 낙태가 유권자의 투표를 결정하는 매우 중요한 변수로 작용하였고(Cook et al. 1990; 1994), 경제가 압도적 캠페인 이슈였던 1992년 대선(Abramowitz 1995) 및 1996년 대선(Alvarez and Nagler 1998)에서도 낙태 이슈가 경제 외의 이슈로는 유일하게 투표 선택의 주요 요인이었던 경험이 있지만, 이번 2022년 중간선거처럼 낙태 이슈가 투표 결과에 결정적인 영향을 미친 선거는 없었던 것으로 평가된다. 다음 절에서는 양 정당, 특히 민주당이 이번 중간선거에서 낙태 이슈를 어떻게 효과적으로 활용하였는지를 살펴보면서 중간선거에서의 낙태 이슈의 중요성과 영향을 살펴보기로 한다.

IV. 2022 중간선거와 낙태 이슈

1. 낙태 이슈를 둘러싼 양당의 전략

2022년 낙태 이슈는 그 어느 이슈보다도 양당의 차이가 뚜렷한 이슈였다. 그러나 유권자 차원에서 낙태는 정당정체성뿐 아니라 종교, 성별, 이념에 따라 입장이 다르게 나타나는 이슈이기도 하다. 또 찬성이 반대보다 훨씬 많은 이슈라는 점에도 주목할 필요가 있다. 이러한 점은 낙태 이슈를 통해 열세를 극복하고자 하는 민주당에게 유리한 조건들이었다고 볼 수 있다.

연방대법원의 돕스(Dobbs) 판결 이후 낙태 이슈가 미국사회를 뜨겁게 달구자 민주당은 이번 중간선거를 여성의 선택을 제한하려는 공화당의 시도에 대한 국민투표(referendum)로 규정하고, 가능한 많은 지지자들을 투표장으로 동원하기 위한 전략에 초점을 맞추었다. 특히 기존 민주당 지지자뿐 아니라 선택우선주의를 지지하는 무당파, 여성 그리고 젊은 층 유권자 동원에 총력을 기울였다(Smith 2022). 그러나 선거 한 달 전까지도 경제가 낙태에 비해 압도적으로 중요한 이슈로 조사되고 있었기 때문에, 낙태 이슈가 민주당의 승리를 위해 충분한가에 대해서는 회의적인 시선이 많았다. 하지만 포커스그룹 조사 등은 낙태가 무당파 유권자들에게 영향을 미칠 수 있는 이슈라는 사실을 보여 주고 있어, 민주당에게는 결코 포기할 수 없는 이슈였다(Schneider and Otterbein 2022).

한편, 공화당은 낙태 찬성자가 반대자보다 많기 때문에 낙태가 캠페인의 중심 이슈가 되는 것이 공화당에게 바람직한 상황은 아니라고 판단하였다. 이에 따라 공화당은 가능한 한 낙태 이슈를 피해가려는 전략을 썼다(Smith 2022). 공화당 후보들은 경제와 범죄 이슈에 초점을 맞추어 공화당 지지자와 무당파 유권자들을 움직이고자 하였다. 이 유권자들이 범죄와 경제 이슈에 움직이게 되면 자연스럽게 낙태 이슈에도 결집하게 될 것이라는 예상을 바탕으로 한 전략이었다.

양당의 전략 차이는 낙태 관련 광고의 양에서 잘 나타나고 있다. 광고 트래킹 회사인 AdImpact에 의하면, 2022년 민주당의 상하원 및 주지사 선거 광고 중 27%가 낙태 관련 광고인 반면,[3] 공화당은 5%에 불과했다. 마찬가지로, 이번 선거에서 민주당은 이 선거들의 낙태 관련 광고비로 3억 8,500만 달러를 지출한 반면, 공화당은 3,700만 달러 지출에 그쳤다(Schneider and Otterbein 2022).

여론은 민주당에 불리한 상황으로 보였다. 투표 당일 출구조사 결과에서도 미국이 가고 있는 방향에 대해 만족한다는 의견은 25%(매우 만족 5%)에 그친 반면, 불만이 41%, 분노가 33%로 나타나 정권심판론에 힘이 실리는 모양새였다. 인플레이션이 가장 중요한 이슈(31%)로 인식된 가운데, 인플레이션을 가장 잘 해결할 정당으로 과반수(54%)가 공화당을 선택하였다(2022 CNN Exit Polls, House Election).

그러나 동시에 출구조사에서는 낙태 이슈와 관련하여 주목할 만한 응답들이 관찰되었다. 낙태를 투표 선택의 가장 중요한 이슈로 인식한 비율이 27%로 인플레이션을 선택한 응답 비율과 큰 차이가 나지 않았다. 특히 대법원 판결에 대해 불만족한다는 응답은 21%, 분노한다는 응답은 39%나 되는 것으로 나타났다. 또 낙태 문제를 더 잘 다룰 정당으로 53%가 민주당을, 42%가 공화당을 택해 인플레이션을 잘 다룰 정당에 대한 인식과 거의 반대로 나타났다.

2. 낙태 이슈가 투표 참여와 투표 선택에 미친 영향

1) 여성 유권자 동원 효과

앞서 언급했듯이, 낙태는 정파적인 이슈임과 동시에 다양한 정체성과 관련되어 있는 이슈이다. 이번 선거에서 민주당은 낙태 이슈의 성격을 잘 활용하여 민주당 지지자뿐 아니라 연방대법원 판결에 반대 또는 분노하는 여성들을 동원하는 데 성공적이었던 것으로 평가된다.

출구조사 결과 분석에 의하면, 이번 중간선거에서 낙태 이슈는 공화당 후보에 대한 투표보다는 민주당 후보에 대한 투표에 더 큰 영향을 미친 요인으로 조사되었다. 민주당 데이터 분석가 쇼어(Shor)는 "낙태 이슈가 공화당 지

---

3 2020년 민주당의 낙태 관련 광고는 전체 광고의 2%였다(Schneider and Otterbein 2022).

지자들에게는 그다지 중요치 않은 중립적 이슈였지만, 대법원 판결 이후 민주당 지지자들에게는 가장 중요한 이슈가 되었다"고 말한다(Gambino 2022).

특히 낙태 이슈는 낙태제한을 반대하는 여성들을 투표소로 불러들이는 역할을 하였다. 〈그림 2〉와 〈표 1〉은 대법원 판결 이후 여러 주에서 새로이 투표등록한 유권자 중 여성이 남성보다 훨씬 많았다는 것을 보여주고 있다. 특히 8월에 낙태금지법에 대한 주민투표가 있었던 캔자스에서는 새로 등록한 유권자 중 여성의 비율이 남성보다 40%p나 높게 나타나고 있다. 이러한 결과는 낙태 이슈가 여성 유권자 동원의 기제로 효과적으로 작용했음을 시사한다.

[그림2] 대법원 판결 후 새로 투표등록한 여성 비율 (%)

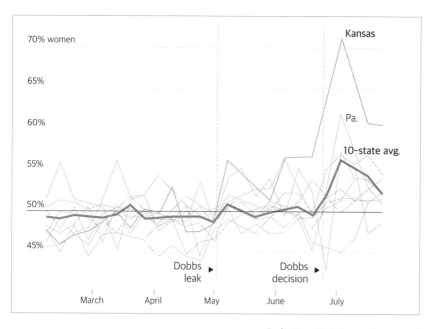

출처: New York Times, 2022/8/25

[표 1] 대법원 판결 후 8월 중순까지 생애 첫 등록자 성별의 비율 차이

주	여성-남성 (%)
캔자스	40
아이다호	18
위스콘신	17
루이지애나	13
펜실베니아	12
아칸소	12
오하이오	11
미주리	10
콜로라도	10
노스캐롤라이나	7
코네티컷	7

출처: 데이터 회사 Targetsmart의 CEO인 Tom Boiner, Statista에서 재인용

2) 투표 행태에 미친 영향

<표 2>는 투표에 영향을 미친 가장 중요한 이슈와 이 이슈들이 가장 중요한 이슈였다고 응답한 유권자들이 어느 당 후보에게 투표하였는지를 보여준다.

[표 2] 투표에 영향을 미친 가장 중요한 이슈 (투표 정당별 %)

	인플레이션	낙태	범죄	총기정책	이민
전체 유권자	31	27	11	11	10
각 이슈별 민주당 투표	28	76	41	60	25
각 이슈별 공화당 투표	71	23	57	37	73

출처: CNN/Edison Research Exit Polls, 2022

미국 중간선거 분석

인플레이션과 낙태 이슈가 유권자들의 투표에 가장 중요하게 영향을 미친 것으로 나타난 가운데, 인플레이션이 투표 선택의 가장 중요한 요인이었다고 응답한 유권자들 중 71%는 공화당 후보에, 28%는 민주당 후보에 투표하였으며, 낙태가 투표 선택의 가장 중요한 이슈였던 유권자들은 78%가 민주당 후보에, 23%가 공화당 후보에 투표한 것으로 조사되었다. 이 결과는 낙태 이슈의 투표 동원력이 인플레이션 이슈 못지않았다는 것을 의미한다.

[표 3] 투표에 영향을 미친 가장 중요한 이슈 (성별, 연령별 비율 %)

	인플레이션	낙태	범죄	총기정책	이민
전체 유권자	31	27	11	11	10
여성	28	33	10	10	10
남성	35	22	13	12	11
18-29세	21	44	13	9	7
30-44세	34	31	8	13	6
45-64세	33	24	12	10	12
65세 이상	32	33	13	12	12

출처: CNN/Edison Research Exit Polls, 2022; 연령별 비율은 Tufts University의 Center for Information & Research on Civic Learning and Engagement에서 제공한 결과 사용

특히, 출구조사 결과는 남녀 유권자 간 그리고 18-29세 젊은 층과 다른 연령층 유권자 간에 '가장 중요한 이슈'에서 확연한 차이가 있다는 것을 보여준다. <표 3>에 의하면, 낙태를 가장 중요한 이슈로 선택한 여성은 33%인 반면, 남성은 22%에 불과했다. 인플레이션을 가장 중요한 이슈로 선택한 여성은 28%에 그쳤다. 젊은 층 유권자들은 더욱 드라마틱한 차이를 보이고 있는데, 이들은 투표 선택의 가장 중요한 이슈로 44%가 낙태를 선택했고, 인플레이션을 선택한 경우는 21%에 불과해 다른 세대들과 큰 차이를 보이고 있다.

성별, 연령별 이슈 선호의 차이는 그들의 투표 선택에도 반영되었다. 〈표 4〉에서 여성과 젊은 층 유권자들은 남성 및 다른 세대에 비해 민주당에 투표한 비율이 확연히 높게 나타난다. 특히 젊은 층 투표자들의 경우 30여 년 만에 두 번째로 높은 투표 참여율을 기록했을 뿐 아니라(Booth 2022), 민주당이 승리했던 2020년 대선 때(62%)보다 더 높은 비율로 민주당에 투표하였다.

[표 4] 성, 연령, 낙태에 대한 의견 및 대법원 판결에 대한 의견에 따른 투표 선택 (%)

	전체	성별		연령별			
		여성	남성	18-29세	30-44세	45-64세	65세-
전체 유권자 중	100	52	48	12	21	39	28
민주당 투표자	48	53	42	63	51	44	43
공화당 투표자	50	45	56	35	47	54	55

	전체	낙태에 대한 의견		대법원의 로 대 웨이드 판결 번복에 대한 의견			
		낙태 합법	낙태 불법	매우 만족	만족	불만	분노
전체 유권자 중	100	60	37	16	21	21	39
민주당 투표자	48	73	10	4	17	46	85
공화당 투표자	50	25	89	95	81	51	14

출처: CNN/Edison Research Exit Polls, 2022; 연령별 비율은 Tufts University의 Center for Information & Research on Civic Learning and Engagement에서 제공한 출구조사 결과 사용

미국 중간선거 분석

한편, 낙태 합법화를 찬성하는 투표자 중 73%가 민주당에 투표한 반면, 낙태가 불법이라고 생각하는 투표자 중에는 89%나 공화당에 투표하였다. 또 연방대법원의 판결에 만족하는 유권자들은 대부분 공화당 후보에 투표했지만, 판결에 '불만'인 경우 민주당 후보에 투표한 유권자는 과반에 못 미쳤다. 이 결과로부터, 낙태 합법화에 찬성하는 유권자들은 반대자들보다 정당정체성이라는 정파적 동질성이 낮고, 상대적으로 더 복합적인 정체성을 가지고 있을 것이라고 유추할 수 있다. 반면, 대법원 판결에 '분노'를 표한 유권자들은 85%가 민주당을 지지하여 정파적으로 동질적인 투표자들임을 짐작할 수 있다.

18-29세의 젊은 층에서는 낙태가 합법적이어야 한다고 생각하는 투표자들의 80%가 민주당에 그리고 16%가 공화당에 투표하였으며, 낙태가 불법이어야 한다고 생각하는 투표자 중에는 89%가 공화당에 그리고 8%가 민주당에 투표하였다(Booth 2022). 이 세대 역시 투표 동질성에서 다른 세대와 비슷한 패턴을 보이고는 있지만, 낙태 이슈를 가장 중요시한 유권자 집단인 만큼 낙태 합법화를 주장하는 유권자들이 민주당에 투표한 비율은 다른 세대보다 훨씬 높다.

〈표 5〉는 연방대법원의 판결이 투표 참여와 결정에 어떠한 영향을 주었는지를 성별, 연령별 그리고 판결에 대한 의견별로 보여주고 있다. 19-49세 여성과 생애 첫 투표자, 젊은 층에서 낙태 이슈가 투표 선택의 유일한 요인이었다고 응답한 비율이 전체 투표자에 비해 10%p 이상 높았다. 특히 대법원 판결에 분노하는 투표자 중 43%가 낙태 이슈가 투표 선택의 유일한 요인이라고 응답하였으며, 71%가 선택의 중요 요인이었다고 응답하였다. 무엇보다도 낙태 이슈는 이 분노하는 유권자들을 투표장으로 유인하는 효과가 컸던 것으로 조사되었는데, 이들 중 63%에게 대법원 판결이 투표 참여의 중요한 요인이었다. 이 밖에도 낙태 이슈는 19-49세 여성과 생애 첫 투표자, 젊은 층의 투표 참여에도 큰 영향을 미친 것으로 나타났다.

낙태 이슈는 이번 선거에서 민주당 지지자뿐 아니라 여성 및 젊은 층의 투표행태에 큰 영향을 미침으로써 미국 정치의 중요한 변수로 작용하였다. 대부분의 이슈가 정파적으로 배열된 미국 정치에서 이념과 성별, 세대, 종교 등이 독립적 영향력을 가지는 가치 기반 이슈가 큰 역할을 하였다는 것은 2024년 대선을 준비하는 미국 정치에 중요한 함의를 제공할 것이다.

[표 5] 연방대법원의 판결이 투표 참여와 선택에 미친 영향 (응답별 %)

	연방대법원의 로 대 웨이드 판결 번복이...		
	투표 선택의 유일한 요인이었다	투표 참여의 중요한 요인이었다	후보자 선택의 중요한 요인이었다
전체 투표자	24	38	47
여성	29	43	53
남성	19	33	40
생애 첫 투표자	38	54	49
18-29세 투표자	34	52	53
18-49세 여성	34	51	55
판결에 분노하는 응답자	43	63	71
판결에 불만인 응답자	16	31	41

출처: Kaiser Family Foundation 2022: KFF/AP, 2022/10/31-11/8

3. 낙태 이슈가 경합 주 선거에 미친 영향

1) 낙태 이슈가 낙태권 관련 주민투표 실시 주들의 선거에 미친 영향

2022년 중간선거에서 낙태 이슈는 전국적으로 민주당의 선전에 중요한 역할을 하였지만, 그 영향은 개별 주 단위에서 다르게 나타났다. <표 6>은 중간선거 시기에 낙태권 관련법에 대한 주민투표를 실시하여 전국적 관심이 집중된 주들의 주민투표 및 주요 선거 결과이다. 8월에 주민투표가 있었던 캔자스 및 중간선거와 주민투표가 함께 치러졌던 5개 주에서 주민투표 결과는 모두 선택우선주의적 결과가 나왔다. 전통적 보수 주인 캔자스 주와 몬

미국 중간선거 분석

태나 주에서도 낙태권 폐기를 위한 시도는 큰 차이로 실패하였다. 이 6개 주에서 주민투표 결과가 중간선거 결과에 어느 정도 반영되었는지 정확한 데이터는 아직 없지만, 낙태가 중요한 이슈로 부상했다는 것에는 이견이 없다. 이중 캔자스와 미시건의 선거 결과는 특히 주목할 만하다.

[표6] 중간선거 시기 낙태 관련 주민투표 실시 주의 주민투표 결과 및 선거 결과

주(전통적 정당지지 성향)	주민투표 내용	주민투표 결과	주요 선거 결과
캔자스 (공화)	주 헌법에서 낙태권 폐기	반대 (찬41:반59)	• 현직 민주당 주지사 Kelly 2.1%p 승리 • 민주당 Davids 하원의원 3선 성공 • 대법원 판사 7명 중 6명 유지 (공화당의 5명 교체 시도 실패)
캘리포니아 (민주)	주 헌법에 낙태권 확대 명시	찬성 (찬67:반33)	• 민주당 현직 주지사 및 상원의원 승리 • 주의회 민주당이 상하원 각각 1석 및 2석을 더 얻어 절대다수 유지
켄터키 (공화)	주 헌법에서 낙태권 폐기	반대 (찬48:반52)	• 강한 낙태 반대론자 주 대법관 후보들은 낙선 • 주의회는 공화당 절대다수 유지 • 주지사 선거 없이 현직은 민주당 주지사
미시건 (경합)	주 헌법에 낙태권 명시	찬성 (찬57:반43)	• 모든 주요 선거에서 민주당 승리 • 주의회 40년 만에 민주당이 상하원 다수당 차지
몬태나 (공화)	낙태 제한 강화 조항 삽입	반대 (찬47:반53)	• 주지사 선거 없이 현직 공화당 주지사 • 주의회도 공화당이 100여 년 만에 절대다수 형성
버몬트 (민주)	주 헌법에 낙태권 명시	찬성 (찬77:반23)	• 현직 공화당 주지사 Scott 약 47%p 승리 • 상원은 민주당 Welch가 약 40%p 승리 • 버몬트의 역대 중간선거 최고 투표율 (57%)

출처: BALLOTPEDIA, AP, CNN 등 결과 참조

2020년 대선에서 트럼프가 승리하였던 캔자스 주에서는 주 법무장관 경력의 공화당 슈미트(Schmidt) 후보의 안정적 승리가 예측되었지만 8월 낙태권 주민투표 이후 낙태가 주요 이슈로 부상하면서 켈리(Kelly) 주지사와 박빙의 승부를 벌이게 되었고(Hanna 2022) 결국 켈리가 승리를 거두었다. 또 약세로 평가받던 캔자스 유일의 민주당 연방하원의원 데이비스(Davids)는 민주당의 경제 실정에 대한 공화당 앳킨스(Adkins)의 강한 공격에 맞서 앳킨스를 '예외 없는 낙태금지'를 주장하는 극단주의자로 밀어부치면서 12%p 승리의 발판을 마련하였다(Desrochers 2022). 더불어, 캔자스에서 주 대법원 판사 다수에 대해 교체를 원했던 공화당의 캠페인에도 불구하고, 대법관 전원이 교체 없이 유지되었던 것도 낙태 이슈와 관련 있는 것으로 평가된다(Mipro 2022).

미시건 주는 2022년 중간선거에서 낙태 이슈가 가장 큰 영향을 미친 주로 평가된다. 출구조사에 의하면, 투표에 영향을 미친 가장 중요한 이슈를 낙태라고 응답한 미시건 투표자들은 45%에 달한다(전국은 27%). 전국 31%의 투표자들이 가장 중요한 이슈로 꼽았던 인플레이션을 선택한 미시건 투표자는 28%에 불과했다.

현직 주지사인 위트머(Whitmer)는 낙태를 핵심 공약으로 내세웠으며, 6월 연방대법원 판결 이후에는 미시건의 1931년 낙태제한법의 효력이 부활하지 않도록 소송을 진행하였다. 강한 낙태 반대주의자인 공화당의 딕슨(Dixon)의 낙태 관련 강성 발언을 중심으로 광고를 하기도 하였다. 이러한 분위기 속에서 위트머는 53.5%(딕슨 43.9%)를 얻어 재선에 성공하였으며, 낙태권 문제를 직접 다루는 주 법무장관 선거 역시 민주당 후보가 승리하였다. 무엇보다 민주당은 주의회 선거에서 승리하여 약 40년 만에 처음으로 주 상하원 모두에서 다수당이 되었다(Perkins 2022).

연방상원 선거가 없었던 미시건에서는 하원 선거에서도 낙태가 핵심 이슈였다. 특히, 전국에서 가장 치열했던 하원 선거구 중 하나인 제7선거구에 출마한 현직 민주당 슬로킨(Slotkin) 후보는 선거구 재획정으로 공화당 우위 지역에서 선거를 치르면서 낙태를 캠페인 전면에 내세웠다. 미시건 1931년 법에 대한 법원의 중지 결정이 있었던 9월에는 하원에서 연방 차원의 낙태

제한에 반대하는 연설을 하기도 하였다. 9월에 슬로킨은 약 18%p의 급격한 지지율 상승을 보였는데, 슬로킨 본인이 지지율 상승의 원인을 낙태 이슈를 빼고는 설명할 수 없다고 말할 정도로 슬로킨의 승리에는 낙태 이슈의 영향이 컸던 것으로 평가된다(Noor 2022).

이 외에도 버몬트 주의 경우, 이번 중간선거가 버몬트 중간선거 역사상 최고의 투표율을 기록하게 된 데는 낙태 이슈가 중요한 요인이었던 것으로 파악되고 있다(Mearhoff and Petenko 2022).

〈표 7〉의 KFF/AP 조사 결과에 의하면, 주민투표가 있었던 주들에서는 연방대법원의 판결이 '투표 선택의 유일한 요인이었다'는 비율과 '투표 참여 및 후보자 선택의 중요한 요인이었다'고 응답한 비율이 전국 평균에 비해 훨씬 높게 나타났다. 특히 이들 주에서 연방대법원 판결은 18-49세 여성의 동원에 매우 효과적인 이슈였으며, 나아가 공화당 정체성의 여성들에게도 의미 있는 영향을 미쳤다는 것을 알 수 있다.

[표 7] 연방대법원의 판결이 투표 참여와 선택에 미친 영향
(주민투표 실시 3개 주 응답별 %)

투표자	연방대법원의 로 대 웨이드 판결 번복이...											
	투표 선택의 유일한 요인				투표 참여의 중요 요인				후보자 선택의 중요 요인			
	전국	미시건	버몬트	캘리포니아	전국	미시건	버몬트	캘리포니아	전국	미시건	버몬트	캘리포니아
전체 투표자	24	29	26	27	38	43	37	44	47	52	54	50
18-49세 여성	34	37	30	35	52	55	51	55	55	61	62	54
공화당 정체성 여성	10	18	12	20	-	32	22	30	-	42	33	34

출처: Kaiser Family Foundation 2022: KFF/A, 2022/10/31-11/8

2) 낙태 이슈가 주요 경합 주들의 선거에 미친 영향

2021년 텍사스 주의 '심장박동법'과 2022년 연방대법원 판결 이후 주민투표 실시 주뿐 아니라 많은 주에서 낙태 제한 움직임이 활발해지고 이에 대한 찬반 논의가 뜨거워지고 있었다. 애리조나, 조지아, 미시건, 펜실베니아, 네바다, 위스콘신 등 주요 경합 주들은 이번 중간선거에서 모두 낙태권이 주요 이슈였던 주들이다(Cohen et al. 2022). 〈표 8〉은 이 중 앞서 논의한 미시건 주를 제외한 5개 주의 낙태 관련법 상황과 주요 선거 결과이다.

[표 8] 경합 주의 낙태 이슈와 주요 선거 결과

주	낙태 관련 이슈	주요 선거 결과
애리조나	• 임신 15주까지 낙태 합법 • 1864 낙태 금지법은 10월 2심 법원 판결에 의해 2023년까지 효력 정지 중이나 대법원 판결에 의해 바뀔 수 있음	• 주지사 선거: 낙태법 폐기 약속한 민주당 Hobbs(50.3%)가 낙태법 찬성하는 현직 공화당 Lake(49.6%)에게 0.7%p 차이로 신승 • 상원 선거: 민주당 Kelly(51.4%)가 공화당 Masters(46.5%)에 승리 • 주 법무장관 선거에서 민주당 후보가 약 500표 차이로 승리(50.01%:49.99%) • 주의회는 공화당이 상하원에서 각각 2개 의석 차이로 근소한 다수 유지
조지아	• 임신 6주까지만 낙태 합법 • 다양한 낙태제한 규정 존재 • 공화당 주지사 및 의회에서 낙태 전면 금지 추구	• 주지사 선거: 현재의 낙태제한법에 서명한 현직 Kemp 주지사(53.8%)가 낙태제한법 반대자 민주당 Abrams(45.9%)에 승리 • 상원 선거: 결선투표에서 민주당 Warnock (51.6%)가 공화당 Walker(48.6%)에 승리(1차 투표에서는 49.4%:48.5%) • 주 법무장관 선거: 낙태제한법 강한 찬성자 공화당 현직 장관이 5.3%p 차이로 승리 • 주 의회는 상하원 모두 공화당이 다수당 유지
네바다	• 1991년에 주민투표로 임신 24주까지 낙태 합법화	• 주지사 선거: 낙태금지를 위한 투쟁을 공언한 공화당 Lombardo(48.8%)가 현직 민주당 Sisolak(47.4%)에 승리 • 상원 선거: 현직 민주당 Cortez Masto (48.9%)가 공화당 Laxalt(48.0%)에 신승 • 주 법무장관은 민주당이 승리 • 주의회는 민주당이 상하원 각각 2석, 3석씩을 더 얻어 다수당 유지

펜실베니아	• 임신 24주까지 낙태 합법	• 주지사 선거: 낙태권 지지자 민주당 Shapiro(56.5%)가 낙태금지법을 약속한 공화당 Mastriano(41.7%)에 승리 • 상원 선거: 민주당 Fetterman(51.2%)이 공화당 Oz(46.3%)에 승리 • 주의회 선거: 상원은 공화당이 다수, 하원은 민주당이 2010년 이후 처음으로 승리(다수당 논쟁 중)
위스콘신	• 1849년 낙태금지법이 2022년 6월 연방대법원 판결 이후 효력 부활	• 주지사 선거: 낙태금지법 비토를 약속한 민주당 Evers(51.2%)가 낙태금지법을 강조한 공화당 Michaels(47.8%)에 승리 • 상원 선거: 공화당 재선 의원 Johnson(50.5%)이 민주당 Barnes(49.5%)에 신승 • 주 법무장관 선거: 현직 민주당 장관이 1.4%p 차이로 승리 • 주의회 선거: 상원 공화당이 절대다수 확보, 하원은 공화당이 다수 확보했으나 절대다수에는 실패

출처: BALLOTPEDIA; AP, CNN 등 결과 참조

〈표 8〉의 5개 주는 모두 상원 선거에서 접전을 벌인 주들로서, 4개 주에서 민주당 후보가 승리하였다. 또 미시건 주를 포함한 6개 주 중 4개 주에서 민주당 주지사가 당선되었다. 불리한 조건들 속에서 민주당이 이렇게 선전할 수 있었던 데에는 낙태 이슈의 영향이 컸다. 〈표 9〉에서 보이듯이, 많은 경합 주 투표자들이 낙태를 가장 중요한 이슈로 고려하였다. 특히 민주당이 크게 선전한 애리조나, 미시건, 펜실베이나, 위스콘신 등에서는 낙태를 가장 중요한 이슈였다고 응답한 비율이 전국 평균보다 상당히 높게 나타났다. 그 중 미시건과 펜실베니아 투표자들은 인플레이션보다 낙태를 훨씬 중요한 이슈로 고려한 것으로 조사되었다.

[표 9] 출구조사에서 경합 주의 '가장 중요한 이슈' 응답 비율 (%)

	전국	애리조나	조지아	미시건	네바다	펜실베니아	위스콘신
인플레이션	31	36	37	28	36	28	34
낙태	27	32	26	45	28	37	31
범죄	11	6	13	6	11	12	12

출처: CNN/Edison Research Exit Polls, 2022

낙태가 투표 선택의 중요 이슈였던 경합 주 선거에서 연방대법원의 판결은 유권자들이 민주당 후보에 투표하도록 하는 데 중요한 요인으로 작용하였다. <표 10>에서 알 수 있듯이, 특히 민주당 후보에 투표한 유권자들에게 연방대법원 판결의 영향은 매우 컸던 것으로 나타났다.

[표 10] 연방대법원 판결이 투표 선택에 중요한 영향을 미쳤다고 응답한 비율 (%)

주	주 전체 유권자	주지사 선거		상원 선거	
		민주당 후보에 투표한 유권자	공화당 후보에 투표한 유권자	민주당 후보에 투표한 유권자	공화당 후보에 투표한 유권자
애리조나	48	65	32	64	31
조지아	50	68	23	68	32
네바다	43	67	14	67	20
펜실베니아	48	64	19	68	28

출처: Kaiser Family Foundation 2022: KFF/AP, 2022/10/31-11/8

먼저, 애리조나 주의 중간선거에서 낙태 문제는 민주당 후보들의 가장 핵심적인 캠페인 이슈였다. 민주당 후보들은 당선 후 1864년 낙태금지법을 폐

미국 중간선거 분석

기하겠다고 약속하였다. 선거 결과, 민주당은 주의회의 다수당을 차지하는 데에는 근소한 차이로 실패했지만, 주지사 자리를 탈환하였고, 연방상원 선거에서도 승리하였으며, 특히 1864년 낙태금지법이 부활하는 경우 중요한 역할을 수행해야 하는 주 법무장관 선거에서 약 500표 차이로 공화당에 승리하였다(Washington Post 12/05/2022).

조지아 주에서는 임신 6주까지로 낙태를 제한한 현재의 낙태법에 서명한 현직 주지사와 이 법을 비판하는 민주당 도전자의 치열한 공방전이 TV 토론에서도 길게 전개될 정도로 낙태가 주요 이슈였다(Amy and Barrow 2022). 그럼에도 불구하고, 여론조사들에서는 조지아 유권자들의 가장 큰 관심사는 높아진 생활비와 인플레이션 등 경제 문제였던 것으로 나타났다(Wooten 2022).

그러나 결선투표까지 갔던 조지아 상원 선거는 말 그대로 낙태의 정치였다는 평가이다. 결선투표 캠페인에서 민주당 후보 워녹(Warnock)은 낙태 이슈를 중심으로 캠페인을 전개하였다. 민주당 지지 집단인 조지아 아너(Georgia Honor)는 공화당 후보 워커(Walker)가 전국적으로 낙태의 '예외없는 금지'를 원하고 있다는 광고를 공격적으로 송출하였다. 반면, 워커와 공화당은 낙태 이슈를 최소화하고 다른 이슈를 부각시키는 전략과 함께, 워녹을 무제한의 낙태권을 주장하는 극단주의자라고 공격하였다(Kapur 2022). 이러한 캠페인은 낙태를 상원 결선투표의 중심 이슈로 만들어 워녹의 승리에 중요하게 기여한 것으로 평가되고 있다.

네바다 주는 경합 주들 중 현직 민주당 주지사와 상원의원이 가장 약세로 평가받은 지역이면서(Cohen et al. 2022), 동시에 민주당이 낙태 관련 광고비를 가장 많이 지출한 주 중 하나이다. 공화당이 약 140만 달러를 낙태 광고에 지출하는 동안 민주당은 3,600만 달러 이상을 낙태 관련 광고비로 지출했다(Ewall-Wice and Huey-Burns 2022). 특히 현직 민주당 상원의원 코테즈 매스토(Cortez Masto)는 낙태 관련 광고를 다국어로 송출하고, 언론 컨퍼런스, 연설, 유권자 미팅 등 모든 곳에서 낙태 이슈를 강조하였다(Potts 2022). 한 평론가는 "낙태가 아니라 인플레이션이 가장 중요한 이슈로 인식되는 상황에서 코테즈 매스토가 낙태 이슈를 강조하는 도박을 하고 있다"고 표현할 정도였다

(Potts 2022). 코테즈 매스토의 낙태 광고는 락살트가 대법원 결정을 칭송했으며, 공화당이 상원 다수당이 되면 낙태가 금지될 것이라는 것을 강조하였다. 주 법무장관으로서 낙태제한 의견서에 서명했던 락살트는 광고에서 낙태에 대한 입장을 표명하는 대신 경제와 범죄 문제에서의 민주당 실정을 강조하였다. 여론조사에서 꾸준히 락살트의 승리가 예측되었음에도 결국 코테즈 매스토가 승리할 수 있었던 데에는 그의 공격적인 낙태 중심 캠페인이 중요한 역할을 한 것으로 평가되고 있다(Potts 2022).

다음으로, 펜실베니아 주는 미시건 주와 마찬가지로 유권자들이 낙태를 인플레이션보다 훨씬 중요한 이슈로 간주한 주이다. 펜실베니아 주에서는 공화당이 주의회의 안정적 다수를 차지한 가운데 주지사마저 공화당에서 나온다면 현재의 낙태권이 보장되기 힘들다는 인식이 민주당 캠페인과 맞물려 증폭된 것으로 분석된다(Ewall-Wice and Huey-Burns 2022). 민주당 주지사 후보인 샤피로(Shapiro)는 주 법무장관으로 다른 주들의 낙태제한 반대 소송에 참여한 바 있다. 반면, 극단적 보수주의자로 분류되는 공화당 매스트리아노(Mastriano)는 주 상원의원으로서 낙태금지 입법화를 주장해 왔다(Washington Post 12/05/2022). 샤피로는 그의 첫 번째 네거티브 광고로 매스트리아노가 '예외 없는 낙태금지'를 지지했다는 내용을 송출하였다(Schneider and Otterbein 2022).

상원 민주당 후보 페터만(Fetterman)을 지지하는 수퍼팩(super PAC) 역시 공화당 후보 오즈(Oz)의 낙태 입장을 비판하는 광고를 내보냈다. 오즈는 이에 대한 반박 대신 경제와 범죄 문제를 부각시키는 광고전략을 채택하였지만(Schneider and Otterbein 2022), 오즈가 TV토론에서 낙태 정책을 지역 정치인들에게 맡겨야 한다는 입장을 내놓자 페터만은 이를 비판하는 광고를 즉각 내보냈으며, 이후 낙태 이슈는 펜실베니아 선거에서 더 중요한 이슈로 떠올랐다(Cillizza 2022). 낙태가 주요 이슈로 부상한 가운데, 민주당은 주지사 선거와 연방상원 선거에서 승리하였고, 주의회 선거에서도 2020년에 비해 상원에서는 1석, 하원에서는 무려 13석을 더 얻어 2010년 이래 처음으로 주 하원에

서 승리를 차지하였다.[4]

마지막으로, 위스콘신 주는 민주당과 공화당 지지가 가장 비슷한 비율로 나뉘어 있는 주로, 주지사 및 상원 선거에서 치열한 접전을 벌인 지역이다. 민주당은 위스콘신의 모든 선거에서 낙태를 캠페인의 중심 이슈로 만들고자 하였다(Bradner et al. 2022). 주지사 선거에서 현직 민주당 에버스(Evers)는 공화당이 다수인 주의회가 준비하고 있는 '심장박동법'에 대해 거부권을 행사하겠다고 선언하고, 6월에 효력이 부활한 1849년법에 대해 주민이 결정권을 갖도록 법을 바꿀 것을 주의회에 요청하였다. 도전자인 공화당 미헬스(Michels)는 캠페인 과정에서 낙태금지에 대한 이전의 입장을 완화한 입장을 표명했지만(Washington Post 12/05/2022), 에버스는 미헬스의 과거 입장을 강조하는 광고를 송출하면서 공격에 나섰다. 현직 에버스 주지사가 경제와 범죄 관련 공격을 벗어나기 위해 낙태 이슈를 부각시키는 데 어느 정도 성공한 반면, 공화당 후보는 바이든의 경제정책 및 위스콘신에서의 범죄율의 악화를 강조하는 캠페인에 집중하였고 가능한 한 낙태 이슈를 언급하지 않는 전략을 썼다(Bradner et al. 2022). 결국 주지사 선거에서는 민주당의 에버스가 승리하였고, 상원 선거에서는 현직 공화당 상원의원 존슨(Johnson)이 민주당 후보에 1%p 차이로 어렵게 승리하였다.

위스콘신에서 낙태 이슈가 보다 중요하게 작용한 선거는 주 법무장관 선거였다. 현직 민주당 카울(Kaul)은 2019년 취임 이후 1849년 낙태금지법을 폐지하기 위한 소송을 진행하였으며, 트럼프 정부의 정책과 관련하여 여성과 소수자의 권리를 위한 소송들에도 참여하였다. 공화당의 토니(Toney) 후보는 1849년법에 찬성하며, 카울의 소송을 기각하겠다고 약속하였다(Richmond 2022). 결국 접전 끝에 카울이 1.4%p 차이로 승리하였다.

2022년 미국 중간선거에서 낙태 이슈는 그 어느 때보다 중요한 역할을 했지만, 그 영향은 주별로, 단위 선거별로 다르게 나타났다. 민주당 후보들은

---

4 102 대 101로 민주당이 승리하였으나, 민주당은 후보 중 1명이 투표 전에 사망하였고, 다른 2명은 다른 직으로 가기 위해 사퇴함으로써 3명의 궐석이 나와 사실상 공화당이 다수가 되었다.

인플레이션과 경제, 범죄 등 불리한 이슈 대신 가능한 한 낙태 이슈를 앞에 내세우고자 했던 반면, 공화당 후보들은 바이든 정부의 경제 실정을 중심 이슈로 부각시키기 위해 노력했다. 경합 주들에서는 이러한 두 전략이 팽팽히 맞서며 치열한 접전을 벌였다. 특히, 후보들의 입장 차이가 뚜렷이 나타나고 후보들이 낙태 이슈를 전면에 내세운 지역일수록 낙태 이슈가 선거에 미친 영향이 더 큰 것으로 분석되었다. 민주당은 다양한 정체성과 연관되어 있는 낙태 이슈를 잘 활용하여 여성과 젊은 층 동원에 성공하였고, 낙태권에 대한 미래의 불안을 자극하는 캠페인을 통해 선택우선주의자들을 투표장으로 유인함으로써 기대 이상의 선전을 할 수 있었다고 평가된다.

V. 결론

1970년대부터 미국 정치의 중요한 쟁점이 되어 온 낙태 이슈는 2022년 6월 연방대법원의 돕스 대 잭슨 여성보건기구 판결 이후 미국 사회 갈등의 핵심 이슈로 부상하였다. 이 판결 이후 보수 성향 주들에서는 낙태를 금지 또는 제한하고자 시도하였고, 이러한 움직임과 함께 수많은 유권자들이 거리로 나섰다. 연방대법원 판결에 대한 분노와 유권자들의 선택우선주의 경향은 민주당이 낙태 이슈를 통해 유권자를 동원하고 지지율을 확보하는 데 유리한 환경을 조성하였다. 특히, 경합 주에서의 민주당 선전에 낙태 이슈는 매우 중요한 요인으로 작용하였다.

이번 중간선거에서 낙태 이슈의 핵심적인 중요성은 무엇보다 이 이슈가 아니었으면 민주당이 약세였을 지역들에서 접전의 양상까지 가지고 갈 수 있게 한 이슈라는 점에서 찾을 수 있을 것이다. 이렇게 낙태 이슈를 앞세운 민주당이 약세에서 접전으로 그리고 승리까지 가능했던 중요한 이유는 낙태 이슈가 정파적으로만 나뉘어 있는 이슈가 아니라 이념과 가치를 중심으로 다양한 집단에 호소할 수 있는 이슈라는 점에 있을 것이다. 또한 대법원 판결 이후 낙태권과 관련해 각 주의 미래가 불투명한 가운데 미래의 상황에 대해 투표하게 만드는 이슈라는 사실도 간과할 수 없다. 경제 상황이 선거에 절대적으로 불리한 상황에서 민주당은 공화당이 승리할 경우 개인이 자유롭게 선택할 권리가 없어지는 사회가 될 것이라는 경고를 통해 여성과 젊은 층 및 선택우선주의자들이 미래를 위해 투표하도록 유도하는 데 성공한 반면, 공화당은 전통적인 회고적 이슈를 기반으로 여당의 실정을 공격하는 정파적 전략 중심의 캠페인을 전개함으로써 기대에 미치지 못하는 결과를 맞이해야 했다.

정치 전문가들뿐 아니라 많은 공화당 전략가들은 낙태 이슈를 전면에 내세우려 한 민주당의 전략을 무시하고 경제와 범죄 이슈만 강조한 공화당이 '전략적 실수'를 범했다고 말한다(Schneider and Otterbein 2022). 특히 트럼프의 영향력과 더해져서 낙태 이슈는 공화당 후보들을 극단적인 정치인으로 인식하게 하는 효과를 낳았다. 공화당 지지자 및 무당파 유권자를 대상으로 한 포커스 그룹 조사에서 한 참가자는 "이러한 인식으로 인해 많은 공화당 후보들이 여성들의 관심 밖으로 벗어났다"고 평가하고, 특히 "극단적 후보로 인식됨으로써 공화당 후보들은 생명우선주의 여성들에게까지 외면당했다"고 지적하였다(Schneider and Otterbein 2022). 공화당의 극단적 낙태금지론을 비판하는 민주당의 캠페인 전략에 트럼프의 영향이 더해져서 공화당 후보들은 극단주의자로 인식되었고 이것이 여성과 젊은 층을 민주당 투표자가 되게 하는 중요한 요인이었다고 할 수 있겠다.

본 연구는 출구조사 결과를 비롯한 다양한 자료를 바탕으로 낙태 이슈가 이번 중간선거에 미친 영향을 살펴보고자 하였다. 그러나 상세한 선거조사 자료가 공개되기 전이기 때문에 본 연구의 방법과 결과는 한계를 가질 수밖에 없다. 후속 연구에서는 개인 유권자 단위의 조사 자료를 바탕으로 보다 세밀한 분석을 통해 2022년의 낙태 이슈는 어떠한 성격을 가지고 있었으며, 미국 선거와 정치에 어떠한 역할을 하였는지 더 자세히 분석할 수 있을 것이다.

한편, 이번 선거는 집권당에 매우 불리한 경제 상황에서 집권당에 대한 평가의 성격을 띤 중간선거임에도 불구하고 공화당이 기대했던 만큼의 권력 변화가 없었다는 점에서 매우 예외적이고 주목받을 만한 선거였다. 이번 선거 결과를 기반으로 바이든 대통령은 재선 가도를 구체화시킬 수 있게 되었다는 점에서 이번 중간선거 결과가 2024년의 미국 선거 정치에 미칠 영향은 지대해 보인다(Galston 2022).

그러나 이번 선거 결과의 또 하나의 중요한 의미는 미국 정치의 핵심 이슈인 낙태 문제에 미치는 영향일 것이다. 이번 선거로 인해 낙태를 제한·금지하려는 보수주의자 및 공화당의 시도가 일단은 대부분 무산되었지만, 향후 끊임없는 소송이 예상된다. 낙태 관련 법의 제정에 직접적으로 연관된 주 단위 선거에서 기존 낙태법을 조정할 수 있는 권력 이동은 별로 목격되지 않지만, 권력이 공화당에 집중된 플로리다 주나 오하이오 주에서는 중간선거 이후 강력한 낙태금지 움직임이 예측되었다. 또 중간선거 결과 주지사와 주의회 다수당, 주 법무장관, 주 대법원 판사 등이 소속 정당이나 성향에서 다르게 구성된 애리조나, 캔자스, 켄터키, 몬태나, 조지아, 노스캐롤라이나, 위스콘신, 네브레스카 등의 주에서는 낙태권 관련한 소송이 예상되었다(McCann 2022).

실제로 2023년 4월 플로리다 주 의회는 임신 6주 이후 낙태를 금지하는 강력한 낙태금지법을 통과시켰고 공화당 소속 주지사가 즉각 서명하였다. 이 법에 의하면, 성폭행, 근친상간 등에 의한 임신의 경우에도 진단서와 경찰 보고서 등을 조건으로 하여 임신 15주까지만 낙태가 허용된다(Sarkissian 2023). 이 법이 통과되자 조지아, 아이오와, 루이지애나, 켄터키 등 여러 보수성향 주들에서는 지지를 표명하였고, 다른 한편에서는 강한 비판의 목소리를 내면서 중간선거 이후 낙태 이슈가 다시 전국적 이슈로 부상하였다.

향후 전개될 지속적인 낙태권 소송과 낙태 찬반 운동은 낙태 이슈를 강력한 정치적 이슈로 유지시킬 것이라고 예측할 수 있다. 2024년까지 낙태가 여전히 중요한 쟁점으로 남아 있을 경우, 민주당은 20204년 대선에서 여성과 젊은 층 유권자를 동원하는 데 유리한 이슈를 점유하게 된다. 강한 정치적 양극화 시대에 낙태 이슈는 정당 정파성을 뛰어 넘어 여성과 젊은 층 유권자를 동원할 수 있는 변수라는 점에서 민주당은 지속적으로 이 이슈를 중심에 두고 싶어 할 것이다. 이번 중간선거에서 낙태 이슈를 의도적으로 뒤로 하고 경제 이슈 중심으로 캠페인을 전개함으로써 전략적으로 실패했다고 평가받은 공화당은 2024년을 앞두고 낙태 이슈에 대해 어떠한 입장과 정책으로 민주당과 경쟁할지 논의와 고민을 시작하고 있을 것으로 보인다.

참고문헌

나달숙. 2008. "미국에서의 낙태에 관한 법적 논쟁,"『법학논총』, 32(2).

Abramowitz, Alan I. 1995. "It's Abortion, Stupid: Policy Voting in the 1992 Presidential Election," The Journal of Politics, 57(1).

Abramowitz, Alan I. and Kyle L. Saunders. 1998. "Ideological Realignment in the U.S. Electorate," Journal of Politics, 60(3).

Abramowitz, Alan I. and Kyle L. Saunders. 2008. "Is Polarization a Myth?" Journal of Politics, 70(2).

Adamczyk, Amy, Chynrye Kim and Leevia Dillon. 2020. "Examining Public Opinion about Abortion: A Mixed Methods Systematic Review of Research over the Last 15 Years." Sociological Inquiry, 90(4).

Adams, Greg D. 1997. "Abortion: Evidence of an Issue Evolution." American Journal of Political Science, 41(3).

Alvarez, R. Michael and Jonathan Nagler. 1998. "Economics, Entitlements and Social Issues: Voter Choice in the 1996 Presidential Election." American Journal of Political Science, 42(4).

Amy, Jeff and Bill Barrow 2022. "Kemp, Abrams argue abortion, voting in Ga. governor debate." AP, Oct. 31.

Andaya, Elise. 2022. ""IM BUILDING A WALL AROUND MY UERUS": Abortion Politics and the Politics of Othering in Trump's America." Cultural Anthropology, 34(1).

BALLOTPEDIA, https://ballotpedia.org/

Bartkowski, John P., Aida I. Ramos-Wada, Chris G. Ellison and Gabriel A. Acevedo. 2012. "Faith, Race-Ethnicity, and Public Policy Preferences:

Religious Schemas and Abortion Attitudes among US Latinos." Journal for the Scientific Study of Religion, 51(2).

Blazina, Carrie. 2022. "Key Facts about the abortion debate in America," Pew Research Center, July 15.

Booth, Ruby Belle. 2022. "The Abortion Election: How Youth Prioritized and Voted Based on Issues." Center for Information & Research on Civic Learning and Engagement (CIRCLE). Tufts University.

Bradner, Eric, Omar Jimenez and Donald Judd. 2022. "Wisconsin Democrats attempt to elevate abortion rights issue in competitive Senate and governor's races." CNN, Oct. 4.

Carmines, Edward G. and James A. Stimson. 1989. Issue Evolution: Race and the Transformation of American Politics. Princeton, NJ: Princeton University Press.

Carmines, Edward G., Jessica C. Gerrity and Michael W. Wagner. 2010. "How Abortion Became a Parisan Issue?: Media Coverage of the Interest Group-Political Party Connection." Politics & Policy, 38(6).

Carmon, Irin. 2016. "2016 Debate: On Abortion, Trump and Clinton Give Passionate Answers," NBC News, Oct. 21.

Castle, Jeremiah J. and Kyla K. Stepp. 2021. "Partisanship, Religion, and Issue Polarization in the United States: A Reassessment." Political Behavior, 43.

Cillizza, Chris. 2022. "Dr. Oz's awful answer on abortion." CNN, Oct. 26.

Cohen, Ethan, Melissa Holzberg DePalo, Priya Krishnakumar and Will

참고문헌

Mullery. 2022. "Six states to watch for the 2022 midterms." CNN, Nov. 5.

Cook, Elizabeth Adell, Ted G. Jelen and Clyde Wilcox. 1994-a. "Issue Voting in U.S. Senate Elections: The Abortion Issue in 1990." Congress & the Presidency, 21(2).

Cook, Elizabeth Adell, Ted G. Jelen and Clyde Wilcox. 1994-b. "Issue Voting in Gubernatorial Elections: Abortion and Post-Webster Politics," The Journal of Politics, 56(1).

CNN/Edison Research Exit Polls, 2022.

de Vogue, Ariane, Tierney Sneed, Chandelis Duster and Devan Cole. 2022. "Supreme Court overturns Roe v. Wade." CNN, June 24.

Desrochers, Daniel. 2022. "How much did abortion rights help Davids win in Kansas?" The Kansas City Star, Nov. 10.

DiMaggio, Paul, John Evans and Bethany Bryson. 1996. "Have Americans' Social Attitudes Become More Polarized?" American Journal of Sociology, 102(3).

Elliot, Debbie and Laurel Wamsley. 2019. "Alabama Governonr Signs Abortion Ban Into Law." NPR News, May 14.

Evans, John H. 2002. "Polarization in Abortion Attitudes in U.S. Religious Traditions, 1972-1998." Socialogical Forum 17.

Ewall-Wice, Sarah and Caitlin Huey-Burns. 2022. "Abortion access proved to be a powerful force in 2022 midterm elections." CBS News, Nov. 11.

Fiorina, Morris, P. 2017. Unstable Majorities: Polarization, Party Sorting, and Political Stalemate. Stanford, CA: Hoover Institution Press.

Fiorina, Morris, P., Samuel J. Abrams and Jeremy C. Pope. 2006. Culture War?: the myth of a polarized America. Second Edition. Pearson Longman.

Fiorina, Morris, P., Samuel J. Abrams and Jeremy C. Pope. 2008. "Polarization in the American public: Misconceptions and misreadings." Journal of Politics, 70(2).

Galston, William A. 2022. "What do the 2022 midterms mean for 2024?" Nov. 9.

Gambino, Lauren. 2022. "How the fall of Roe shattered Republicans' midterm dreams." The Guardian.

Hanna, John. 2022. "Kansas governor's race is close after abortion upheaval." AP, Nov. 5.

Hoffman, John P. and Alan S. Miller. 1997. "Social and Political Attitudes Among Religious Groups: Convergence and Divergence over Time." Journal for the Scientific Study of Religion 36.

Hout, Michael, Stuart Perrett and Sarah K. Cowan. 2022. "Stasis and Sorting of Americans' Abortion Opinions: Political Polarization Added to Religious and Other Differences." Sociological Research for a Dynamic World 8.

Hunter, James Davison. 1991. Culture Wars: The Struggle to Define America. New York: Basic Books.

Hunter, James Davison. 1996. "Reflections on Culture Wars Hypothesis." in The American Culture Wars, edited by J. L. Nolan, Jr., University Press of Virginia.

JUSTIA, US Supreme Court, https://supreme.justia.com/cases/federal/

Kapur, Sahil. 2022. "Georgia Senate runoff tests the staying power of abortion in American elections," NBC NEWS, Dec. 1.

Kaiser Family Foundation. 2022. "Analysis Reveals How Abortion Boosted Democratic Candidates in Tuesday's Midterm Election." November 11.

Kaiser Family Foundation. 2022. "KFF/AP VoteCast: Health Care In The 2022 Midterm Election." Nov. 14.

McCann, Allison, Amy Schoenfeld Walker, John-Michael Murphy and Sarah cahalan. 2022. "Where the Midterms Mattered Most for Abortion Access." New York Times, Nov. 21.

Mearhoff, Sarah and Erin Petenko. 2022. "Vermont sees record high midterm turnout in historic election year." VTDigger, Nov. 15.

Mipro, Rachel. 2022. "Kansas Supreme Court justices hang onto seats in retention vote." Kansas Reflection, Nov. 9.

Najmabadi, Shannon. 2021. "Gov. Greg Abbott signs into law one of nation's strictest abortion measures, banning procedure as early as six weeks into a pregnancy." The Texas Tribune, May 19.

Noor, Poppy. 2022. "Michigan Democrat's lead shows abortion may be the issue that decides midterm races." The Guardian, Nov. 1.

Perkins. 2022. "How Michigan Democrats took control for the first time in decades." The Guardian, Nov. 17.

Planned Parenthood https://www.plannedparenthoodaction.org/issues/

abortion/roe-v-wade/whole-womans-health-v-hellerstedt.

Potts, Monica. 2022. "Control Of The Senate Could Rest On Abortion And Inflation In Nevada." FiveThirtyEight, Nov. 6.

Richmond, Todd. 2022. "Democrat Kaul wins 2nd term as Wisconsin attorney general." AP, Nov. 10.

Sarksskan, Arek. 2023. "DeSantis signs Florida's w-week abortion ban into law." POLITICO, April 13.

Schneider, Elena and Holly Otterbein. 2022. "'THE central issue': How the fall of Roe v. Wade shook the 2022 election." POLITICO, Dec. 19.

Smith, Sarah. 2022. "How abortion law could still impact who wins US midterms." BBC News, November 6.

Washington Post. 2022. "Here's how abortion access fared in the midterm eletions in nine states." Dec. 5.

Wooten, Nick. 2022 "11Alive poll : How much do Georgia voters care about abortion ahead of elections?" 11Alive, Nov. 4.

2022년 미국 중간선거 이후
바이든 행정부의 대외정책

Ⅰ. 서론

Ⅱ. 2022년 중간선거 결과

Ⅲ. 중간선거 결과 이후 바이든 행정부의 대외
   정책 변화

Ⅳ. 한미동맹에 대한 영향 및 발전 방향

Ⅴ. 결론

2022년 미국 중간선거 이후 바이든 행정부의 대외정책[*]

이수훈(한국국방연구원)

I. 서론

임기가 4년인 미 대통령의 취임 후 2년 차에 치러지는 중간선거(midterm election)는 새임 대통령의 중간평가라는 성격을 갖는다. 출범 후 2년이 채 되지 않는 기간 동안 대통령이 대내외정책에서 뚜렷한 성과를 내긴 어렵다. 그러나 중간선거의 결과가 현직 대통령에 대한 평가를 반영한다는 미 국민의 인식은 변하지 않는다. 바이든(Joseph R. Biden) 행정부 2년 차에 진행된 2022년 미 중간선거는 당초 예상보다 민주당이 선전하며 막을 내렸다. 미국 경제가 각종 지표에서 하향세를 보이고, 바이든 행정부가 대통령 선거에서 제시한 여러 공약이 이행되기 전 시점에서 진행된 중간선거는 바이든 대통령이 속한 민주당이 불리할 것으로 예상했다.

그러나 이러한 예상을 뒤엎고 민주당은 상원을 수성했다. 나아가 하원 선거에서도 선전했다. 중간선거의 결과는 미국 대내외정책에 막대한 영향을 준다. 미국의 대선, 중간선거의 결과가 대외정책 동학에 미치는 영향이 크기 때문이다. 그러나 그 반대의 경우는 다르다. 대외정책이 중간선거에 주는 영향은 많지 않다. 트럼프(Donald J. Trump) 행정부 2년 차인 2018년에 치러진 중간선거에서도 트럼프 행정부의 대외정책은 중간선거에 큰 영향을 주지 못했다.[1] 당시 트

---

[*] 이 장은 고려대학교 평화와민주주의연구소 수당안보콜로키엄에서 발표한 "2022 미국 중간선거와 바이든 행정부의 외교정책 방향" 발제문(2022.11.16.)을 수정 및 보완한 것임.

[1] 이수훈. 2019. "2018 미국 중간선거와 트럼프 행정부의 대북정책," 한국지방정치학회보. 9(2).

럼프 행정부는 북한과의 비핵화 협상을 진행하고 있었다. 아시아 지역에서는 이를 관심 있게 지켜봤지만 정작 미국 내에서는 큰 관심을 끌지 못했다.

미북 비핵화 협상을 통해 세계평화 기여에 대한 긍정적 이미지를 구축하고 이를 통해 국내정치의 기반을 강화하려고 했던 트럼프 대통령의 계획과는 달리 중간선거에서 북한 문제에 대한 미국인들의 관심은 높지 않았다. 과거 2001년 9. 11 테러 이후 진행된 중간선거에서는 당시 부시(George W. Bush) 대통령의 공화당이 승리했는데, 이처럼 미국이 외부로부터 직접적인 공격을 받거나 첨예한 안보위협에 노출된 경우를 제외한다면 현직 대통령의 대외정책 결정 또는 공약이 중간선거 판세에 영향을 주는 상황은 없다. 이는 2019년 미국정치연구회에서 발간한 단행본『트럼프 이후의 중간선거』의 제6장인 "2018 미국 중간선거와 트럼프 행정부의 대외정책"에서도 연구된 바 있다.[2]

본 장에서는 2022년 중간선거 결과가 향후 미 대외정책에 미치는 영향을 논의한다. 이를 위해 2022년 중간선거 결과를 분석하고, 중간선거 결과로 인한 바이든 행정부의 대외정책 변화를 전망한다. 나아가 바이든 행정부의 정책 유지 또는 변화가 한미동맹에 미치는 영향에 대한 논의를 이룬다. 마지막으로 결론에서는 한미동맹 차원에서 한국이 발전해야 할 방향에 관한 함의를 도출한다.

II. 2022년 중간선거 결과

2022년 미 중간선거에서는 상원 총 의석의 3분의 1과 하원 전체 의석을 대상으로 선거가 진행되었다. 총 100개 의석으로 구성된 미 상원의 임기는 6년이며, 2년에 한 번씩 총인원의 3분의 1에 대한 선거가 열린다. 이번에는 Class 3에 속한 34개 의석과 선거 전 사임한 오클라호마주의 인호프(James Inhofe) 의원의 공석이 추가되어 총 35개 상원 의석에 대한 선거가 열렸다. 이번 중간선거는 막판까지 그 결과를 알기 어려웠으나 네바다(Nevada) 주의 매스토(Catherine Cortez Masto) 상원의원의 재선이 확실시되며 민주당은 상원에서 최소한(bare minimum)의 다수당 수성을 확정하게 되었다.

---

2 미국정치연구회. 2019.『트럼프 이후의 중간선거』도서출판 오름; 이수훈 "2018 미국 중간선거와 트럼프 행정부의 대북정책," 221-247.

총 435석으로 이뤄진 하원의 임기는 2년이고 전체 435석에 대한 선거가 치러졌다. 이번 중간선거에서는 민주당이 상원을 수성하고 공화당이 하원의 다수당이 되었다. 제117대 의회의 상하원과 현재의 의석수 변화를 비교해보면 다음과 같다.[3] 제117대 상원에서 민주당은 48석과 무소속 2석을 합쳐 총 50석의 상원 의석을 차지했다. 나머지 절반인 50석은 공화당이 차지했고, 상원의 의장인 해리스(Kamala Harris) 부통령이 캐스팅 보트(casting vote)를 행사했다. 이번 중간선거의 마지막 조지아(Georgia) 주 결선 투표(runoff election) 상원에서는 민주당이 51석 공화당이 49석을 차지하게 되었다. 만약 조지아 주에서 공화당이 승리했다 하더라도 50 대 50으로 의장인 부통령이 캐스팅 보트를 행사하므로 사실상 민주당의 수성이라고 할 수 있었을 것이다. 다만 최종적으로 민주당이 51석을 챙기며 중간선거는 민주당의 승리라고 표현할 수 있다(그림 1).

[그림 1] 2022년 중간선거 결과(상원)

출처: NBC News (2022. 11. 21. 기준)[4]

3　Jennifer E. Manning. 2022. "Membership of the 117th Congress: A Profile," CRS Report, Congressional Research Service.

4　NBC News. 2022. "GOP wins House by a slin margin, splitting control of Congress with Democrats."

하원에서도 민주당은 선전했다. 이번 선거에서 민주당은 214석을 차지하며 공화당에 다수당 지위를 빼앗기긴 했으나 실제 7석이라는 한 자릿수의 근소한 차이이므로 하원에서도 각종 법안 처리에서 나름의 목소리를 낼 수 있게 되었다(그림 2).

[그림 2] 2022년 중간선거 하원

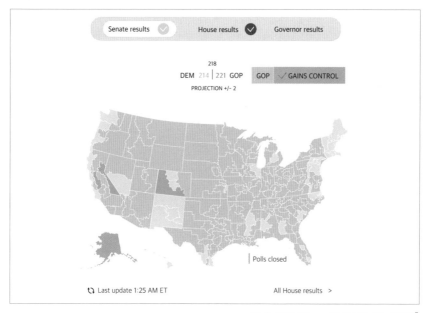

출처: NBC News (2022. 11. 21. 기준)[5]

하원 중간선거에 대한 선거 전 미국 내 주요 언론사의 예측은 현재 결과와 크게 다르지 않았음을 보여준다(<표 1> 참조). The Washington Post와 NBC는 공화당의 승리를 점쳤으나 민주당과의 최종 표차를 5 자릿수 이내로 전망했다. CNN이 그나마 가장 큰 표 차이를 예상했는데, 이 또한 한 자릿수인 8석 차이를 예상했다.

---

5 NBC News. 2022. "GOP wins House by a slin margin, splitting control of Congress with Democrats."

[표 1] 언론매체 중간선거 예상

	Democrat	Republican
CNN	204	212
ABC	206	212
WP	204	211
NBC	216	219

이번 중간선거에서 민주당이 이룬 결과는 과거 클린턴(Bill Clinton) 행정부, 오바마(Barack Obama) 행정부 때 치러진 중간선거보다 의석의 손실이 적었다. 오바마 대통령이 재임했던 2010년 치러진 중간선거에서는 민주당이 하원에서 63석, 상원에서 6석을 잃었다(그림 3).

[그림 3] 역대 중간선거 결과(1962-2018)

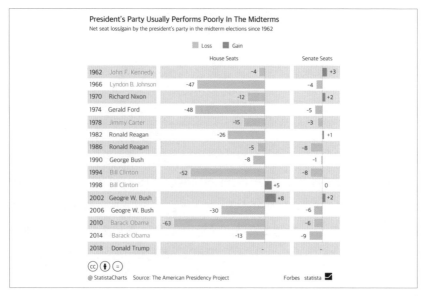

출처: Forbes, Statista[6]

---

6 Niall McCarthy. 2018. "Historically, The President's Party Performs Poorly in the Midterms [Infographic], Forbes.

미국 중간선거 분석

미 의회 역사상 집권당이 중간선거에서 승리하거나 의석을 잃지 않은 경우는 1934년, 1962년, 2002년 총 세 번뿐이었다.[7] 그러나 이번 선거가 달랐던 점은 1962년과 2000년에는 모두 대통령의 국정 지지도가 60% 이상이었지만, 이번 중간선거 직전 바이든 행정부의 국정 지지도(approval rating)는 41%였다는 것이다. 결과적으로 미 역사상 집권당으로서 바이든 행정부는 중간선거에서 선전한 정부 중 하나로 평가될 것이다.

이번 중간선거를 계기로 바이든 대통령은 2024년 대선에서 재출마를 선언할 수 있는 동력을 마련했다고 평가할 수 있다. 일반적으로 중간선거에서 가장 중요한 이슈는 경제다. CNN 출구조사(Exit Poll)에서 이번 선거에 가장 중요한 이슈에 관한 질문에 31%가 인플레이션이라고 답했으나 27%는 낙태라고 답변했다.[8] 즉 낙태 이슈가 경제만큼 중요한 이슈로 나타났다. 이러한 사회현상은 민주당 지지자가 투표에 적극적으로 참여하게끔 하는 양상으로 나타났다. 바이든 대통령은 이번 선거를 계기로 민주당 내 입지를 강화했고 바이든 행정부 2기 창출의 발판을 마련했다. 과거 경쟁자였던 워런(Elizabeth Warren) 의원과 펠로시(Nancy Pelosi) 의장 역시 바이든 대통령을 지지한다고 선언했다. 바이든 대통령은 지난 4월 공식적으로 재출마를 선언했다.

한편 공화당 의원 일부가 이번 선거의 패배를 트럼프 전 대통령에 전가하는 양상을 보였으나, 트럼프 대통령은 지난 11월 25일 마러라고 리조트에서 2024년 대선 출마 공식 선언했다. 결과적으로 이번 중간선거는 향후 바이든 행정부의 국정 동력 확보를 위한 발판을 마련했다고 평가할 수 있다. 특히 상원 중간선거에서는 민주당이 "근소한(razor thin)" 차이로 승리[9]함으로써 주요 법안을 단독처리가 가능한 압도적 다수(super majority)를 이루지는 못했으나, 적어도 바이든 대통령의 향후 국정 운영에 생명선(lifeline)이 되었다고 평가할 수 있다.

---

7   Harry Enten. 2022. "How Joe Biden and the Democratic Party defied midterm history," CNN.

8   Elaine Kamarck and William A. Galston. 2022. "It wasn't just the economy stupid, it was abortion," Brookings.

9   Catie Edmondson and Carl Hulse. 2022. "Democrats' Senate Victory Hands Biden a Critical Guardrail Against the G.O.P.," New York Times.

III. 중간선거 결과 이후 바이든 행정부의 대외정책 변화

외교정책 수립에 대한 미국 대통령의 권한은 절대적이다. 미 헌법은 외교정책 수립에 있어 견제와 균형을 위해 대통령과 의회의 권한을 모두 명시했다. 다만, 과거 베트남 전쟁과 워터게이트 사건 등으로 인해 대통령의 외교정책의 입지가 좁아지는 상황도 발생했다. 린지(James Lindsay)는 외교정책에서 "힘의 추(pendulum of power)"가 국제안보환경에 따라 의회와 대통령 사이에서 이동한다고 주장했다.[10] 미국의 안보가 위기 상황(emergency phase)일 경우 힘의 추는 대통령에게, 안정기(stability phase)일 경우 의회로 움직인다는 것이다.

나아가 월다브스키(Aaron Wildavsky)는 "Two Presidencies"를 통해 국내정책 대통령과 외교정책 대통령의 근본적인 차이를 주장했고,[11] 콜(Timothy Cole)은 중간선거 결과가 결정적으로 미 대외정책의 큰 변화를 끌어내지 못하는 이유를 선출된 의원들의 "지역주의 성향(parochialism)"에서 찾았다.[12] 이러한 연구에서는 외교정책에 있어 미국의 제왕적 대통령(imperial presidency)을 강조한다. 일반 정치인과 달리 대통령은 외교정책 수립에 있어 절대적인 존재라는 결론을 도출한다.

공화당은 이번 선거에서 롤백(rollback)에 실패했고 하원에서 다수당 지위를 얻었으므로 주요 법안 처리를 주도할 수 있겠으나 상원의 견제로 인해 의회는 중간선거 이후 교착 상태가 될 수 있다. 바이든 행정부는 기존 대외정책 기조를 유지하며 자유주의 국제질서 재건, 동맹 및 파트너 네트워크 강화 등의 정책을 강화할 것이다. 바이든 행정부의 대외전략 기조는 첫째, 민주주의적 가치와 규칙 기반의 자유주의 국제질서 재건을 통한 세계적 리더십 복원,

---

10　James M. Lindsay, "From Deference to Activism and Back Again: Congress and the Politics of American Foreign Policy," The Domestic Sources of American Foreign Policy: Insights and Evidence.

11　Paul E. Peterson. 1994. "The President's Dominance in Foreign Policy Making," Political Science Quarterly, 109(2).

12　Timothy M. Cole. 1994. "Congressional Investigation of American Foreign Policy: Iran-Contra in Perspective," Congress and the Presidency, 21(1).

둘째, 동맹 네트워크 강화와 지구적 협치 구축을 통한 미국의 세계적 입지 강화이다.[13]

이번 중간선거 결과에 따라 상원에서는 위 대외전략 기조에 기초한 인도-태평양 전략이 강화될 것으로 전망할 수 있다. 바이든 행정부는 인도-태평양 지역에서 동맹 및 파트너들과 함께 규칙 기반 질서를 유지하고 이를 바탕으로 대중 강경책을 구사할 것이다. 대중 강경 노선은 현재 미국 내 민주당과 공화당의 초당적 지지를 받고 있으므로 현재보다 더 강경한 정책을 구사하기는 어려울 것이다. 공급망 구축의 중심인 인도-태평양 경제 프레임워크(IPEF) 역시 이번에 선출된 공화당 의원들의 자유무역 성향에 따라 영향을 받을 수 있겠지만 기존 체제는 유지할 것으로 전망한다.

한편 공화당이 다수인 상황에서 메카시(Kevin McCarthy) 의원이 하원의장이 되었으므로 향후 대만을 둘러싼 미중경쟁이 격화될 가능성이 있다. 과거 메카시 의원은 펠로시 의장의 대만 방문 이후 본인이 하원의장이 된다면 곧바로 대만으로 향할 것이라고 발언한 사례가 있다. 오히려 최근 차이잉원(Tsai Ing-wen) 대만 총통이 미국을 방문함으로써 중국의 반발을 불러일으켰다. 이러한 배경에서 의회는 향후 타이완정책법(Taiwan Policy Act)과 같은 법안을 더욱 강화할 개연성이 커졌다.

바이든 행정부의 대북정책은 미중경쟁 등 주요 대외정책으로 인해 중간선거 결과와는 관계없이 앞으로도 큰 변화를 기대하기는 어려울 것이다. 바이든 행정부가 북한 문제를 심도 있게 다루려면 워싱턴 내에서 북한을 관심 있게 지켜봐야 하는데, 작년 북한의 연이은 도발에도 불구 미국은 북한에 큰 관심을 두고 있지 않은 상황이다. 최근 바이든 대통령은 핵 태세 검토 보고서를 통해 북한의 핵 사용은 "정권의 멸망(end of regime)"을 의미한다고 선언했으나 여전히 외교적 노력에 기반을 둔 대북정책을 추진할 것이다.[14]

결론적으로 미국의 대외정책은 중간선거 결과보다는 국가안보전략

---

13 이수훈 외. 2022.『바이든 행정부의 인태지역 안보, 국방 정책: 국제정치이론의 적용』한국국방연구원: 59.

14 이수훈. 2022. "미국 바이든 행정부의 핵태세검토보고서(NPR): 주요 내용과 한국에 대한 함의," 동북아안보정세분석(NASA), 한국국방연구원.

(National Security Strategy), 국가방위전략(National Defense Strategy), 핵 태세 검토보고서(Nuclear Posture Review)에 따라 수립된다. 중간선거의 결과에 따라 대통령이 의회의 지원을 얼마나 받는지가 결정되겠지만 대외정책 방향에 있어선 큰 변화를 기대하기 어려울 것이다. 특히 바이든 행정부는 최근 캄보디아에서 개최된 미중, 한미, 한미일 등의 정상회담을 기반으로 향후 대 아시아 전략 방향을 설정할 가능성이 크다.

IV. 한미동맹에 대한 영향 및 발전 방향

이번 미 중간선거 결과가 한미동맹에 미치는 영향은 크지 않다. 윤석열 정부와 바이든 행정부는 2022년, 2023년 정상회담을 통해 한미동맹의 비전을 글로벌 포괄적 전략동맹으로 수립했으며, 행동하는 동맹을 약속했다. 중간선거에서 민주당 상원 수성은 이러한 목표를 달성하는 데 유익한 환경을 제공할 것으로 전망할 수 있다. 바이든 행정부의 미국은 한국의 인도-태평양 전략 출간과 함께 역내 전통안보 분야 협력 외 공공외교와 같은 비전통 안보 분야 협력을 활성화함으로써 한미동맹 발전을 도모할 수 있다. 특히 미국의 대북정책은 한미동맹을 핵심으로 작용하는 가운데 한미일 3자 협력을 추동할 것으로 전망한다.

바이든 행정부는 한미동맹의 핵심동력 중 하나인 미국의 확장억제 공약을 강조했다. 확장억제 제공에 대한 결심을 보여주기 위해 미국은 인도-태평양 지역 내 탄도미사일 잠수함 역내 항구 방문, 폭격 미션 수행 등 전략자산 전개의 가시성을 높여 동맹의 억제력을 강화한다는 내용을 NPR에 명시했다. 바이든 행정부 국방전략의 핵심인 통합억제(integrated deterrence)에서는 동맹과의 협력을 강조한다. 즉 통합억제의 목적은 적의 인식에서 득과 실을 조정하는 "맞춤형 옵션(tailored option)" 구상이라는 인식을 기반으로 동맹의 억제력을 강화한다는 것이다.[15] 결정적으로 워싱턴 선언(Washington Declaration)

---

15   이수훈, "미국 바이든 행정부의 핵태세검토보고서(NPR): 주요 내용과 한국에 대한 함의."

은 전례 없는 한미동맹의 확장억제력 강화를 천명했다.[16]

설리번(Jake Sullivan) 보좌관은 지난 11월 캄보디아로 이동하는 에어포스원에서 북한이 계속 도발의 길을 걷는다면 (동북아시아) 지역에 미국의 군사 및 안보 존재(military and security presence)를 강화할 것이라고 발언했다.[17] 특히 미중 정상회담에서 바이든 대통령은 북한이 장거리 미사일을 발사하지 못하도록 설득하는 것이 중국의 의무라면서도, 중국이 북한을 제어할 수 있다고 확신하기는 어렵다고 했다. 북한 억제에 관해 중국과의 협력을 추진하고는 싶지만 쉽지 않다는 점을 강조한 것이다.

캄보디아에서 열린 한미일 회의에서 논의된 3국의 미사일 정보 실시간 공유는 3자 협력의 신호탄이 될 전망이다. 그동안 한미일 3자 협력은 다양한 차원에서 진행되었다. 1960년대 초반 중국의 원자탄 실험 이후 미국은 역내 동맹의 네트워크를 강화해야 한다는 계획을 했으며, 이러한 배경에서 미국은 한일기본조약 체결에 대해 지지를 보였다. 이후 1990년대 후반 북한이 대포동 미사일 시험발사 이후 한미일은 3국의 대북한 정책조정 감시기구(Trilateral Coordination and Oversight Group: TCOG)를 설립하여 대북정책을 공조하기 시작했고, 이후 한미일 안보 회의(Defense Trilateral Talks: DTT), 한미일 정보공유약정(Trilateral Information Sharing Arrangement: TISA)과 같은 제도를 통해 대북정책 공조를 가시화했다. 그러나 이와 같은 노력에도 불구하고 한미일 협력은 지속하지 못했다.

한편 최근 한미일 3자 협력을 추동하고자 하는 한국, 미국, 일본 정부의 의지는 강한 것으로 보인다. 특히 바이든 행정부는 국가안보전략, 방위전략, 핵전략 등에서 한미일 협력의 중요성을 강조하고 있다. 바이든 행정부는 인도-태평양 전략의 7번째 노력선에 "미국-일본-한국의 협력 확대(Expand US-Japan-ROK Cooperation)"를 명시했다.[18] 미국은 3자 채널을 통해 대북정책 협력을 이룰 것(continue to cooperate closely through trilateral channels on

---

16 이수훈. 2023. "2023 한미정상회담의 성과와 의의: 미래로 전진하는 행동하는 한미동맹," 동북아안보정세분석(NASA), 한국국방연구원.

17 정상원. 2022. "동북아 미군 강화 미중정상 회담 앞둔 설리번의 견제구," 한국일보.

18 The White House. 2022. "Indo-Pacific Strategy of the United States."

the DPRK)"이라고 했고, "우리는 앞으로 지역 전략을 더욱 [한미일] 삼자의 맥락에서 조정할 것이다(Increasingly, we will seek to coordinate our regional strategies in a trilateral context)"라고도 명시했다. 한미일 3자 협력에 관한 위와 같은 미국이 의지를 비롯해 향후 한국과 일본도 인도-태평양 전략 발간을 통해 3자 협력에 관한 정책 방향을 제시했다.

V. 결론

결론적으로 2022년 미 중간선거 이후 바이든 행정부의 대외정책은 큰 변화를 보이지 않았다. 한편, 동맹 70주년을 맞는 시점에서 미 의회는 한미동맹 강화에 초당적인 지지를 보인다. 이러한 환경에서 한일정상회담, 한미정상회담, 한미일 정상회담이 차례로 열렸다. 글로벌 포괄적 전략동맹의 비전을 담아내고 미래로 전진하는 행동하는 동맹을 실천하기 위해 한미 정상은 공동성명과 워싱턴 선언을 발표했다. 우리의 최대 안보위협인 북한 핵·미사일을 억제할 수 있는 수단이 강화되었다는 의미다. 나아가 과거 6자회담에서는 다자협력 위주의 북미 정상회담에서는 양자 협력 위주의 북한 비핵화를 위한 노력이 추동되었는데, 이제는 한미일 3자 협력 기반의 대북정책 공조가 가능한 시기가 도래했다고 볼 수 있다.

참고문헌

이수훈. 2019. "2018년 미국 중간선거와 대북정책에 대한 담론 분석『트럼프 이후의 중간선거』," 미국정치연구회. 도서출판 오름.

_____. 2019. "2018 미국 중간선거와 트럼프 행정부의 대북정책." 한국지방정치학회보. 9(2).

_____. 2022. "2022 미국 중간선거와 바이든 행정부의 외교정책 방향." 수당안보콜로키엄. 고려대학교 평화와 민주주의 연구소.

_____. 2022. "미국 바이든 행정부의 핵태세검토보고서(NPR): 주요 내용과 한국에 대한 함의," 동북아안보정세분석(NASA), 한국국방연구원.

_____. 2023. "2023 한미정상회담의 성과의 의의: 미래로 전진하는 행동하는 한미동맹," 동북아안보정세분석(NASA). 한국국방연구원.

이수훈 외. 2022. 『바이든 행정부의 인태지역 안보, 국방 정책: 국제정치이론의 적용』 한국국방연구원.

정상원. 2022. "동북아 미군 강화 미중정상 회담 앞둔 설리번의 견제구." 한국일보.

Catie Edmondson and Carl Hulse. (2022). "Democrats' Senate Victory Hands Biden a Critical Guardrail Against the G.O.P." New York Times. November 13, 2022.

Elaine Kamarck and William A. Galston. 2022. "It wasn't just the economy stupid, it was abortion." Brookings. November 10, 2022.

Harry Enten. 2022. "How Joe Biden and the Democratic Party defied midterm history." CNN, November 13, 2022.

James M. Lindsay. 1988. "From Deference to Activism and Back Again:

Congress and the Politics of American Foreign Policy." The Domestic
Sources of American Foreign Policy: Insights and Evidence.

Jennifer E. Manning. 2022. "Membership of the 117th Congress: A Profile,"
CRS Report, Congressional Research Service, September 30, 2022.

NBC News. 2022. "GOP wins House by a slin margin, splitting control of
Congress with Democrats." November 21, 2022.

Niall McCarthy. 2018. "Historically, The President's Party Performs Poorly
in the Midterms [Infographic]." Forbes. October 9. 2018.

Paul E. Peterson. 1994. "The President's Dominance in Foreign Policy
Making," Political Science Quarterly, 109(2).

The White House. 2022. "Indo-Pacific Strategy of the United States."

Timothy M. Cole. 1994. "Congressional Investigation of American Foreign
Policy: Iran-Contra in Perspective." Congress and the Presidency, 21(1).

2022년 중간선거에서 나타난 Z세대의 특성

Ⅰ. 왜 세대인가

Ⅱ. 유권자 구성의 변화

Ⅲ. 2020년 선거에서 젊은 유권자 태도

Ⅳ. 2022년 출구조사 결과

Ⅴ. Z세대의 연속성과 차별성

Ⅵ. 요약

2022년 중간선거에서 나타난 Z세대의 특성

이현우(서강대학교)

I. 왜 세대인가

유권자 개인의 정치적 정향을 결정하는 요인은 다양하다. 가족을 기본으로 하는 사회화 과정에서 부모로부터 정치정향을 습득하는 정당소속감이 가장 대표적이며, 개인적 요건인 성별이나 경제적 지위와 관련이 깊은 정치이념도 정치 태도를 결정하는 중요한 요인으로 꼽힌다. 이와 더불어 연령기준으로 개인이 속한 세대 특성 역시 정치정향에 상당한 영향을 미치는 것으로 알려져 있다.

세대 요인이란 자연 연령과 구분되는데, 비슷한 시기에 출생한 집단이 공유하게 되는 가치정향과 태도의 특성을 말한다. 특히 세대 요인은 세대가 겪은 특정 경험이 일생 동안 지속적인 영향력을 갖는다는 점에서 주목받는다 (Jennings and Niemi 1981). 최근 들어 세대 요인을 다루는 연구들은 사회적 환경과 조건이 급속히 변화하면서 이전보다 세대 간 이질성이 높아졌다는 점에 주목하고 있다. 세대 효과(generation effect)는 연령 효과(age effect)와 구분되는 개념이라는 것은 이미 잘 알려진 사실이다. 또한 세대 효과를 정확하게 측정하기 위해서는 시계열자료가 필수적이며, 이러한 자료를 통해서 기간 효과 (period effect)도 통제될 수 있다.

세대 효과가 흥미로운 것은 어떻게 세대 효과가 형성되는지와 더불어 시간이 지남에 따라 연령 효과나 기간 효과를 통제한 상태에서도 특정 세대에게 얼마나 지속적으로 영향을 미치는가를 보여줄 수 있기 때문이기도 하다.

젊은 층과 노령층은 동일한 사안에 대해서도 인식하는 바가 차별적인데, 특정 세대가 자신들이 젊었을 때 가졌던 인식이 노령층이 되면서 어떻게 변했는지 그리고 세대 간 그러한 인식의 궤적이 어떻게 변화하는지 추적할 수 있다는 점은 유권자 연구에 있어 중요한 연구 주제가 된다. 이러한 주제의 연구를 위해서는 시계열자료가 필수적이며, 아울러 생태학적 오류(ecological fallacy)를 피하기 위해서는 패널조사 자료가 제공되어야 한다.

본 연구에서는 위에서 언급한 수준의 심도 깊은 분석에 이르지 못한다. 단지 횡단면적인 수준에서 새로이 등장한 Z세대에 집중하여 새롭게 등장한 이들의 정치정체성을 확인하는 작업에서 시작한다. 그리고 이들 세대가 선거 결과에 중요한 영향을 미쳤는지 그리고 어떠한 메시지를 주는지에 대해 논의하도록 한다. 마지막으로 향후 미국정치에서 이들의 정치적 영향력은 어떠할 것인지에 대해 살펴보도록 한다. 더불어 일상적으로 MZ세대라는 통칭에서 벗어나 M세대와 Z세대를 구분하여 탐구함으로써 이들이 동일 집단의 공통성이 높지 않다는 것을 지적한다.

II. 유권자 구성의 변화

유권자 구성은 시간이 지나면서 변화한다. 연령분포를 중심으로 본다면 아래와 같이 상당 기단 동안 큰 변화가 나타나지 않는다. 미국사회도 고령화가 진행되면서 노령층 유권자의 비율이 높아지는 것이 확인된다. 〈그림 1〉에서 보는 바와 같이 75세 이상의 유권자가 1998년 7.2%에서 2022년 9.1%로 늘어났다. 65세 이상의 유권자 비율은 같은 기간 동안 16.2%에서 22.5%로 확대되었다. 반면에 25세 이하 유권자들은 오히려 12.9%에서 11.3%로 약간 줄어들었다. 20여 년 사이에 연령별 구성 비율에 약간의 변화가 나타났지만 미국의 정치 판도를 바꿀 정도는 아니라 할 수 있다.

[그림 1] 연령별 유권자 구성비율

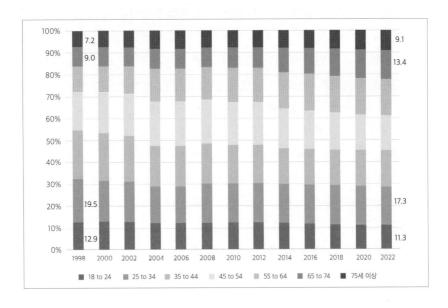

그러나 세대를 중심으로 유권자 분포의 변화를 보면 그 차이가 상당하다는 것을 알 수 있다. 아래의 〈그림 2〉는 미국 유권자의 세대별 분포를 시기별로 보여준다. 2017년에 이미 전체 유권자의 1/3을 차지했던 MZ세대가 20년 후에는 절반을 넘어선다. 특히 2037년에는 Z세대의 비율이 27.7%로 증가하여 2022년에 비해 2배 가량 늘어나는 것으로 예측된다. 만일 세대마다 정치정향이 다르다면 유권자 구성에서 각 세대가 차지하는 비율의 변화는 정치판도에 큰 영향을 미칠 것이라 예상하게 된다. 따라서 세대의 특징을 파악하는 것은 정치변화의 큰 틀을 이해하는 데 도움이 된다.

미국 중간선거 분석

[그림 2] 세대별 유권자 구성비율

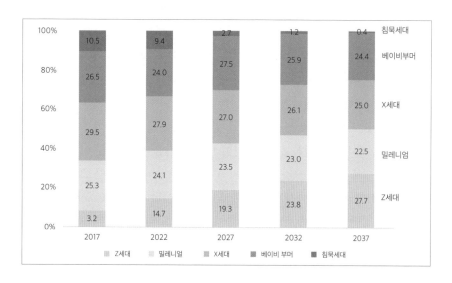

이 글에서는 점차 유권자 비율을 높여가고 있는 M(밀레니엄)세대와 Z세대의 특성을 파악하는 데 초점을 맞춘다. 그동안 일반적으로 MZ세대를 묶어서 취급하는 경우가 많았다. 그 이유는 M세대가 등장했을 때 X세대를 포함한 이전 세대들과 상당한 차이를 보였는데, Z세대는 M세대와 공유하는 바가 크다고 보았기 때문이다. Z세대가 처음으로 유권자로 진입하여 비중이 크지 않은 상황에서 M세대에 주목하다 보면 인터넷에 기반한 소통이 M세대와 Z세대의 공통적 특성으로 간주되었고 M세대와 Z세대의 차이에는 주목하지 않았다. 이 글에서는 두 세대가 이전 세대들과 차별적인 공통적 특성뿐 아니라 그들 사이의 차이점에도 주목한다.[1]

세대 구분은 명확한 과학적 근거에 기반하지 않지만 대체적인 합의가 있다. 세대 구분은 일정한 간격을 갖는데 16년이 암묵적인 한 세대의 범위가 된다. M세대도 16년이고 그 이전의 X세대도 1965년에서 1980년으로 16년의 간

---

1 Merriam-Wester사전은 주머(Zoomer)라는 단어가 Z세대를 지칭하는 용어라고 정의하고 있다. 주머는 베이비부머 세대를 줄여서 부머 세대라고 부른 것과 같은 방식이다. 초기 Z세대라는 용어 대신에 iGeneration 혹은 post-millennials라는 표현이 사용되었지만, 현재는 Z세대가 일반적인 용어다. Z세대에 대한 체계적인 소개는 Katz와 동료들(2022)을 참고할 것.

격이다.[2] 그렇지만 많은 이들이 MZ세대라는 명칭을 사용하고 있다. 즉 Z세대를 M세대와 구분하지 않고 하나의 연령집단으로 간주하는 경우가 많다. 그러나 세밀히 분석해 보면 Z세대와 밀레니엄 세대는 구분해야 할 정도의 충분한 차이를 보여준다. 우선 물리적 연령을 보면 M세대 구분은 1981~1996년 사이에 출생한 사람들이다. 그렇다면 가장 나이가 많은 M세대는 2022년에 41세가 된다. 이들은 Z세대가 태어나기 이전에 이미 성인이 되는 나이가 된다.

아래 〈표 1〉에서 보는 바와 같이 일반적으로 세대 구분이 16년 정도인데 비해 MZ세대의 구성을 보면 30년이 넘는 기간을 포함한다. 이렇게 긴 시기를 한 세대로 간주하는 것은 타당치 못하다. 따라서 M세대를 2022년 당시의 기점에서 26세부터 41세로 구분하고 그보다 어린 연령층을 Z세대로 분류하여 이들 집단의 특성을 구분하는 것이 시기를 고려한 형식적 측면에서 타당하다. 물론 두 세대를 상세히 분석해서 차이보다 공통점이 많다면 MZ세대로 통칭하는 것이 가능하다. 그러나 정치적 정향에 있어 이들 집단의 동질성이 높다는 것을 실증적으로 보여준 경우를 찾아보기 힘들다.

[표 1] 연령에 따른 세대 구분

세대 구분	출생년도	2022년 당시연령
전전세대	1922 ~ 1927	95 ~ 100
전후세대	1928 ~ 1945	77 ~ 94
베이비부머 1	1946 ~ 1954	68 ~ 76
베이비부머 2	1955 ~ 1964	58 ~ 67
X세대	1965 ~ 1980	42 ~ 57
밀레니엄 세대	1981 ~ 1996	26 ~ 41
Z세대	1997 ~ 2012	10 ~25

출처: https://www.beresfordresearch.com/age-range-by-generation/

---

2 미국 인구조사국(U.S. Census Bureau)이 공식적으로 정의한 베이비부머 세대는 1946~1964년으로 19년이 된다. 하지만 표에서 보는 바와 같이 2단계로 구분하기도 한다.

내용적으로 M세대와 Z세대를 구분해야 하는 몇 가지 이유가 있다. 첫째로, 미국에서 대부분의 M세대는 9.11 테러가 발생했을 때 5세에서 20세의 범위였으며, 이들은 이 전대미문의 사건에 대해 충분히 인지할 수 있는 연령이었다. 반면에 대부분의 Z세대는 9.11 테러에 대한 직접적 기억을 갖지 않고 있다. 따라서 미국 정치정서의 급격한 변화를 가져온 9.11 사건을 직접 경험했는지 여부가 중요한 세대 구분 기점이 될 수 있다. 둘째로 M세대는 2008년에 12세에서 27세 사이로 미국 최초의 흑인 대통령인 오바마의 당선을 목도하였고 그가 집권한 정부를 통해 인종적 다양성을 경험한 세대라 할 수 있다.[3] 더욱이 Z세대에서 인종적 다양성이 매우 커져서 백인의 비율이 겨우 절반에 달하는 정도에 이르게 되었다는 것은 선거 정치에서 큰 의미를 갖는다. 이전 세대에서는 백인의 절대적 우위 덕분에 백인 중심의 정치가 가능했지만, 백인 주류와 다른 정향을 갖는 일부 백인들을 포함한다면 Z세대의 비중이 높아지면서 유색인종 유권자들이 정치의 흐름을 가져갈 수 있는 조건이 형성된다는 점에서 정치의 전환점이 될 수 있다.

III. 2020년 선거에서 젊은 유권자 태도

2022년 중간선거를 평가하기 위해서 먼저 2020년 선거 결과에서 나타난 Z세대의 정치태도를 살펴본다. 2020년 대선 직후 실시한 NBC 출구조사에 따르면 18~24세 사이의 투표자 중 65%가 민주당 바이든 후보를 지지했는데, 이는 다른 연령대에 비해 바이든에게 투표한 사람이 11%p만큼 많은 것이다. 또한 18~29세 유권자의 투표율이 55%에 이르렀는데, 이는 역사적인 기록이며 전체적인 투표율 증가는 주로 젊은 유권자들이 주도한 것으로 알려졌다. 2012년과 2016년에 투표율은 각각 56.5%와 56%였는데, 2020년에는 61.3%로 크게 상승했다. 2016년에 비해 2020년에 전체투표율은 4.8%p가 상승했는 데 비해 Z세대에서는 8.6%가 증가하여 이들의 선거관심과 참여가 다른 세대보다 크게 늘어난 것을 볼 수 있다. 가치지향성이 강한 Z세대는 M세대보다

---

3 Z세대의 정치정향에 대한 경험적 분석은 Rising(2020)을 참조할 것.

환경, 여성권리 등의 사회문제에 훨씬 많은 관심을 두고 있다. 2022년 선거는 이들이 본격적으로 투표권 행사를 통해 영향력을 행사하고 주목받는 선거였으며, 향후 10년간 매 선거마다 Z세대 구성원들이 유권자로 유입될 것이다.[4]

Z세대에서 주목해야 할 것은 인종적 구성이 이전 세대와 차이가 크다는 점이다. 〈그림 3〉에서 보는 바와 같이 M세대를 평가할 때 다양성이 강조되었지만, Z세대가 등장하면서 이들이 이전 세대보다 인종적 다양성이 훨씬 더 큰 것이 지적된다. 1969년 베이비부머 세대 중 유색인종은 18%이지만, 현재 Z세대에서 유색인종은 48%에 달하고 있다.

[그림 3] 세대별 인종구성

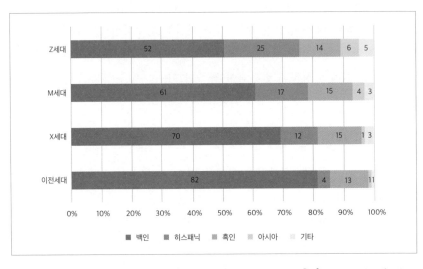

출처: Pew Research 2020.

인종구성 분포가 중요한 이유는 인종별 투표 성향이 뚜렷이 다르기 때문이다. 〈그림 4〉는 연령대별 지지투표 비율을 보여준다. Z세대 유권자들이 민주당의 바이든을 압도적으로 지지한 것은 명확하지만 다른 연령층에서

---

4 2022년 선거에서 18세가 된 사람은 Z세대의 7번째 유권자가 된다. 이 세대의 첫 번째 유권자는 2015년이었다.

는 Z세대의 투표편향과 비교될 정도의 쏠림현상은 발견되지 않는다. 출구조사 결과에 따르면 30세 미만의 백인 유권자 가운데 53%가 트럼프를 지지하였다. 그러나 〈그림 5〉에서 보듯이 흑인과 라틴계 젊은 층은 각각 89%와 69%가 민주당의 바이든을 지지하였다. 유권자의 인구 구성은 계속 변하고 있으며, 백인의 비율이 낮아지고 흑인이나 라틴계 유권자의 비율이 높아지고 있다. 선거직전 Black Lives Matter(BLM) 구호는 젊은 유권자들을 정치적으로 동원하였다. 아울러 그들은 정치참여가 강하지만 정당애착심은 M세대보다 훨씬 낮음에도 불구하고 공공문제에 관심이 많으며 그 문제들을 해결하려는 의지도 강한 것으로 나타난다. 여기서 중요한 것은 이들은 정치나 정치제도를 이러한 문제를 해결하는 방법으로 생각하고 있다는 점이다(Norwood 2020). 미국의 경기침체를 경험한 M세대와 다르게 Z세대는 역사상 가장 낮은 실업율을 보인 시기에 태어났지만, 코로나 위기에 경제적 충격을 가장 많이 받은 세대라 할 수 있다.

[그림 4] 2020년 선거 출구조사 결과: 연령별

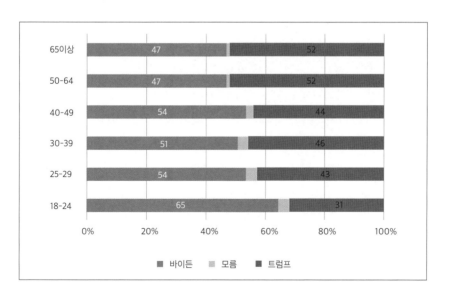

[그림 5] 2020년 선거 출구조사 결과: 인종별

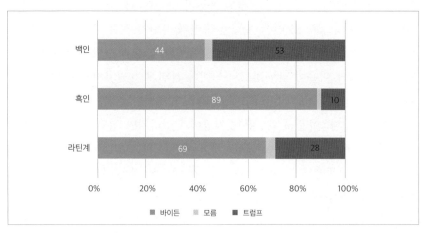

출처: https://www.cnbc.com/2020/11/18/the-2020-election-shows-gen-zs-voting-power-for-years-to-come.html

젊은 유권자는 진보성향을 가지는 것으로 알려졌고 이들이 나이가 들면서 연령 효과에 의해 진보성향이 점차 사라지는 것이라고 간주되지만 Z세대에게는 세대 효과가 분명이 존재한다. 20년 전 선거에서 30세 미만의 젊은 유권자들의 공화당 부시와 민주당 고어후보에 대한 지지는 50 대 50이었다. 이시기에는 젊은 층의 민주당 선호 경향이 나타나지 않았다. 그러나 현재 Z세대 유권자들 사이에서는 대선뿐 아니라 모든 수준의 선거에서 적게는 10%에서 많게는 35%까지 민주당에 대한 강한 선호가 나타나고 있다.

이러한 현상은 일시적인 것이 아니라 구조적인 변동으로 파악하는 것이 타당하다. 왜냐하면 공화당이 젊은 층에게 어필할 수 있는 수준의 재건 가능성이 보이지 않기 때문이다. 인종적 비관용과 기후문제에 관한 후진적 태도, 트럼프의 비민주적 태도 등이 Z세대의 가치와 맞지 않기 때문이다. 기존의 여론조사자(pollster)들은 선거 예측에 있어 Z세대를 정확하게 분석하지 못했다. 그 이유는 그들의 미디어와 콘텐츠 소비가 이전과는 전혀 다른 방식이라는 것을 선거전문가들이 제대로 이해하지 못했기 때문이다. 베이비부머들을 비롯한 이전 세대들은 물론 M세대과 달리 Z세대는 공중파나 케이블 TV를 거의 보지 않는다. 이들은 틱톡, 인스타그램, 유튜브, 디스코드 뉴스 등을 통해 정보를 얻는다. 선거를 준비하는 전문가나 후보들은 이들이 선호하는 미디어와 콘텐츠 채널을 통해 그들의 주된 관심이 무엇이며 어떤 이슈들이 그들의 지지후보 결정에 영향을 미치는지를 확인했어야 함에도 이를 소홀히 했다.

2020년 선거에서 Z세대의 구성원들은 18~23세가 되므로 이 세대에서 가장 나이 많은 구성원들에게 2020년 선거가 첫 선거가 된다. NBC poll에 따르면 이들은 다른 어떤 세대보다도 바이든을 가장 지지한 세대이며, 조지아나 펜실베니아에서 바이든 승리에 크게 기여한 집단이라고 평가받았다. 팬데믹과 BLM에 대한 관심이라는 선거환경과 이들 세대에서 첫 번째 투표라는 점이 결합하여 대선에서 Z세대가 바이든 당선에 크게 기여하였다. 이 세대의 유권자가 증가할 것이고 2030년까지 매년 새로운 유권자가 진입하게 되면서이 세대의 투표에 대한 영향력은 증가하게 될 것이다.

IV. 2022년 출구조사 결과

에디슨리서치의 출구조사에 따르면 2022년 선거에서 젊은 층의 하원 선거 지지 판세는 민주당 65%, 공화당 35%로 나타났다. 이러한 민주당 편향성은 지난 2020년 선거에서 민주당 62%, 공화당 36%와 별 차이를 보이지 않는다. 이번 선거에서 젊은 투표자들의 민주당과 공화당 지지 차이를 가져온 주요한 이유는 특히 젊은 여성 투표자들의 민주당 지지 편향 때문이라는 견해가 있다. 다수의 언론들은 제한적 낙태조항을 제정할 수 있도록 허용한 Roe v. Wade 판결을 대법원이 뒤집은 데 대한 여성 유권자들의 우려와 분노가 촉발제가 되었을 것으로 해석하고 있다.[5]

출구조사 결과에 따르면 47%의 여성들이 대법원 판결에 대해 분노를 보였으며, 이들 중 83%는 민주당 후보에게 표를 주었다고 확인되었다. 특히 젊

---

5 이번 중간선거에서 투표결정에 낙태 이슈가 중요하다는 응답비율이 여성은 60%이고 남성은 42%다(The Economist/YouGov Poll 2022.10.29.~11.1. 조사) https://docs.cdn.yougov.com/kpnwbn3sup/econTabReport.pdf.

은 여성투표자들의 민주당 지지에서 공화당 지지를 뺀 값(D-R)을 보면 46이다. 2년 전 대선에서 D-R 값이 35였는데, 이번에 더 크게 벌어진 것이다. 흥미로운 것은 18~29세의 젊은 남성 투표자들의 민주당 지지세가 우세하다는 점이다. 젊은 층에서는 D-R의 차이가 12인데, 45세 이상에서는 남녀 투표자 모두 2020년에 비해 2022년에 민주당에 대한 투표가 감소하였다. 결국 〈그림 6〉에 표시된 바와 같이 젊은 층의 민주당 선호경향은 주로 여성투표의 민주당 편향에 의해 영향을 크게 받은 셈이다.

[그림 6] 성별·연령별 투표 비율

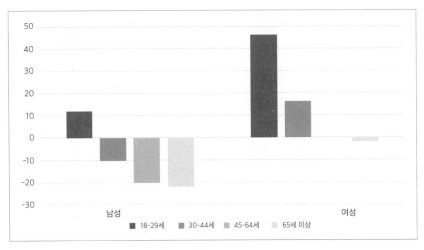

출처: https://www.brookings.edu/research/midterm-exit-polls-show-that-young-voters-drove-democratic-resistance-to-the-red-wave/

오랫동안 인종에 따른 정당별 투표성향은 뚜렷이 갈라졌지만 특히 인종에 따른 젊은 투표자들의 편향성은 이번 선거에서 더욱 두드러졌다(그림 7). 전체적으로 백인 투표자들은 공화당을 선호하지만 연령별로 보면 2018년 중간선거부터 젊은 층은 민주당에 대한 호의를 보여왔다. 2018년 D-R 점수는 13이고 2020년 대선에서는 3이었지만, 이번 중간선거에서는 그 값이 18로 크게 증가하였다. 흑인이나 히스패닉계 젊은 투표자들의 민주당 편향이 다른

　미국 중간선거 분석

연령층에 비해 크다는 점에도 주목할 필요가 있다. 왜냐하면 젊은 층에서 인종적 정체성이 투표결정에 중요한 역할을 하며, 이들의 전체 투표자 비중이 점차 커지고 있기 때문이다.

[그림 7] 30세 이하 젊은 유권자의 인종별 정당지지율

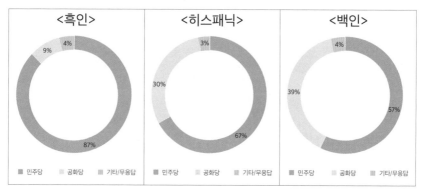

출처: https://circle.tufts.edu/2022-election-center#women,-youth-of-color,-lgbt-
youth-give-democrats-strongest-support

총체적으로 2022년 중간선거는 이전 선거와 차별적이다(Frey 2022). 선거 환경으로 볼 때 COVID-19 이후 처음 치러진 선거로 불안한 경제상황, 현직 대통령의 낮은 지지율 등을 생각해 볼 수 있다. 또한 선거 한 달 전에 미국의 전통적 갈등이슈인 낙태 문제가 다시 부각되었다는 점도 선거 결과에 미친 영향이 상당했을 것을 추측된다. 출구조사를 통해서 본 지지정당 편향은 첫째로 전통적인 양당 지지집단은 그대로 유지되었는데, 젊은 투표자들(남성/여성, 유색인종)의 민주당 지지가 전문가들이 예상한 수준을 넘어서는 것이라는 점이다. 둘째로 여성 투표자들의 민주당 선호는 이전부터 나타난 현상이지만, 이번 선거에서는 특히 대졸 수준의 백인여성들의 민주당 지지가 크게 늘었다는 점이다. 이는 연방대법원의 낙태에 대한 입장변화가 주된 원인이었을 것으로 추측된다.

V. Z세대의 연속성과 차별성

새로 등장한 Z세대에 관한 관심은 이들이 이전의 세대와 차별적이라는 점이다. 특히 그동안 MZ세대로 불리면서 과도하게 넓은 연령 폭을 지칭했는데, 그 이유는 아직 Z세대의 비중이 높지 않았기 때문이었다. 2020년대에 들어 Z세대 유권자의 비율이 높아지면서 이 세대만의 특성에 주목하게 되었다. 변화된 정치사회적 환경 속에서 Z세대는 다른 세대와 차별적인 면이 있기도 하지만, 다른 한편으로는 다른 세대들도 젊은 유권자 시대 때 보여주었던 정치정향의 특성을 보여주기도 한다. 이러한 측면에서 Z세대의 연속성과 차별성를 주의 깊게 살펴볼 필요가 있다.

1. 이념분포와 정당소속감

우선 세대별 이념분포를 보면 기성세대에 비해 젊은 세대인 M세대와 Z세대에서 진보 유권자의 비율이 높은 것을 알 수 있다. 여기서 기성세대란 X세대를 포함한 이전 세대를 지칭한다. 아래 〈표 2〉를 보면 중도이념의 유권자 비율은 세대별로 별 차이가 나지 않지만 보수의 비율에서는 Z세대가 기성세대의 절반에도 미치지 않는다. 흥미로운 점은 진보-보수의 이념적 틀에 자신을 위치시키지 않는 보류층의 비율이다. Z세대 중에는 전통적 이념틀에 속하지 않는다는 보류 응답자가 20%가 넘는다. M세대에서도 보류 응답자가 10%가 넘는다. 기성세대에서는 보류 응답자가 5.4%에 불과하다. 따라서 젊은 유권자들 가운데서는 이념보다는 선거에 직면하여 당면한 이슈에 의한 투표결정을 하는 경우가 많다는 것을 추측해 볼 수 있다.

〈표 2〉에서는 조사결과의 의미를 해석하기 위해 2000년에 실시한 동일한 American National Election Survey 데이터를 비교하였다. 20년 전과 비교하기 위해 2000년 조사결과를 2020년의 세대범주에 대응하는 연령층으로 구분하였다. 2022년 조사에 '보류'가 포함되어 2000년 조사와 직접 비교하기에는 무리가 있기는 하지만, 2000년 조사에서는 26~41세 집단의 이념분포가 기성세대와 거의 일치하는 것을 볼 수 있다. 반면에 25세 이하의 젊은 유권자들 중에는 진보이념을 가진 비율이 절반이 넘고 보수이념을 가진 유권자는

1/3을 조금 넘는 수준이다. 특히 기성세대와 비교하여 25세 이하 유권자들의 보수이념 비율은 20%p나 차이를 보인다.

그런데 이러한 세대별 분포 편향성이 2022년 조사에서는 많이 약화된 것을 볼 수 있다. 2022년 조사에서는 기성세대와 Z세대 간에 진보 비율의 차이가 7.6%에 불과하지만, 보수의 비율 차이는 20년과 마찬가지로 20%p 이상의 차이를 보이고 있다. 이러한 결과를 통해 알 수 있는 것은 과거에 비해 젊은 층에서 전통적인 진보를 보수의 대안으로 여기지 않는 이들이 상당수 있다는 것이다. 또한 2000년 조사에서 26~41세 집단은 그 이전 세대와 매우 유사하고 젊은 층과는 상당한 이념분포의 차이를 보였다. 그러나 2022년 조사를 통해 M세대는 기성세대보다 Z세대와 정치적 유대가 크다는 것을 알 수 있다. 이러한 주장은 유권자의 세대분포 구성이 달라지면서 노령화 추세에도 불구하고 미국 유권자 전체가 연령 효과에 의한 보수화 경향은 나타나지 않을 것이라는 예측을 뒷받침한다.

[표 2] 세대별 이념분포(%)

세대	2022년 조사					2000년 조사			
	진보	중도	보수	보류	인원	연령	진보	중도	보수
기성세대	23.0	30.5	41.1	5.4	883	42세 이상	34.7	6.5	58.8
M세대	29.9	34.8	23.5	11.9	388	26~41	34.8	6.5	58.7
Z세대	30.6	29.7	19.7	20.1	229	18~25	52.6	8.6	38.8
전체	25.9	31.5	33.3	9.3	1500	전체	36.4	6.7	56.9

아래의 〈표 3〉에서 정당소속감 분포를 보면 2000년과 2022년 사이에 세대구성에 따라 상당한 분포 변화가 있음을 확인할 수 있다. 가장 두드러진 것이 무당파의 증가다. 특히 M세대에 해당하는 연령층의 무당파가 12.2%에서 두 배에 가까운 23.5%로 증가한 것이 눈에 띈다. 이러한 변화는 22년 전 젊은 층의 무당파가 20.2%에 달했던 것이 시간이 지남에 따라 이들이 M세대가

되면서 무당파의 속성이 그대로 유지되어 23.5%의 비율을 보이고 있다고 해석할 수 있다. 젊은 층의 무당파 비율이 높은 특성은 현재까지도 그대로 유지되어 Z세대의 경우도 무당파가 24.1%로 나타난다. 따라서 정당들의 속성이 그대로 유지된다면 앞으로 무당파의 비율이 더 높아질 것으로 예상된다.

이 표에서 연령 효과를 확인할 수 있는데, 2000년 조사에서 가장 젊은 층을 2022년의 M세대와 비교하면 공화당 지지는 비슷하지만 민주당 지지가 4.4%p 감소한 것을 볼 수 있다. 마찬가지로 2000년 조사에서 26~41세 유권자들의 공화당 지지가 41.9%였는데 46.1%로 4.2%p 증가한 것이 확인된다. 이처럼 20여 년 사이에 동일한 연령대를 비교해보면 민주당의 지지감소와 공화당의 지지증가의 변화를 볼 수 있다. 차후 좀 더 연구해 볼 내용은 M세대의 민주당 지지감소가 공화당 지지로 이어지지 않고 무당파의 확대로 나타난 이유가 무엇인지를 파악하는 것이다.

[표 3] 세대별 정당소속감(%)

세대	2022년 조사			연령	2000년 조사		
	민주당	공화당	무당파		민주당	공화당	무당파
기성세대	40.0	46.1	13.8	42세 이상	52.1	38.1	9.8
M세대	47.3	29.2	23.5	26~41	45.9	41.9	12.2
Z세대	52.6	23.2	24.1	18~25	51.7	28.1	20.2
전체	43.8	38.3	17.9	전체	50.1	38.3	11.6

한편, 정치에 대한 관심 정도는 연령과 밀접한 관련이 있는 것으로 알려져 있다. <표 4>에서 나타난 것과 같이 나이가 들수록 정치에 대한 관심이 많아지고 그에 따라 투표율도 높아지는 것이다. 이번 조사에서도 정치관심 정도는 세대별로 뚜렷한 차이가 나타났다. 정치에 얼마나 관심이 있는가를 묻는 문항에 대해 기성세대의 절반이 훨씬 넘는 56%가 항상 관심이 있다고 응답한데 비해 Z세대에서는 1/3에도 미치지 못하는 17.1%만이 항상 정치관심

미국 중간선거 분석

이 있는 것으로 나타났다. M세대의 경우 Z세대보다는 높은 정치관심을 보이지만 기성세대와 비교하면 1/2에도 미치지 못한다. 전체적으로 정치관심의 정도는 M세대의 경우 기성세대보다는 Z세대에 가깝다는 것을 알 수 있다.

[표 4] 세대별 정치관심 정도(%)

	항상	자주	가끔	거의 안함	모름
기성세대	56.0	26.2	9.7	7.0	1.0
M세대	27.2	30.1	22.8	13.0	7.0
Z세대	17.1	29.4	21.5	19.3	12.7
전체	42.7	27.7	14.9	10.4	4.3

그런데 아래 〈표 5〉의 결과는 젊은 세대가 정치에 관심이 적다는 것을 단정해서는 안 된다는 정보를 제공한다.[6] 투표 이외에 직접적인 정치참여의 사례들을 볼 때 대부분의 참여행태의 비율을 보면 세대별로 유의한 차이를 보이지 않는 것으로 나타났다. 질문한 5가지의 참여유형 중 4가지 유형에서 세대 간 참여 여부의 차이가 없었으며, 더욱이 집회참여의 경우 기성세대보다는 Z세대에서 3배 이상 높은 참여비율을 보여주고 있다. 따라서 〈표 4〉의 결과와 〈표 5〉의 결과를 묶어서 해석해 보면 젊은 층은 전통적인 방식의 정치정보와 소통에 관심이 많지 않지만, SNS 등 그들만의 방식으로 정치정보를 습득하고 이를 바탕으로 한 정치참여에 있어서도 소극적이지만은 않다는 것으로 볼 수 있다.

---

6 설문항은 "선생님께서는 지난 12개월 사이에 다음의 행위를 하신 적이 있습니까?"라는 질문에 대해 참여한 적이 있다는 응답 비율이다.

[표 5] 정치참여 유형과 참여 비율(%)

	정치모임 참석	기부	집회 참여	메시지 전송	스티커 부착
기성세대	11.8	18.7	4.8	34.8	14.4
M세대	16.3	16.0	12.7	29.4	16.2
Z세대	15.9	13.7	16.3	32.5	16.7
통계 유의도	insig.	insig.	p=.00	insig.	insig.

2. 관심 이슈와 정당평가

2022년 설문조사는 선거에서 중요한 이슈들에 대해 얼마나 중요하다고 생각하는지 묻는 문항을 포함하고 있다. 여러 이슈 중 하나를 선택하는 방식이 아니라 각 이슈에 대해 중요성 정도를 묻는 방식으로 설문이 구성되어 있다. 따라서 유권자가 여러 이슈 중 어떤 이슈를 가장 중요한 이슈로 여기고 있는지를 직접적으로 알 수는 없다.

아래 〈표 6〉에서는 모든 세대가 중요하게 간주하는 이슈와 세대별로 중요성 인식에 차이가 큰 이슈들을 구분하여 정리하였다. 우선 좌측의 전 세대 중요 이슈는 실업과 물가 등 5가지가 된다. 총기규제에 대해 Z세대가 좀 더 중요성을 보인 것 이외에 다른 4가지 이슈에서는 모두 기성세대가 중요성 인식이 높았다. 특히 경제 이슈인 실업과 물가 그리고 의료보장 이슈에 대해서는 기성세대와 Z세대 사이의 중요성 인식 차이가 10%p 이상으로 나타났다.

한편, 이슈에 인식 차이가 큰 항목으로는 불법이민, 기후변화, 범죄발생 그리고 세금 이슈 등이다. 기후변화를 제외한 나머지 3가지 이슈에 대한 기성세대의 관심은 Z세대에 비해 대략 20%p 이상 높은 것으로 나타났다. 보수 진영이 보유한 이슈라 할 수 있는 불법이민과 범죄문제 그리고 세금 이슈에 관해서 기성세대의 관심은 매우 높은 데 비해 M세대에서는 이들 이슈에 대해 절반 정도만이 중요성을 지적했고 Z세대에서는 그보다 낮은 관심을 보이고 있다.

[표 6] 중요이슈에 대한 세대별 인식차이(%)

	전 세대 중요 이슈					인식 차가 큰 이슈			
	실업	물가	낙태	총기 규제	의료 보장	불법 이민	기후 변화	범죄 발생	세금
기성세대	76.0	89.6	58.8	59.3	76.0	62.3	45.2	77.8	71.4
M세대	71.6	76.5	54.6	52.1	68.7	43.2	49.6	56.3	58.9
Z세대	65.5	72.5	58.3	64.6	66.1	37.1	58.7	47.4	54.1
전체	73.3	83.6	57.6	58.3	72.6	53.5	48.4	67.6	65.5

전체적으로 경제 이슈의 중요성이 강조되고 다음으로 의료보장 이슈가 중요하다는 의견이 많으며 기후변화 이슈의 중요성을 언급한 비율이 가장 낮다. 하지만 세대별로 이슈 중요도를 따져보면 다른 해석이 가능하다. 전체적으로 세금과 의료보장 이슈의 중요성이 나타난 이유는 절대적 다수를 차지하는 기성세대에서 중요성을 언급한 경우가 많기 때문이다. 예를 들어, 세금 이슈의 경우 자산보유가 많은 기성세대에서 세금부가에 민감한 반응을 보이게 된다. 마찬가지로 의료보장 역시도 중년층 이상에서 상대적으로 높은 관심을 갖는다. 낙태 이슈는 찬성과 반대가 첨예하게 나뉘는 전통적인 사회 이슈다. 따라서 중요성을 지적한다는 것만으로는 찬성과 반대의 분포가 어떻게 되는지 알기 어렵다.

한편, 기후변화 이슈는 최근에 등장한 이슈로 특히 젊은 층에서 민감한 이슈로 알려져 있다. 그리고 표에서 보는 바와 같이 기성세대(45.2%)와 Z세대(58.7%) 사이에 중요성 인식의 정도가 가장 크게 나타난다. 기후변화 이슈가 환경보호라는 탈물질주의 가치에 속한다는 점에서 젊은 층에 호소하는 바가 크다는 것을 확인할 수 있다.

선거와 관련하여 이슈가 중요한 이유는 이슈를 바탕으로 투표결정이 이루어지기 때문이다. 그렇다면 각 이슈에 대해 유권자들이 어떤 정당이 문제 해결에 더 능력이 있다고 판단하는지를 살피는 분석이 필요하다. 아래 〈표 7〉의 각 셀에 표시된 두 개의 값 중 첫 번째는 민주당 우월비율이며 두 번째 값은 공화당 우월비율이다. 예를 들어, 기후변화 이슈에 있어 기성세대의 응답을 보면 민주당이 이 이슈를 더 잘 처리한다는 응답이 43.1%이고 공화당이 우월하다는 응답은 26%이다.[7]

문제해결 능력의 상대적 우월성을 보면 실업과 물가 등 경제 이슈에 대해서 기성세대는 절대적으로 공화당을 선택한다. M세대는 두 정당의 능력평가가 거의 비슷한 수준이다. Z세대의 경우에도 물가 문제에 대해서는 공화당의 능력을 어느 정도 인정하고 있는 실정이다. 그렇다면 중요성 비중이 가장 높은 경제 이슈를 두고 공화당이 우세한 경향이 나타나므로 2022년 선거에서 공화당의 승리는 나름대로 이슈 투표라는 관점에서 설명이 가능하다(Pew Research 2022).

이번 조사를 통해 전통적인 이슈 선점이 다시금 확인된다. 불법이민, 범죄발생 그리고 세금 문제는 오랫동안 공화당이 강조해온 사인들이다. 이 이슈들에 대해서는 기성세대에서 압도적으로 그리고 M세대에서 비슷한 정도로 공화당의 문제해결 능력을 인정받고 있다. 반면에 의료보장과 기후변화 이슈에 대해서는 민주당이 월등한 우월성을 평가받고 있다. 이 두 가지 이슈에 대해서는 Z세대뿐 아니라 기성세대에서도 민주당에 더 높은 능력을 인정하고 있다. 선거 당시 중요한 이슈를 선정하고 이에 대한 세대별 정당능력 평가를 시도한 결과는 경제문제와 사회질서 영역에 대해서는 공화당이 상대적 우월성을 인정받고 있으며, 낙태나 기후변화와 같은 탈물질적 영역의 이슈에 대해서는 민주당의 능력이 더 긍정적 평가를 받는다는 사실을 다시금 확인할 수 있다.

---

7 따라서 표에는 나타나지 않고 있지만 100에서 이 두 값을 뺀 30.9%는 두 정당 사이에 해결능력에 차이가 없다는 응답 비율이 된다.

[표 7] 이슈에 따른 정당별 우월성

	전 세대 중요 이슈					인식 차가 큰 이슈			
	실업	물가	낙태	총기 규제	의료 보장	불법 이민	기후 변화	범죄 발생	세금
기성 세대	33.3 /47.0	32.0 /48.1	43.1 /33.6	39.0 /44.5	43.8 /32.6	29.2 /52.1	43.1 /26.0	25.9 /50.0	34.1 /45.8
M세대	34.1 /33.3	31.4 /32.7	43.4 /23.5	37.4 /30.9	42.6 /22.2	32.3 /32.6	44.1 /18.6	30.0 /33.3	32.8 /30.2
Z세대	36.7 /28.8	29.8 /29.4	48.9 /17.5	42.4 /27.1	43.7 /21.8	34.5 /29.7	51.1 /14.4	31.9 /29.3	32.9 /28.1
전체	34.0 /40.7	31.6 /41.3	44.1 /28.5	39.1 /38.3	43.5 /28.3	30.8 /43.6	44.6 /22.3	27.9 /42.5	33.6 /39.1

3. 민주주의와 세대

　세대별로 차별적인 정치정향에는 차이가 있지만 미국민주주의 평가에 차이가 있는지를 살펴보는 것은 의미가 있다. 현재 미국의 민주주의가 제대로 작동하고 있는지를 확인해 보면 아래의 <표 8>과 같다. 미국민주주의 건정성에 대한 평가는 기성세대에서 가장 부정적이다. 이 세대에서 건강하지 못하다는 의견이 50%를 훨씬 넘는 데 비해 건강하다는 의견은 16.1%에 그치고 있다. 가장 긍정적 평가는 M세대에서 나타나는데 그나마도 건강하다는 의견은 4명 중 1명꼴에 불과하다. Z세대의 경우 긍정적 평가는 기성세대 수준에 머무르지만 허약하다는 평가는 기성세대보다는 낮다. 일반적으로 민주주의 건전성에 대한 의견이 Z세대에서 가장 낮을 것으로 예상하지만 부정적 의견이 절반에 이르지 못하고 있다.

[표 8] 세대별 민주주의 평가

	미국민주주의는 건강한가?			미국의 민주주의 작동에 만족하는가?		
	건강	그저 그럼	허약	만족	그저 그럼	불만족
기성세대	16.1	30.2	53.7	22.4	32.5	45.1
M세대	25.3	34.3	40.5	26.4	35.4	38.2
Z세대	16.6	36.2	47.2	13.5	34.5	52.0
전체	18.5	32.2	49.3	22.1	33.5	44.4

　〈표 8〉의 오른쪽 민주주의 작동에 대한 질문은 미국의 민주주의 원칙이 제대로 지켜지고 있는지에 대한 의견을 묻는 것이다. 이에 대한 의견은 전체적으로 민주주의 건강성과 유사한 분포를 이루지만 Z세대에서는 좀 더 부정적 평가를 받고 있다. 미국 민주주의 작동에 대한 만족도는 기성세대에서 22.4%이지만 Z세대에서는 13.5%에 그치고 있다. 뿐만 아니라 민주주의 건강성의 부정적 평가보다 높은 52%의 부정평가로 나타난다. 위의 두 질문항을 통해 볼 때 긍정평가가 부정평가의 절반에 한참 미치지 못하고 있다. 미국인들이 전반적으로 민주주의 운영을 우려하고 있음을 알 수 있으며 특히 젊은 층에서 이러한 현상은 더욱 두드러진다.

　한편, 미국사회의 인종적 다양성이 더 높아지면서 인종별로 미국사회 평가가 어떠한지를 살피는 작업은 의미가 있다. 미국 민주주의 건강성이나 작동에 대한 만족도는 백인보다 오히려 히스패닉과 흑인에서 더 높게 나타난다. 백인 유권자들 가운데 두 질문에 대한 부정적 응답이 50% 내외인데 비해 유색인종 유권자들의 부정적 평가는 40% 이하에 머문다. 미국사회의 소수집단으로서 민주주의에 대한 불만이 더 클 것이라는 예상과는 배치되는 결과다.

　하지만 히스패닉과 흑인 유권자들의 깊은 우려는 〈표 9〉의 미국사회의 인종차별 문제를 통해 확인하게 된다. 인종차별 문제를 심각하게 여기는 비율이 백인의 경우 3명 당 1명꼴인데 비해 흑인 중에는 60%가 훨씬 넘은 유권자들이 미국사회의 인종차별이 심각하다고 생각하고 있다. 히스패닉의 경우

심각하다는 비율은 40% 정도이지만, 큰 문제가 아니라는 입장은 30%에 불과하여 향후 심각하게 여길 여지가 남아 있다. 미국인구 구성에 점차 유색인종의 비율이 높아간다는 점을 고려한다면 뿌리 깊은 인종차별 문제는 사회문제뿐 아니라 정치적으로 심각한 갈등을 야기할 잠재성이 크다고 하겠다.

[표 9] 인종별 민주주의 평가

	미국민주주의는 강한가?			미국의 민주주의 작동에 만족하는가?			인종차별이 얼마나 심각한가?		
	건강	그저 그럼	허약	만족	그저 그럼	불만족	비심각	그저 그럼	심각
백인	16.9	30.1	52.9	21.7	31.3	46.9	38.4	26.8	34.9
히스패닉	21.8	36.8	41.4	24.0	37.5	38.6	29.7	30.1	40.2
흑인	22.3	37.9	39.8	22.7	38.6	38.6	12.6	23.8	63.6
전체	18.6	32.5	48.9	22.3	33.5	44.2	33.0	27.0	40.0

VI. 요약

시간이 지나면서 미국 유권자의 구성분포가 달라지고 있다. 연령별로 보면 노령 유권자의 비율이 높아진다. 또한 세대별로 보면 머지않아 M세대와 Z세대가 절반 이상을 차지하게 된다. 인터넷 세대로 불리는 M세대와 Z세대는 그 이전 X세대와 차별적인 것이 확인되고 있다. 그렇다면 MZ세대의 특성을 상세히 파악하는 것이 필요하다. M세대와 Z세대는 공통점도 상당하지만 그에 못지않게 차별적일 것이라는 점에 주목하였다. M세대가 때로는 기성세대와 유사한 태도를 보이기도 하고 또 다른 경우에는 Z세대와 같은 입장을 취하기도 한다는 것을 알 수 있었다.

인구와 관련된 집합자료를 통해 실증적으로 유권자 구성분포에 대해 살펴보고 2022년 중간선거의 출구조사 보도를 통해 MZ세대의 특성을 요약하였다. 그런데 향후 신규 유권자로 진입할 Z세대의 비중을 고려할 때 MZ를 하나의 세대로 통칭하는 것보다는 두 세대를 구분할 필요성이 있다. 따라서 American National Election Study(ANES) 자료를 이용하여 기성세대와 M세대 그리고 Z세대를 구분하여 선거태도를 분석하였다. 분석 결과를 보면 예상한 바와 같이 M세대는 상당히 기성세대와 공유하는 바가 크며, Z세대는 다른 세대와 차별적인 태도가 있음을 확인하였다. 앞으로 Z세대가 지속적으로 유권자로 유입되면서 이들의 정치요구가 중요하게 받아들여질 가능성이 높다.

전체적인 분석 결과를 보았을 때 Z세대는 독특한 특성만을 갖는 것은 아니라는 점이 확인되었다. 이전의 X세대나 M세대의 새로운 등장이 주목을 받은 이유는 기성세대와 다른 정치요구가 있기 때문이었으며 진보적 이슈와 변화요구가 중심이었다. Z세대 역시 이러한 경향성을 보여준다는 점에서 젊은 세대의 등장이 정치변화의 계기가 된다는 점에서는 공통적이다. 그러나 다른 한 편으로 다른 세대의 등장에서는 볼 수 없었던 Z세대만의 특성도 엿볼 수 있다. Z세대에는 탈물질적 가치를 중시하는 태도가 상당하며 미국 민주주의에 대한 비판적 태도 역시 주목할 만하다는 것을 알 수 있다. 또한 Z세대 구성에서 인종적 다양성이 이전 세대들보다 훨씬 높다는 것도 주목할 내용이다. 미국사회에서 인종갈등의 뿌리가 깊고, 앞으로도 인종갈등이 정치에 영향을 미칠 가능성이 높기 때문이다.

참고문헌

Filluffo, Anthony and Richard Fry. 2019. "An Early Look at the 2020 Electorate," Pew Research Center Report.

Frey, William H. 2022. "Midterm Exit Polls Show that Young Voters Drove Democratic Resistence to the 'Red Wave'."

Jennings, M. Kent, and Richard G. Niemi. 1981. Generations and Politics: A Panel Study of Young Adults and Their Parents. Princeton: Princeton University Press.

Katz, Roberta, Sarah Ogilvie, Jane Shaw and Linda Woodhead. 2022. Gen Z, Explained: the Art of Living in a Digital Age. Chicago: University of Chicago Press.

Norwood, Candice. 2020. "How New Gen Z Voters Could Shape the Election." PBS NEWS HOUR.

Pew Research. 2020. "On the Cusp of Adulthood and Facing an Uncertain Future: What We Know About Gen Z So Far."

Pew Research. 2022. "Key facts about U.S. voter priorities ahead of the 2022 midterm elections."

Rising, Gen Z. 2000. "6 things to Know about Gen Z, Politics and 2020."

찾아보기

ㄱ

게리맨더링 142
결선투표제 72
경제안보 55, 58, 62, 63, 64
경제 지표 45, 46
경합 주 109, 111, 112, 131, 132
경합 주의 가장 중요한 이슈 208
경합 주의 낙태 이슈 206
공화당 온건 중도파 60, 61
관심 이슈 256
교외 지역 20
교차 지역구 52, 53
킹글스 테스트 150

ㄴ

낙태 관련 주민투표 실시 주 202, 203
네바다 주 107, 112, 113, 125, 126,
　127

ㄷ

단순다수제 72
대북정책 232
대외정책 224

돕스 대 잭슨 여성보건기구 189
동등 보호 조항 143

ㄹ

라티노 22, 23, 24, 25, 26
로 대 웨이드 판결 무력화 188

ㅁ

매사추세츠 주 95
머카우스키 84
메인 96
무당파 27, 28, 29
미국 연방 헌법 1조 4항 146, 148
미국 중간선거 224
미시건 주 204
밀레니엄 세대 244

ㅂ

바이든의 지지율 40
바이든 행정부 224
반도체 과학법 56, 58, 59, 61
반도체 지원법 55, 56, 58, 60, 62

찾아보기

ㅅ

사전 투표 시스템 50
사전 투표 제도 48
생명우선 191
선거구 배분 143
선거구 재획정 141
선거권법 145
선거 압승 50
선택우선 191
세대 구분 243
세대 효과 240
소셜미디어 5, 6
소수인종-과반 선거구 145, 150
순위선택투표제 72
심장박동법 189

ㅇ

알래스카 80
애리조나 주 107, 113, 114, 115, 116, 117
영구할당법 159
워싱턴 선언 232
위스콘신 주 113, 118, 128, 129, 130

유권자 구성 241
인종 투표 130, 131, 132
인플레이션 감축법 40, 54, 55, 56, 57, 58, 60, 63
인플레이션과 낙태 이슈 199

ㅈ

자동차 기름값 46, 47, 48
재획정 기준 149
절대다수제 72
정당분극화 4, 5
정당소속감 252, 254
정당 일체감 109, 111, 112, 113, 131
정당정치의 양극화 76
정치 경력 108, 109, 112, 115, 116, 117, 118, 121, 123, 124, 131, 132
정치적 경각심 42
조지아 주 108, 113, 118, 119, 120
주민발의 80
중도 수렴 76

ㅊ

초당적 통합 예비선거 78

찾아보기

출구조사 247, 248, 249

출생지 109, 112, 115, 116, 118, 131, 132

ㅋ

캔자스 주 110, 113, 121, 122, 123, 124

ㅍ

펜실베니아 주 210

펠톨라 82

ㅎ

한미동맹 232

한미일 협력 233

현직 효과 110, 111, 112, 113, 117, 118, 128, 129, 130, 131, 132

Roe vs. Wade 판결 186

Thornburg v. Gingles 판결 150

Wesberry v. Sanders 판결 144

기타

65퍼센트 규칙 145

Baker v. Carr 판결 141, 144

MZ세대 241, 244

Reynolds v. Sims 판결 143

정진민

명지대학교 정치외교학과 명예교수

미국 시라큐스대 정치학 박사

<미국정치의 양극화> (2021)

서정건

경희대학교 정치외교학과 교수

미국 텍사스대(오스틴) 정치학 박사

미국 우드로우 윌슨 센터 풀브라이트 펠로우

<미국 정치가 국제 이슈를 만날 때: 정쟁은 외교 앞에서 사라지는가 아니면 시작하는가?> (2019)

임성호

경희대 정치외교학과 교수

미국 M.I.T. 정치학 박사

국회입법조사처장

<정치학 방법론: 비판적 사고 입문서> (2021)

이소영

대구대학교 사회학과 교수

미국 텍사스대(오스틴) 정치학 박사

(전) 대통령직속 정책기획위원회 위원

<미국 유권자의 당파적 정체성과 정치적 부족주의(대한정치학회보)> (2020)

이수훈

한국국방연구원 안보전략연구센터 선임연구원

고려대학교 국제대학원 국제관계학 박사

고려대학교 일민국제관계연구원 객원연구위원

<바이든 행정부의 아태지역 안보·국방 정책> (2022)

이종곤

이화여자대학교 정치외교학과 부교수

미국 캘리포니아 대학(버클리) 정치학 박사

Lee, Jongkon. 2022. "Different Policies, Different Voices: Gender and Legislative Coordination in the United States Congress." Policy Studies 43(4), 659-675.

이병재

연세대학교 디지털사회과학센터 연구교수

미국 텍사스대(오스틴) 정치학 박사

<트럼프의 퇴장? 2020년 미국 대통령 선거의 평가와 전망> (공저, 2021)

이현우

서강대 정치외교학과 교수

미국 University of North Carolina at Chapel Hill 정치학 박사

<서강대 현대정치연구소 소장한국의 여론조사> (2023)

바이든 승리인가, 트럼프 패배인가?
미국 중간선거 분석

초판발행	2023년 10월 20일
지은이	미국정치연구회
펴낸이	안종만 · 안상준
편 집	사윤지
기획 / 마케팅	장규식
표지디자인	이수빈
제 작	고철민 · 조영환
펴낸곳	(주) **박영시**
	서울특별시 금천구 가산디지털 2로 53, 210호(가산동, 한라시그마밸리)
	등록 1959. 3. 11. 제 300-1959-1호(倫)
전 화	02)733-6771
f a x	02)736-4818
e-mail	pys@pybook.co.kr
homepage	www.pybook.co.kr
ISBN	979-11-303-1852-3 93340

정 가 19,000 원